# ブルックリン化する世界

## ジェントリフィケーションを問いなおす

森 千香子［著］ Chikako MORI

The Brooklynization of the World
Rethinking Gentrification

東京大学出版会

The Brooklynization of the World
Rethinking Gentrification
Chikako MORI
University of Tokyo Press, 2023
ISBN 978-4-13-050208-5

# ブルックリン化する世界——目　次

# 序章　なぜブルックリンに注目するのか
## ポスト・コロナ都市の実験室

### 1　ブルックリン化とは何か

蔵前は「東京のブルックリン」──2023年5月にこのようなタイトルの記事が新聞に掲載された。江戸時代から米蔵が建てられ、現在も古い倉庫や工場が立ち並ぶ東京都台東区の下町で、10年ほど前から古い建物を改装した店舗が次々にオープンし、「東京のブルックリン」と呼ばれ、注目を集めている（5月23日付 https://www.asahi.com/articles/photo/AS20230523001494.html?iref=pc_photo_gallery_prev_arrow）。

東京だけではない。大阪、京都などでも一部のエリアが「ブルックリン」にたとえられ(1)、ソウルの聖水洞やパリ郊外のパンタンをはじめ(2)世界のさまざまな都市でも特定のエリアが「ブルックリン」と呼ばれる現象が起きている。

ニューヨーク市にある5特別区の一つで、「摩天楼」マンハッタンに隣接するブルックリンはかつて工業地帯として発展したが、2000年代以降は使われなくなった工場や倉庫などを改修した店や建物が増え、内装もヴィンテージ風のレンガ壁やアンティーク調のフィラメント電球、大型の金属製ランプシェードなどネオ・インダストリアルなスタイルで統一され、「インスタ映え」するビジュアルが若者や観光客の人気を集めるようになった。ブルックリンはこのような「モダン」と「レトロ」を調和させたおしゃれなエリアと、そのようなエリアに特徴的な美学を指す「記号」として、近年世界で広く受容されている。

だがブルックリンは単なる「おしゃれな街」ではなく、もう一つの顔を持っている。200以上の言語が話され、5割の世帯が家庭内で英語以外の言語を話すほど多くの移民が集まる街でもある。黒人をはじめとする人種マイノリティの集住エリアで、数々のヒップホップのアーティストを輩出してきた街でもある。2017年には地元出身の黒人ラッパー、ノトーリアス・B・I・Gの没後20周年を記念して、名曲「ジューシー」の一節である、"Spread love, it's the Brooklyn way"（愛を拡散しよう、それがブルックリンのやり方だ）と書かれた巨大垂れ幕が作られ、一大スポーツ施設バークレーセンターの天井に吊るされたことにも、この街におけるラップや黒人文化の重要性が表れている。またブルックリンは人種マイノリティへの警察の暴力が繰り返された歴史をもち、2020年のブラック・ライブズ・マター運動がとりわけ大規模に展開された街でもある。ブルックリンはこのような背景をもつ住民たちが暮らし、その文化が息づく街でもある。

「おしゃれな街」と人種マイノリティや移民の街。この二つの顔が、ブルックリンという場でどのように一つの世界をなしているのだろうか。そこにはどのような矛盾や変化が生じているのか。「ブルックリン化」とは単なる記号化された美学の世界的な広がりではなく、こうした空間の変化とともに生きる人びとの生活と実践を指す言葉として本書で用いる。

## 2　パンデミック時代のジェントリフィケーション

だが2020年、世界は新型コロナウイルスが招いた未曾有の事態に陥った。医療体制の崩壊と経済への打撃が深刻化し、国境をこえた人の移動は完全に停止した。ところが同じ年に、日本全体で不動産投資額は増大し、特に海外投資家によるクロスボーダー取引は2020年上半期に全体の6割を占めるほど増加したのである。[3] 米国大手投資会社ブラックストーンも投資を拡大し、同年日本での不動産取得総額は6000億円に達した（日本経済新聞2020年12月2日）。東京都心部ではオフィス空室率の上昇にもかかわらず、再開発ラッシュが続行した。ニューヨークでも2020年10月にはブルックリンで住宅の売上額が過去10年で最高を記録し、その後も不動産価格の上昇は続いた。コロナの影響で庭やテラス付きの住宅を求める人が増えたこと、公共交通網が整っていて都心に出やすいが都心よりは住宅コストは低いことなどが要因にあげられる。パンデミック下でも都市への投資は形を変えながら継続し、都市空間を根底から変えてきた。

このような都市変容を指すことばに「ジェントリフィケーション（gentrification）」がある。地区の建造環境の更新と住民構成の変化が同時に起きることを指し「地区の富裕化、高級化」とも訳される。1980年代より英米圏を中心に研究が広がり、近年日本でも関心が高まってきた。都市衰退地区の民間による「再生」、行政主導型の再開発による「高級化」、住宅ローンの証券化を通した投資やエアB&Bのようなプラットフォーム資本主義の拡大、グローバル富裕層による「都市の貸金庫化」など実に多様な現象がジェントリフィケーションの枠組みで論じられているが（森 2020b: 332–333）、ここでは都市のハード面（建造環境）とソフト面（住民や利用者の実践、文化）の「高級化」と暫定的に定義しておこう。

21世紀に入り、ジェントリフィケーションは多くの都市で政治問題に発展した。２００１年パリ市長選、２０１３年ニューヨーク市長選、２０１５年バルセロナ市長選、２０１６年ロンドン市長選はジェントリフィケーションにともなう地価高騰と住宅難が争点の一つとなり、居住運動の活動家だったアダ・クラウがバルセロナ市長になったように、いずれも手頃な住宅の供給を訴えた候補が勝利した。パンデミック下で行われた２０２１年９月ドイツ総選挙でも首都ベルリンを中心に住宅コスト抑制が主要争点の一つとなった（毎日新聞２０２１年９月８日）。

都市空間が急速に変容する過程で「誰にその空間を利用する権利があるのか」「どのような実践がその空間で許可されたり許可されないのか」「誰がルールを決めるのか」をめぐり攻防が続いている。本書はこのようなジェントリフィケーションが引き起こす問題を、ニューヨーク市ブルックリンを事例に考えていく。

## 3　事例としてのブルックリン――21世紀以降の都市空間の急変

ブルックリンは総面積約２５０万平方キロメートル、人口約２６３万（２０１６年）で大阪市の面積・人口に近い（２２５万平方キロメートル、２７０万人）。２０２０年時点で白人35・4％、黒人26・7％、ラティーノ18・9％、アジア系13・6％と「人種の坩堝ニューヨーク」を反映する多様な人びとが暮らし、37・6％が外国生まれの移民の街でもある（NYC Department of City Planning 2021）。

北米の他地域と同じように、ブルックリン[4]の歴史は文化の接触と破壊の上に築かれた。先住民レナペ族

**図 0–1**　ニューヨーク市地図

の居住していた土地が16世紀前半ヨーロッパ人に「発見」され、貿易と疫病が持ち込まれ、17世紀前半にオランダ人、イギリス人が入植を開始して先住民の壊滅は決定的となった（Miller 1979: 8–9）。

開拓が進み、全米有数の奴隷経済の拠点となったブルックリン(5)は独立戦争を機に工業化のプロセスに入る。港湾地域を中心に工業化が進み、1855年には人口全米3位の都市に発展した。1898年にニューヨーク市に併合された後も発展は続き、煙草、砂糖、綿などのプランテーション経済に代わり、造船、製糖、醸造など製造業が発展し、人口は1950年には270万を超えた。

しかし、このような発展を遂げたブ

ルックリンは1950年以降に衰退する。連邦政府の郊外化政策と脱工業化、官民共同の人種主義的実践といった全米に共通する背景の下、1940〜1970年代に大量の白人住民が郊外に流出し、投資撤退により都市の荒廃が加速した。

1970年代以降もブルックリンの衰退は続き、そのイメージは世界的なヒットを記録した映画「サタデー・ナイト・フィーバー」（1977年）にも表れている。主人公トニーが暮らす「労働者階級の街ブルックリン」が「富裕層の街マンハッタン」との対比で描かれるが、なかでもトニーと彼が恋するステファニー（彼女はマンハッタンへの転居に成功した）の次の会話は象徴的だ。

——職場には立派な人ばかり。チンピラはいないわ。
——ブルックリンだからって軽蔑するなよ。地獄じゃない。
——マンハッタンとは違うわ。川一つで人まで違うのよ。全ての点で何もかも美しいわ。人も景色も事務所も。(6)

だが21世紀以降、ブルックリンは大きく変化した。庶民の街だったダウンタウンは高層ビル街となり、北部のウォーターフロントに高級コンドミニアムが林立し、中央部では赤茶色のブラウンストーン建築のタウンハウスが改修され、邸宅街の雰囲気が蘇った。そして「全米住みたい都市ランキング」に名を連ね、「ジェントリフィケーションの震源地」とも呼ばれるほどに変化したのである。(7)

目覚ましい変容は「成功モデル」として売り出された。2015年11月にブルックリン・ミュージアムで開催された「第6回ブルックリン不動産サミット」にはデベロッパーや不動産業界の関係者約800名が詰めかけ、開会の挨拶で主催者「ダウンタウン・ブルックリン・パートナーシップ」代表タッカー・リードはブルックリンの「成功」をアピールしてこう述べた。

ブルックリンはニューヨークだけにあるのではありません。ロンドン、パリ、ベルリン、トレノ、モントリオール（中略）世界の大都市はそれぞれのブルックリンを持っているのです。

この発言には、ブルックリンを他都市にも適用可能な再開発モデルとして記号化し、商品化する不動産デベロッパーの戦略が読み取れる。実際、ブルックリンという地名に結びついた再開発のモデルやイメージは世界に輸出され、移植されてきた。冒頭でとりあげた東京や大阪などもその一例だ。その点でブルックリンは固有の事例であると同時に、21世紀の都市変容を考える上で貴重な視座を与える。

本書の第一の目的は、このような2000年代以降のブルックリンの都市変容と背景を検討することである（第I部）。ただしブルックリンというローカルな空間は自己完結的に閉ざされているわけではなく、州や国の政策、グローバルな構造や制度といった複数のスケールの影響を受け、相互依存の関係にある（cf. Çağlar and Glick Schiller 2018）。そうしたさまざまなスケールの視角からブルックリンの変容を検討し、事例の固有性をふまえつつ、他都市に共通する問題を掘り起こしていく。

## 4 「超多様」な住民コミュニティにおける共存——分断か共生か

同時に本書は空間変容が住民コミュニティに及ぼした影響も見ていく。

ブルックリンの住民は時代と共に変化した。先住民の土地に入植したヨーロッパ人が奴隷経済で富を築いた後、19世紀以降の工業化で移民労働者の街に発展した。20世紀前半まで労働者の大半は白人で、1950年時点でも黒人は7・6%、プエルトリコ系は1・5%と9割以上が白人だったが、1950年代以降、白人の郊外転出と人種マイノリティの増加が進み、2000年には黒人とラティーノが人口の3分の2を占めた。(8)

だが2000年代以降、新たな変化が生じた。再開発が進み、街の景観の急速な変化にともない、若い白人住民が増加し、白人と人種マイノリティの比率が逆転する地域も増えたのだ。

ジェントリフィケーション研究はこのような人口変動を主に二つの角度から論じてきた。第一に、ピーター・マルクーゼやニール・スミスらによる立ち退かされる人びとの研究、第二にデヴィッド・レイの新中間階級論、ダマリス・ローズのジェンダー分析など、転入住民のライフスタイルや文化の研究である。

だが同時にジェントリフィケーションは、それまで別々の空間で暮らしていた住民間の接触も生み出している。人種、階級、ジェンダー、セクシュアリティ、年齢などの面で多様な住民たちはどのように空間を共有しているのか。他者の存在は住民の日常にどのような影響を及ぼすのか。スティーブン・バートベックは人種やジェンダーといったカテゴリー内部の多様性が拡大し、関係性がより複雑化することを「超多様性」(Vertovec 2007: 1025–1026)と呼んだが、超多様性は都市や住民コミュニティにどのような帰結をもたらすのか。本書の第二の目的は、ジェントリフィケーションが進む街で多様な住民が日常的にどのように出会い、接触し、分離し、共存（co-existence）するのかを考えることである（第II部、第III部）。多様な人びととの共存については膨大な先行研究が存在するが、以下では本書の主題である「都市変容にともなう共存」に関わる議論を概観する。

## 民主化プロセスと居住分離のパラドクス

階級や人種、エスニシティ、地位など属性の異なる人びとが空間的に住み分ける居住分離（segregation）は20世紀後半より先進国都市部で問題化したが、先駆的事例としてあげられるのが19世紀半ばのパリである。オスマン大改造と呼ばれる多額の国家予算を投じた再開発事業で市の家屋の6割、路地の7分の3が破壊され、中心部の労働者が立ち退かされ、跡地にブルジョワ向け住宅が建てられ、「ブルジョワの都心部―労働者の郊外」という階級間の居住分離が進んだ。[9]

近代以前、身分や属性の異なる者たちの混住は家単位で、[10] 17世紀以降は同一建物内で観察された。[11] 異なる者たちの空間的共存は必ずしも階級間交流を促さなかったが、[12] オスマン大改造で階級混住の場が解体され、近代以降の都市階級分断の原型が作られた（Harvey 2005=2007）。

興味深いのは、階級間の居住分離が民主化の過程で進んだという逆説である。封建社会では貧困層との空間的共存は必ずしも脅威と認識されなかった。ところが制度上は平等が一定程度達成された近代社会において、他者を脅威と捉え、排除する傾向が強まった。

居住分離と民主化の逆説的関係はフランスに固有の現象ではない。ダニエル・アレンは、白人による黒人支配の象徴ともいえるジム・クロウ時代の南部と、法的平等が達成された公民権運動後の北部を比較すると、意外なことに人種間の居住分離は前者より後者で深刻だったと指摘する（Allen 2014）。また国内でもっとも人種問題について進歩的と言われていた北部ミネソタ州で「人種的不動産約款」とよばれる人種差別的な不動産契約が次々に締結され、深刻な居住分離を引き起こした[13]。居住分離は法の下での平等を原則とする民主主義社会で必ずしも解消されるわけではなく、むしろ強化される場合もある。言い換えれば居住分離は形式上の平等化が進んだ近現代社会でこそ重要な課題となっている。

## 接触は共生につながるのか——接触仮説とソーシャル・ミックス論

居住分離は教育、雇用、医療面での不平等を悪化させるだけでなく、異なる集団間の憎悪を生むと批判されてきた。この批判の前提にあるのが、集団間の接触が社会に好影響をもたらすという接触仮説である（Allport 1954）。

接触仮説は「異なる階級が同一地域に居住すること」を理想とするソーシャル・ミックス論の基盤にもなってきた。欧州では、衰退地域に中間階級を転入させ、住民の多様化を図れば、中間階級の規範や生活習慣が下層階級に好影響を与え、地域の全体的な底上げにつながる理念として定式化され、都市政策にも導入されてきた（森 2016）。

米国では1960年代より人種間の居住分離を批判する文脈でソーシャル・ミックス論が展開された。黒人を住宅ローン貸付から排除したレッドライニング、ホワイトフライトと都市の衰退[14]、ニグロ・リムーヴァルとよばれた都市再開発と黒人の強制移転、公営住宅建設政策、人種統合政策に対する郊外白人コミュニティの激しい抵抗など（cf. Rothstein 2017）、米国の都市・郊外の歴史は異なる人種（＝黒人）との身体的共存を回避しようという（白人の）意図の影響を強く受けてきた。こうした歴史への反省から黒人貧困層の空間的集中を解消し、人種間の身体的共存を目指す文脈で、ソーシャル・ミックス概念は1970年代半ばより論じられ（cf. Sarkissian 1976）、2000年代半ばから住宅政策研究を中心に議論が再活性化した[15]。これらに共通するのは、物理的境界をなくし、人種間の「身体的共存」を実現すれば分断の解消につながるという発想だった[16]。

## 接触は分断につながるのか——ソーシャル・ミックス批判

その一方、同じ空間に居住することは必ずしも相互理解にはつながらないとの指摘もある。ジャン＝クロード・シャンボルドンとマドレーヌ・ルメールはパリ郊外の団地調査に基づいて、団地には階層、職業、年齢、家族構成、居住履歴などの面で実に多様な住民が共存しており、この「多様性」が原因で住民間の摩擦・対立が絶えないことを明らかにした。また多様な住民は団地に住むことで同一の設備を備えた居住空間を手に入れたが、それを使いこなすのに必要な資本（経済・文化・教育など）の量に応じて、空間から引き出せる利益に違いがみられ、それが住民間格差を広げたと指摘した（Chamboredon and Lemaire 1970: 20–21）。つまりソーシャル・ミックスの理想に反する結果が示されたのである。住民は異なる集団との格差を意識し、怒りを強めただけでなく、同集団内の微細な差異も強く意識するようになり、結果的に集団内の連帯も弱まったという（*ibid.*: 32–33）。

またピエール・ブルデューは人が存在する物理的な空間（以下、物理空間）には社会的序列（社会空間）

が刻み込まれており(Bourdieu, ed. 1993=2019: 268-270)、そのような空間で生き、移動などの身体的実践を繰り返すことで、社会空間が精神構造にも刻み込まれると指摘した。したがってハビトゥス――日常生活における振る舞いや発言、テイスト、価値観などを方向付ける性向のシステム――と自分の住む場所の間に、つまり社会空間と物理空間の間には「わかちがたい相互関係」があり、だからこそ「社会的に離れている人間同士の空間的接近は雑居状態として体験され、それ以上に耐えがたいことはない」と指摘した(*ibid.*: 275)。異なる背景を持つ住民の「身体的共存」は交流を生み出すよりも「耐えがたいもの」と経験されるというブルデューの指摘もユートピア的な接触仮説を強く否定するものである。

さらに時間が接触の効果を高めるという議論(長期間の接触は排外主義を低下させる)にも批判が行われている。アドリアナ・ブロディンとアミン・ガジアニは同性愛者の集住地区に長期居住する異性愛者に意識調査を行い、異性愛住民が「オープンさ」を装いつつも無自覚な差別意識や偏見を深く内面化していることを明らかにした。そして接触仮説で重視されてきた「他者への継続的な接触」も偏見や差別意識の解消に十分でないと主張した(Brodyn and Ghaziani 2018)。

## 5 日常への注目と「認知としてのジェントリフィケーション」

こうして接触の効果については相反する見解が示されているが、本書はジェントリフィケーションが引き起こした接触の「結果」ではなく「過程」に関心を寄せる。実際、人びとが接触すると即座に「共生」が生まれるわけでも「分断」が起きるわけでもない。同じ空間に「共生」へのベクトルと「分断」へのベクトルが緊張をはらみながら混在する場合もある。二元論を棄却し、異なる集団と空間を共有するとはどのような経験であり、それがどのような力関係の中でどのような帰結をもたらすかを「日常」に注目しながら考える。以上の議論は現地での質的調査に基づいている。(17)

本書の問題意識はアマンダ・ワイズらが提唱した「日常多文化主義」とも重なる。21世紀に入り、国家が主導する公定多文化主義への批判が強まるなか、多様な都市空間における日常に照準し、文化的差異を人びとがどのように経験しているかを質的方法で捉える一連の研究は、政治哲学中心だった多文化主義研究を刷新し、文化変容の分析に理論的貢献を果たした。その一方、日常多文化主義が文化的差異を肯定的に経験する「うまくいった事例」ばかりを扱い、異なる文化の接触時に生じる負の側面を捉え損なっているとの批判もある。日常に照準した異文化間の摩擦、偏見についてはフィロメナ・エセッドの「日常のレイシズム」(Essed 1991) やデラルド・ウィン・スーらの「マイクロ・アグレッション」(Sue 2010=2020) の蓄積があるが、これらの研究群との接続には課題を残している。また日常多文化主義研究がさまざまなスケールの権力構造を捉え損なっている、という批判もある。以上の課題をふまえつつ、人びとの文化的差異をめぐる経験や実践を複眼的に捉え、日常の経験や実践を異なるスケールの影響を踏まえながら考察したい。

また本書で導入するのが「認知としてのジェントリフィケーション」という視座である。ロジャース・ブルーベイカーの「認知的視座」(Brubaker 2004=2016) を参照しながら、ジェントリフィケーションを「社会的世界を人々が理解する際に用いる認知のカテゴリー」(佐藤 2017: 21) として捉える。そうすることでジェントリフィケーションを「分析カテゴリー」としてではなく、住民がどのように「ジェントリフィケーション」という言葉を用い、考え、行動するのかという「実践カテゴリー」として捉えることが可能になる。

この視座には二つの意義がある。第一に、ジェントリフィケーション研究に新たな論点を示すことである。同概念は拡張され「何がジェントリフィケーションなのか」をめぐる論争が激化した（森 2020b: 333-334）。それに対し、「この概念を人びとがどのように使い、行動するか」に論点をシフトさせ、議論の再活性化をはかる。第二に、地球規模で発現するジェントリフィケーションがいかに地域や住民の日常という固有の文脈に依存しているかを明らかにすることで、ジェントリフィケーションを単一かつ静的な現象としてではなく、動的かつ複層的に捉える点である。ただし注意を促したいのは「認知的視座」がいわゆる心理学的で個人主義的なものではない点である。ここでの「認知」とは個人の中だけにあるのではなく、共有される経験や記憶、言論のなかに埋め込まれ、多様な実践を通して再編されるものでもある。つまり、地域住民が相互作用を通してジェントリフィケーションを集団的に把握し、それに基づいて行動しているのかを探り、それが地域コミュニティ内の共存にどのような帰結をもたらすのかを考える。

本書の構成は次のとおりである。第I部では21世紀以降のブルックリンの空間（1章）と住民構成の変化（2章）を複数のスケールで考察する。

第II部ではジェントリフィケーションの過程で社会・文化的背景の異なる人びとが日常的に接触し、空間に共存する経験を具体的に描き、地域コミュニティに与える影響を考える。立ち退かされた者（3章）、地域にとどまる者（4章）、転入者（5章）、コミュニティ全体（6章）というように現実を多角的に把握し、住民がジェントリフィケーションをどのように認知し、どのような帰結を生むのかを考える。

第III部ではこのような空間でどのようなつながりが、何を媒介に生まれているのか、そこにはどのような緊張や課題が生じているのかを検討する。街頭行動から教育活動まで幅広く展開される「反ジェントリフィケーションの実践」（7章）が、人種横断的な共生の試み（8章）という側面も有しており、その積み重ねがパンデミック下でも社会的資源となった（9章）。それを通して、ジェントリフィケーションを住民間の「対立の争点」ではなく「共通の課題」に読み替えるという「ジェントリフィケーションの再解釈」が起きたことを示す。

本書はブルックリンの事例をとりあげるが、背後には日本における都市人口の多様化と共生に関する問題意識がある。もっとも「共生」といっても日本の文脈でもつ意味と、本書がとりあげる多人種コミュニティ・ブルックリンにおける意味は必ずしも同じではないが、このような差異も考慮しながら、終章では本書の議論がどのように日本の「共生」をめぐる議論に資するのかを検討したい。

（1）一例として、大阪市西成区から浪速区のエリア（https://www.daily.co.jp/gossip/2023/07/12/0016576081.shtml）や京都市下京区梅小路エリア（https://www.ozmall.co.jp/travel/kyoto/article/25461　２０２３年８月29日最終閲覧）などがブルックリンにたとえられてきた。

（2）パリ郊外とブルックリンの比較については拙稿「9—3・ブルックリン（1）」『ふらんす』２０２０年４月を参照。

（3）https://www.joneslanglasalle.co.jp/ja/trends-and-insights/investor/revaluation-of-the-japanese-real-estate-market-due-to-covid19（２０２３年８月29日最終閲覧）。

（4）ブルックリンという地名はオランダ中部ユトレヒト州にあったブルーケレン（Breukelen）に由来する。だが１６６４年にイングランド統治が始まるとキングス（Kings）と名付けられ、以来二つの呼称が用いられ、その名残で現在も区名（borough）にはブルックリン、郡名（county）にキングスが使われる。

（5）黒人奴隷の比率は１６９８年全人口の15％、１７２３年20％、１７４９年34％で、１７７５年には米国北部で最も奴隷比率が高かった（Miller 1979: 14）。また白人人口の6％が奴隷所有者だった（https://www.nytimes.com/2014/01/17/arts/design/brooklyn-abolitionists-reveals-a-surprising-history.html　２０２３年８月29日最終閲覧）。

（６）　訳文は日本語字幕版より引用（41分40秒〜42分5秒前後）。

（７）　“Anti-Gentrification Protesters March Through Brooklyn”（https://gothamist.com/news/anti-gentrification-protesters-march-through-brooklyn　２０２３年８月29日最終閲覧）。

（８）　ただし「ホワイト・エスニック」とよばれるイタリア系やアイルランド系、ユダヤ系が大半を占めた。この点については本書6章を参照。

（９）　もっとも居住分離はオスマン大改造によって一夜にして起きたわけではなく、一定の時間をかけて進行した。事業開始から10年が経過した１８６４年時点でも同一地区内に一定の階級混住が存在していたことが報告されている（Eléb and Violeau 2008: 87）。

（10）　中世には家は生活空間だけでなく働く空間でもあり、家族だけでなく使用人なども共に住んでいた。つまり異なる地位、収入、年齢の人々が「maisonnée」とよばれる垂直的に編成された拡大世帯を形成し、日常を密に共有していた（Eléb and Violeau 2008: 86）。

（11）　17世紀の貴族の大邸宅（hôtels particuliers）では家族と使用人が同じ建物で暮らしていたが、地位、血筋、年齢に応じて部屋の条件や環境は大きく異なった。18世紀に誕生した「三部構造建築」はもっとも天井が高く造られた2階に富裕層が、使用人や管理人は最上階の屋根裏部屋に住み、地上階には商店が入り、建物内部が序列化されていた（Eléb and Violeau 2008: 86）。

（12）　エレブとヴィオローは、同じ敷地内に商店と賃貸住宅、職人の工場、貴族の屋敷が混在しても階層間の交流は深まらず、社会的距離を縮めるどころか強く意識させることになったと指摘する（Eléb and Violeau 2008: 87–88）。

（13）　米国北東部都市の居住分離と人種マイノリティ排除に関しては、ミネアポリスの住宅差別をとりあげたドキュメンタリー番組“Jim Crow of the North,” Twin Cities PBS, 2019/02/25（https://www.tpt.org/minnesota-experience/video/jim-crow-of-the-north-stijws/）を参照。

（14）　この点については宮田伊知郎の一連の研究（宮田 2009, 2017）を参照。

（15）２００7年には*International Journal of Housing Policy*（2007 vol. 7 no. 1）、２０１０年には*Housing Studies*（2010 vol. 25 no. 2）が「脱セグリゲーション」特集を組み、ソーシャル・ミックスを扱った論考を複数掲載している。

（16）フランスと米国では歴史的文脈も社会理念も大きく異なるが、どちらも１９９０年代以降の都市政策の目標に「貧困の空間的集中の解消」と「社会的混淆」を掲げている。

（17）本書のデータは２０１５年10月から２０２０年1月に現地で行った参与観察とインタビュー調査、２０２０年3月から9月に行ったオンライン調査に基づいている。人名などは基本的に実名をあげる必要のないかぎり匿名化したが、相手の要望や状況に応じてケースバイケースで判断した。調査の詳細は各章に記した。

# I

## ブルックリンの都市変容と住民コミュニティの再編

### ジェントリフィケーションが引き起こす「身体的共存」

2000年代以降のブルックリンの空間変容はマイケル・ブルームバーグ市政が推し進めた「行政主導型ジェントリフィケーション」の帰結として理解されてきた（cf. Brash 2011）。だが都市空間の変容はローカルな力関係だけでなく、国家の政策やグローバルな資本の展開、制度変革も含めた複数のスケールにまたがる相互作用のなかで捉える必要がある（Çağlar and Glick Schiller 2018）。このような問題意識にもとづき、第Ⅰ部ではブルックリンのハード面（景観、建物）とソフト面（住民、利用者）の変化を複数のスケールで検討する。そして両者が完全に連動するのではなく、ある種の「不協和」を生みだすこと、そこにこそ従来の「ジェントリフィケーション」という枠組みからこぼれ落ちてきた複雑な実態があることを浮かび上がらせる。

# 1章 現代都市を変える力学
## ローカルな都市空間とトランスナショナルな不動産・金融複合体

### 1 はじめに

ここから見える風景を写真に撮って、半年後、1年後に見比べるとおもしろいよ。次々に新しいビルが建つからね。この街に住み始めて7年経ったが、来たばかりの頃あのあたりには時計塔以外に高い建物はなかった。今、時計塔は高いビルに囲まれて目立たない。この街はどんどん変わるんだ(1)。

不動産会社で働くロバートは2008年にサンフランシスコからニューヨークに越して来た。小さな子どもが2人いるので、マンハッタンより広い物件の見つかるブルックリンのパークスロープ地区に居を構えた。建物は4階建てとそれほど高くないが、高台に位置していて、屋上からダウンタウン・ブルックリンが一望できる。まるでマンハッタンかと錯覚するほど摩天楼が立ち並び、その狭間には建設中の高層ビルの骨組みやクレーンが空に向かって伸びる。どれほど目を凝らしても、かつて工業地帯だった頃の痕跡

**表 1-1　ブルックリン特別区の住宅価格変化（1996-2016）**

| | 1996 | 1999 | 2000 | 2006 | 2010 | 2015 | 2016 |
|---|---|---|---|---|---|---|---|
| 平均家賃 | 550 | 600 | — | — | 1,180 | 1,300 | |
| 市場提示平均家賃 | — | — | — | — | 2,150 | 2,500 | 2,550 |
| 住宅売買価格指数 | — | — | 100 | 230.5 | 176.1 | 264.6 | 280.4 |

出典：NYC Housing Report 1996, 1999, NYU Furman Center（2001, 2006）より筆者作成.

は見出せない。それほどブルックリン中心部の景観は様変わりした。

景観の変化は住宅費の高騰を引き起こした。ニューヨーク市の平均家賃は２０００～２０１２年で75%上昇し、ニューヨーク州や全米の上昇率（69%、44%）を大きく上回る。市内でもブルックリンは77%ともっとも上昇率が高い(Stringer 2014: 5)[2]。

不動産売買価格も高騰し、ブルックリンの売却価格は２０００～２０１６年で２・８倍となり、上昇率はニューヨーク市最高を記録した。住宅費負担率（住宅ローンが生涯平均所得に占める割合）も上がり[3]、アフォーダビリティ（手頃な価格で適正な住宅に住める度合い）は大きく低下した。２０１４年ブルックリンの不動産売却価格中央値は61・5万ドルで、住宅費負担率は98%、つまり今いる住民には購入不可能な数字となった。こうしてブルックリンは、サンフランシスコ、マンハッタンを抜き「全米一アフォーダブルでない都市」となった[4]。

以下ではこのような都市変容がどのような力学の中で生じたのかについて、ローカルな政治権力、ナショナルな政策、グローバル資本など複数のスケールの相互作用をふまえながら検討する。

## 2　再開発のフロンティアとしてのブルックリンと都市行政の役割

### 連邦政府の住宅政策の再編と都市行政への影響

空間変容の第一の要因に、２００２〜２０１３年のマイケル・ブルームバーグ市政下で推進された行政主導型ジェントリフィケーション（state-led-gentrification）がある。[5] 都市開発における官民の協力関係は１９５０〜60年代のニューヨークでも民間への事業委託という形で行われていたが、[6] ２０００年代以降の手法は明らかに異なった。最大の違いは連邦政府の住宅政策の再編の影響だ。

ニューディール期に連邦住宅局が設置されて以来、連邦政府は米国の都市・住宅政策に大きな役割を果たした。１９６５年ジョンソン政権下で複数の住宅関連行政が住宅都市開発省（Department of Housing and Urban Development 以下ＨＵＤ）に統合され、公営住宅をはじめとする住宅の直接支援が行われた。ところが１９７０年代に直接支援から間接支援への移行が始まり、１９８０年代のレーガン政権下で決定的な転換が起きた。ＨＵＤ予算が１９７８年国家予算の７％から１９８８年に１％まで削減され、「住宅の商品化」路線が打ち出されたのである（平山 2003: 120）。[7]

国家が住宅政策から撤退するなか、都市行政が都市開発や住宅供給に果たす役割は拡大し、変化した。以前より都市行政は公営住宅の管理やコミュニティ開発などを担っていたが、国家予算が大幅に削減されて以来、都市行政は税制優遇措置などを用いて民間投資を促して都市開発を推進する方向に舵をきった。行政主導型ジェントリフィケーション進行の背景には、このような国家の住宅政策再編とそれが引き起こした「スケールの政治」が深く関与していた。

## ブルームバーグによる大規模再開発

このような政策をかつてない規模で推進したのがブルームバーグだった。９・11のショックの覚めやら

**写真 1-1**　ウィリアムズバーグ地区ウォーターフロントの景観変化（2003-2013 年）

出典：*New York Times*, 2013/08/18.

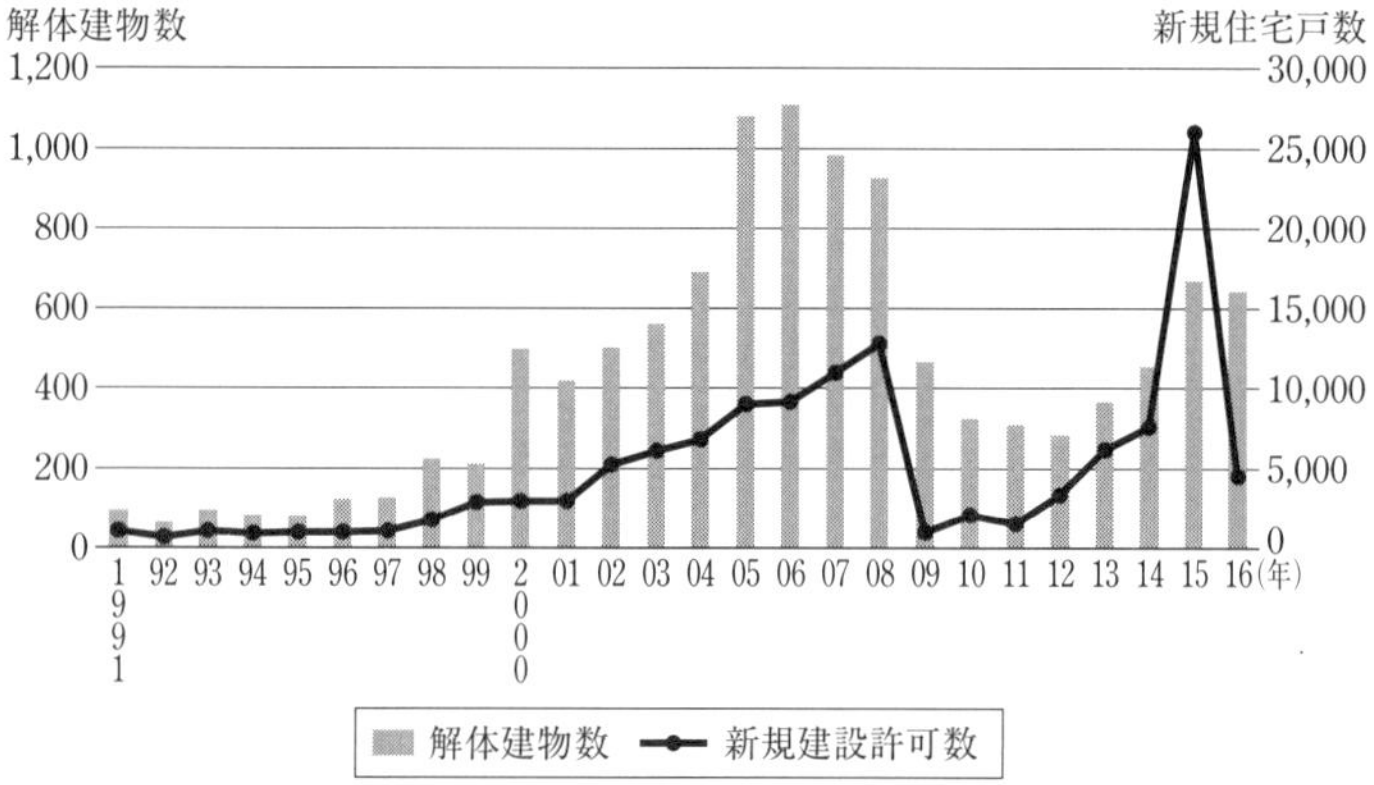


**図 1-1**　ブルックリン建物解体・新規建設数推移（1991-2016 年）

出典：Housing supply report 2017: 15-16, 21 より筆者作成.

ぬ2002年1月に市長に就任すると、即座にメガイベントの企画（2012年夏季オリンピック誘致）と大規模再開発計画に着手した。オリンピック落選後も再開発事業は当初の計画を練り直して進められ、2007年には人口100万人増を見据えた住宅建設（OpeNYC）、橋、水道、公共交通機関などのインフラ修繕（MaintaiNYC）、二酸化炭素排出量30％減などの環境改善（GreeNYC）という三大目標を打ち出し、その一環でウォーターフロント再開発やオフィスビル建設、公園や自転車レーン設置が行われ、市の景観は変貌した。

ゾーニング変更、税制優遇措置(8)、

地方債発行などの財政援助による不動産投資の活性化が推進されたが、なかでもゾーニング変更は中心的な役割を果たした。ブルームバーグ任期中に市域の37％でゾーニングが変更され、約4万棟のビルが建設され、住宅が17万戸増えた一方、約2・5万の建物が解体された（Moss 2017: 162）[9]。

市内でも広大な工業用地を有する一方、中心部へのアクセスが良いブルックリンは特に再開発の影響を受けた。広域でゾーニングが変更され、建物解体と新規建設が急増し（**図1－1**）、市内の新規住宅の4割はブルックリンに集中した（Podemski 2013: 14–15）。

工業地帯だったウィリアムズバーグ・グリーンポイント地区では総面積の18・6％でゾーニングが変更された。そのほとんどがウォーターフロント地域での高さ規制解除で、住宅創出容量（residential capacity）が一挙に35％増えて不動産投資が進んだ。こうして低層住宅や工場が解体され、跡地に建った高層マンション数は5年足らずで130を超えた（*ibid.*: 38）。

長年ロングアイランド鉄道のヤードとして用いられたアトランティック・ヤード一帯では巨大スポーツスタジアムと商業施設、高級住宅を作る再開発事業が行われた。2012年オリンピック誘致を睨んで州と市が土地を接収し、ゾーニングを変更し、デベロッパーに99年間貸与された。オリンピック誘致は失敗し、また4年にわたり住民の反対運動が起きたが、事業は進められ（Angotti 2008: 215–222）、事業が完了した2014年同地区は「パシフィック・パーク」に改名された（**写真1－2**）[10]。

重要なのは、ゾーニング変更が人種やエスニシティと深く結びついていた点である。ウィリアムズバーグ・グリーンポイント地区で高さ規制が緩和され、住民の立ち退きが起きたのはプエルトリコとドミニカ共和国出身移民の集住地区だった。1930年代より黒人の集住が進んだベッドフォード＝スタイヴェサ

**写真 1-2**　アトランティック・ヤード再開発（2006-2013 年）

出典：*New York Times*, 2013/08/18.

ント地区も総面積50・8%でゾーニングが変更され、黒人低所得層の立ち退きが生じた。2009年にサンセットパーク地区で高さ規制が緩和されたのもプエルトリコと中国系住民の集住地区だった。一方、新たに高度制限が設けられたのはベイリッジなど白人比率の高い地区だった(Podemski 2013: 16)。

## デブラシオのアフォーダブル・ハウジング政策と危機のレトリック

2013年、民主党のビル・デブラシオはブルームバーグ市政がジェントリフィケーションを推進し、深刻な住宅難を引き起こしたと批判し「ニューヨーク市を富裕層だけの街にしない」と訴え、市長に当選した(11)。彼が打ち出したのが「強制的・包摂的ゾーニング」制度である。市内15地区で高さ規制を緩和し、開発を行うデベロッパーに減税措置を講じるのと引き換えに、全住宅数の3割を市場価格住宅ではなくアフォーダブル・ハウジング(適正家賃住宅)にすることを義務づけた。

ブルームバーグ期にも高さ規制が緩和された地区で建設する住宅の2割を一定期間アフォーダブル・ハウジングにすれば減税措置が受けられる「包摂的ゾーニング」制度が作られた。だが同制度には拘束力がなく、創出されたアフォーダブル・ハウジングはわずか2769戸にとどまった(一般財団法人自治体国際化協会ニューヨーク事務所 2015: 31)。デブラシオは同制度を改正し、拘束力を与えることで、10年間で20万戸のアフォーダブル・ハウジングを供給すると発表した。

住宅高騰の続くニューヨークの流れを変えると市長は主張したが、アフォーダブル・ハウジングを求めていた住民から激しい反発が起きた。論点は次の二つだった。一点目は事業対象地区だ。対象地の候補にあがったのは、イースト・ニューヨークなど人種マイノリティ低所得層の集住する、低家賃の家賃規制住宅が密集するエリアだった。つまり同事業は「既存の低家賃住宅を取り壊して行われる」という矛盾があった。二点目は「アフォーダブル＝適正」の定義である。適正家賃は通常、所得3割以内とされるが、問題は所得をどう設定するかである。HUDは全米の地区ごとに「地域所得中間値（AMI）」を設け、80％以下を低所得層、81～165％を中間所得層とするが、今回の事業で適正家賃算出の基準に設定されたのは中間所得層だった。そのため事業対象地区の住民の大半には手の届かない家賃が「適正家賃」と設定されたことに批判が起きた[12]。

デブラシオのアフォーダブル・ハウジング政策は「ラグジュアリー都市構想」を打ち出したブルームバーグの政策と対照的に見えるが（cf. 一般財団法人自治体国際化協会ニューヨーク事務所 2015）、ゾーニング変更と税制優遇という手法、デベロッパーと提携した事業展開、貧困層集住地区での住宅の解体など共通点も多い。経歴も立場も異なる二人の政治家が似たような政策に傾くのは、政策決定が特定の個人に帰せられるものではなく、複層的な権力構造に起因することを表している。ニューヨーク市政と不動産業界は歴史的に強固な関係を結んできた。政権が交代しても市政を不動産業界が取り巻く構造は変わらない[13]。

また再開発を正当化する際に、ナオミ・クラインの「ショック・ドクトリン」を想起させる危機のレトリックが用いられた点も両者に共通した。ブルームバーグ市政初期の大規模開発は常に9・11からの「復興」のレトリックが用いられたし、ブルームバーグ3期目の「ラグジュアリー都市」構想時にも、2008年金融危機のダメージを乗り越えるという目的の下で、金融、保険、不動産業界と情報ハイテク産業を誘致し、富裕層中心都市への転換を図ることが正当化された（矢作 2020: 75–76）。デブラシオがアフォーダブル・ハウジング政策を擁護する際にも地価高騰による「住宅危機」のレトリックが多用された。

## 3 不動産市場のグローバル化と住宅の金融商品化

### 突出する不動産資産の重要性

だが21世紀以降の都市変容においてはグローバルな力学もより強く作用する。ブルックリンの空間変容を引き起こした第二の要因に、グローバルな不動産投資の増大がある。[14]

最初に確認したいのが、不動産が世界経済に占める比率の飛躍的な増大だ。総合不動産サービス会社サヴィルスによれば、全世界不動産総額は２０１４～２０１８年で56％増加し２８０・６兆ドルとなり、世界総資産の約６割（２０１８年58・８％）に相当する。[15] 債券の２・３倍、証券の３・３倍、金の35・１倍[16]（２０１７年）で、世界ＧＤＰ総額比も２０１６年２・７倍から２０１８年３・５倍となった。[17]

様々な投資収益の過去20年の推移（**図１－２**）を見ても、不動産投資収益は２００３年ごろから急上昇し、２００７～８年の危機で下落したものの、他の投資対象より早期に回復し、特にリーマンショック以降、突出した収益をもたらしてきた。不動産投資収益の急増と並行してトランスナショナルな不動産取引も急増し[18]、不動産取引における外国人購入者の支払額は２００９年６５０億ドルから２０１５年２１７０億ドルと３３４％増となった。不動産投資収益の増大と投資のグローバル化は同時進行してきた。

グローバル不動産市場の拡大の影響はニューヨークでも顕著だ。海外投資家の不動産購入はリーマンショック後に急成長し、特に商業施設の購入は海外投資家が34％を占める。ブルックリンはマンハッタンに次ぐ海外投資家の投資先となり、２０１６年取引額は１００億ドルを超えた。投資家の出身国は中国、ドイツ、香港、サウジアラビア、カナダとなっている。[19] 中国は総額が多いだけでなく、重要な再開発事業へ

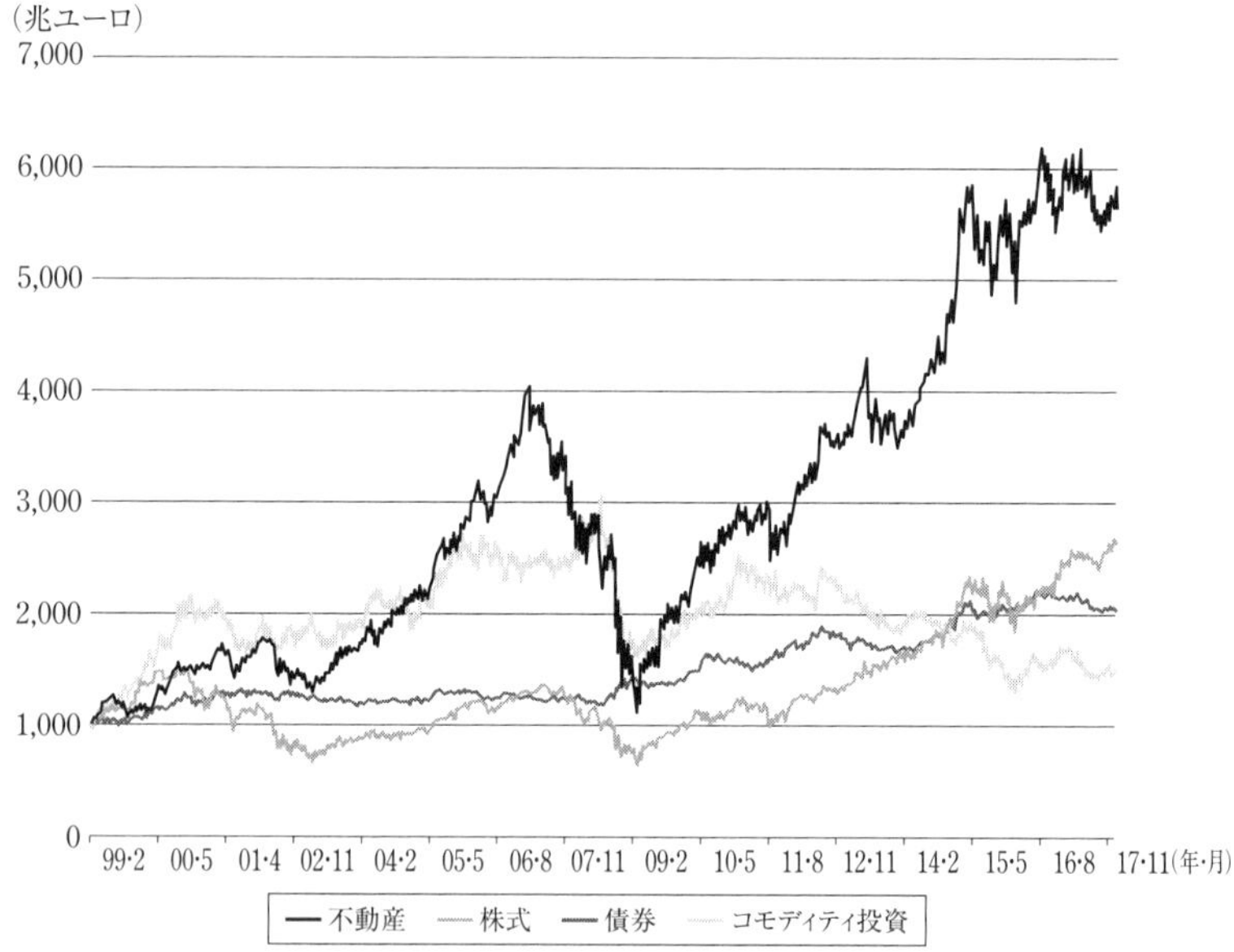


**図 1-2　投資対象別の収益の推移（1999–2017 年）**

出典：Reitsmarket, data from 29/01/1999 to 29/12/2017（https://www.reitsmarket.com/reits).

の投資が目立ち、前節のアトランティック・ヤード再開発でも中国のデベロッパー、グリーンランド・グループが事業費70％相当の50億ドルの株式を取得した(20)。このようなグローバルな不動産投資もブルックリンの都市空間を大きく変容させている。

重要なのは、グローバルな投資拡大が規制緩和や制度変更など、国や都市の政策を通して可能になった点だ（Harvey 2003a=2005: 145, Sassen 2012: 77, 森 2021: 99）。グローバルに活動を展開する不動産業界と行政の結びつきの強化は、祖父の代より家業としてデベロッパー業を営んできたドナルド・トランプが２０１６年大統領に選出されたことや、同政権で不動産業界関係者が要職につき、不動産業界への優遇策が取られたことにも表れている（森 2021）。ローカルな空間を変質させるグローバルな過程はナショナルな政策と連動しており、現代の都市空間の変容はこのようなマルチスケーラーな権力作用のなかで捉える必要がある（Sassen 2012, Çağlar and Glick Schiller 2018）。

## 「有色」の金融資本主義——住宅金融商品と人種的バイアス

だが海外投資家の不動産取引の拡大を決定づけたのは、住宅の金融商品化（financialization of housing）[21]の拡大だ。過去30年で住宅金融商品は大幅にシェアを拡大し、ＥＵでは住宅基盤資産が１９８０年３・７兆ユーロから１９９９年13・2兆ユーロ、２００６年24・2兆ユーロに上昇した。一方、先進国17カ国の負債対ＧＤＰ比率は１９８０年代までは50～60％で推移していたが２０１０年には１１８％に膨らみ、膨張部分の大半を住宅ローンが占めた[22]。米国でも株取引収益の低下と２０００年代前半まで続いた超低金利時代を背景に住宅金融投資が増大した。住宅金融商品は金融商品の一領域をこえ、金融取引のあり方を刷新するツールとなった[23]。

住宅の金融商品化とは住宅ローンを大量の「モーゲージ担保証券」に断片化し、投資家の売り買いの対象とすることだが、２０００年代後半から住宅金融商品化研究を牽引してきたマーヌエル・アールベルスは金融商品化を「金融業界のアクター、市場、実践、尺度、ナラティブの支配が増大し、結果として経済、企業、国家と家庭が構造的に変化すること」（Aalbers 2017: 542–549）と定義し、社会への影響を重視する。

たとえば金融商品化によって「家を購入するための借金」だったローンはモーゲージ担保証券という

**表1–2　2007年ニューヨーク市特別区別の差し押さえ物件数**

| 特別区 | |
|---|---|
| ブルックリン | 12,795 |
| クイーンズ | 9,933 |
| ブロンクス | 4,188 |
| スタテンアイランド | 1,785 |
| マンハッタン | 1,334 |
| ニューヨーク市全体 | 30,035 |

出典：NYU Furman Center（2009: 3).

「金融商品の原材料」に変化した。ニューディール期に始まった政府主導の住宅ローンは資本を十分に有さない層に持ち家を購入させて資産の安定化を図ったが、金融商品化によって住宅ローンはグローバル資本がローカルな住宅から余剰価値を抽出するための道具となった。その結果、資産を固定化させるはずだった住宅はマネーゲームのリスクに晒され、不安定化した。

グローバル・マネーゲームがローカルな都市空間に大きな影響を与えたのがサブプライムローン危機だ。危機は全米で顕在化し、ニューヨーク市でもローン破綻による住宅差し押さえが大量発生したが、なかでもブルックリンは市内最多の差し押さえ件数を記録した(24)（**表1–2**）。2007年、黒人集住エリアであるベッドフォード＝スタイヴェサントとクラウンハイツの2地区でサブプライムローン利用者の約4人に1人がローン破綻で家を失った。これは全米で差し押さえ率がもっとも高かった2003年3月時（6・89％）の4倍である。被害は人種マイノリティの居住地区に集中し（**図1–3**）、サブプライムローン破綻でアフリカ系アメリカ人の資産の半分、ラティーノ・コミュニティの資産の67％が失われた（Center for NYC Neighborhoods 2014: 20）。

かつて黒人はレッドライニングという金融機関や保険会社による黒人への住宅ローン融資拒否によって、住宅の購入も修繕もできない状態におかれ、その結果、黒人居住地区の建築環境は悪化し、家を手放さざるを得ない住民が続出した。黒人居住地区の荒廃は連邦政府の政策と金融、保険、不動産業の連携という「制度的人種主義」によって生み出されてきたのである(25)。

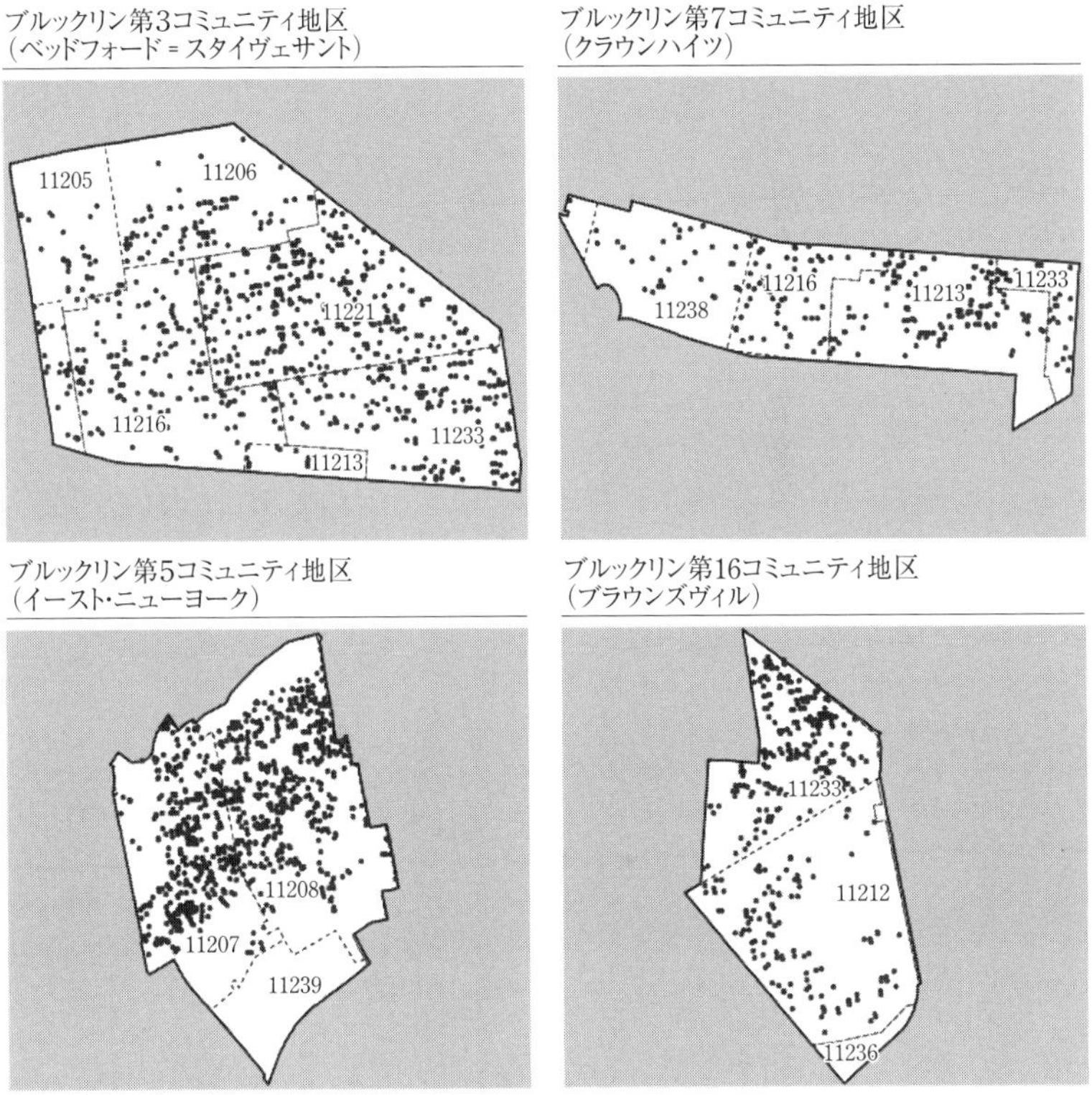


**図 1-3　2007 年ブルックリン黒人集住地区における差し押さえ住宅の集中**

出典：NYU Furman Center (2009).

ところが住宅の金融商品化が進むと、人種マイノリティは返済不能な金額を貸して高利を請求する「略奪的融資」の標的となった。2006年に5万人のローン利用者を対象とした調査でも黒人とラティーノは同じ社会経済的条件の白人に比べ、3割高い利息をかけられていた[26]。不動産における金融資本主義の与えるダメージは誰に対しても等しく「無色」なものではなく、人種主義的バイアスを強く帯びた「有色」なものなのである[27]。

## 賃貸住宅の金融化

だが金融商品化の対象となったのは持ち家だけではない。2000年代より賃貸住宅の金融商品化も進んだ。金融危機後に個人向け住宅ローンが大きく減少したことに加え、賃貸住宅への投資は家賃収入によって定期的に現金が供給される点が投資家に評価され、賃貸住宅向けのローン投資は大きく増大した(Aalbers 2018)[28]。

ニューヨーク市では中高所得層向け賃貸だけでなく、低所得層向けの公的援助を受けた賃貸住宅の金融商品化が進んだ[29]。ニューヨーク市は全米でも有数の借家人の街で、賃貸比率は全米平均を大きく上回り(2015年69%)、なかでもブルックリンは市平均を上回る71・3%だ(NYC Furman Center 2017)。しかも同市には他都市にはない家賃規制制度が存在し、2014年時点でニューヨーク市賃貸住宅の61・1%は何らかの規制を受けていた(New York City Rent Guidelines Board 2017)[30]。つまり市内に133万を超える家賃規制住宅があり、公営住宅などを差し引いても100万戸以上の民間住宅が規制対象で、黒人集住地区などの低所得層居住地区に集中する[31]。

これらの家賃規制住宅が２０００年代半ばまでにプライベート・エクイティ・ファンド（未公開株式ファンド）による「略奪的買収」の標的となった。その背景には１９９０年代末以降の家賃規制の緩和がある。ニューヨーク市では１９５０～80年代に住宅建設・改修工事時の税的優遇と引き換えに家賃規制が期間限定で義務づけられたが、１９９０年代から義務期間を終える物件が増加し、１９９７～２００７年に市内約４万戸が規制外となった（Begley *et al.* 2011）。それ以外の家賃規制住宅に関しても段階的に規制を緩和する法改正が進み[32]、家賃規制を解除して市場価格住宅に転換することが可能になった。そのため、家賃規制住宅は大きな利潤を産み出す「鉱床」として投資家の人気を集め（Fields 2015: 144–156）、１９９４～２０１２年には市全体で家賃規制住宅が15万２７５１戸減少した（Stringer 2014: 24）。家賃規制住宅はプライベート・エクイティ・ファンドにとって「投資のフロンティア」となり、レバレッジ効果を重視した投資戦略のもと２００５～２００９年に市内の家賃安定化住宅の１割に及ぶ10万戸以上が買い取られた（Fields 2015: 156–165）。

## 地域から乖離する住宅と住民への影響

以上の出来事は、ブルックリンの都市空間にどのような影響を及ぼしたのか。この問いを考える上で批判地理学のデジレ・フィールズの議論は示唆に富む。フィールズは、低家賃の賃貸住宅の買収によって「家賃収益」に代わり「投資家への配当」が求められるようになった点を重視する。従来の家賃規制住宅の所有者は、家賃収入として年間５～10％の利潤があれば採算がとれた。ところがレバレッジで建物を購入したプライベート・エクイティ・ファンドは、借入金返済もふまえると、少なくとも20～30％の利潤を必要とする（Fields 2017: 594）。そのため家賃規制を解除して家賃を釣り上げようと、安い家賃の借家人を追い出す戦略がとられた。家賃の小切手を受け取っていないと主張し、「未払い」を理由に追い出したり、意図的に建物のメンテナンスを放棄し、居住中の借家人が住み続けられないような状況を作り出したり、滞在資格の不安定な居住者に対して移民局に通報すると脅したり、多様な手段を用いたハラスメントがファンド買収物件で横行したという（**図1－4**）。

２００８年金融危機の際には、差し押さえ物件は、持ち家だけでなく賃貸集合住宅が多く、特にプライベート・エクイティ・ファンドが所有する「旧家賃規制住宅」の割合は突出していた。それらはブロンクスとブルックリンの黒人集住地区に集中していた。ブルックリンの黒人集住地区イーストフラットブッシュとフラットブッシュにおいて、プライベート・エクイティ・ファンドが借入金返済不可能で差し押さえられた集合住宅は全体の6・75％、5・37％に達した（Fields 2017: 595–596）。差し押さえ物件の一部は政府の援助を受けて買い取られ、家賃安定化住宅として引き継がれたが、その一方でヘッジファンドが負債を買い叩いて[33]建物を買収し、新たな投資を始めた事例も報告された。

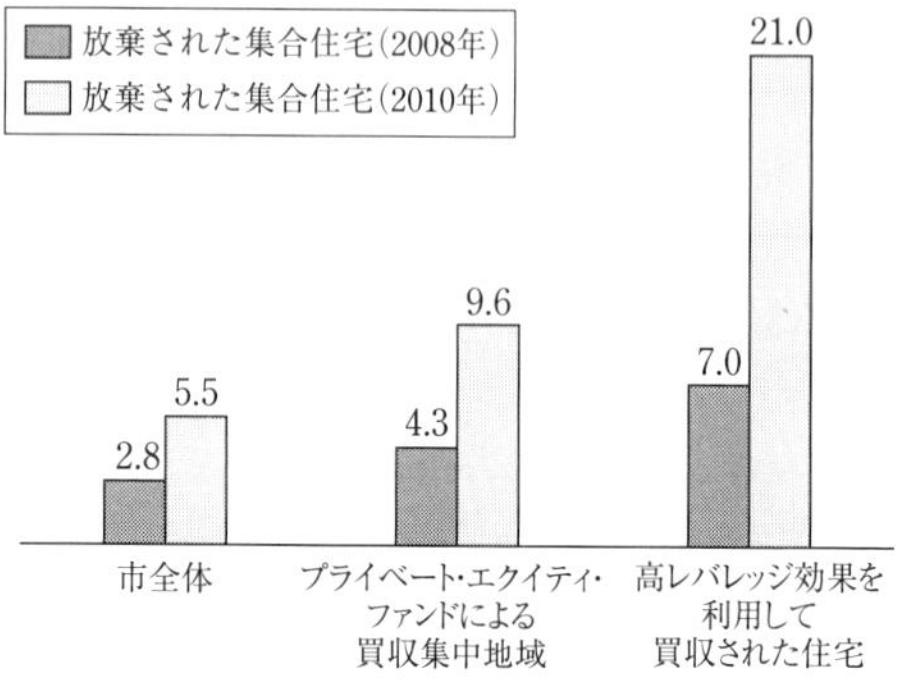


**図1–4**　ニューヨーク市の放棄された集合住宅の割合の推移（2008–2010年）（％）

出典：Fields（2017: 596）.

このように金融商品化はブルックリンの都市空間に甚大な影響を及ぼしてきた。町村も言うように、従来の不動産投機において住宅はまだ個体としての存在を所有していたが、金融商品化した住宅は証券として断片化され、流動化し、「居住」という意味を失い「溶解」する事態が起きている（町村 2017）。だが住宅は単に「溶解」し、地域から乖離するだけでない。住宅コストの急騰やハラスメント、立ち退きといった具体的な影響を住民の日常に及ぼし、コミュニティの変質を引き起こす（cf. Fields 2017, 森 2018c）。住宅の金融商品化によって金融が家庭に入り込み、住民の人生を左右するようになった。こうしたリスクに持ち家保有者だけでなく、賃貸住宅の借家人も直面している。

住民への影響は立ち退きなど具体的な形で発現しているが、それを引き起こす主体の姿はますます見えにくくなっている。町村は不動産の金融商品化が引き起こす効果として、実物の建築物や都市が金融商品として断片化され、ローカルと一切関わりのない投資家の純粋な売り買いの対象となることで、責任の不可視化、そして都市と人間の関係全体の不可視化が起きていると指摘した（町村 2017: 16–17）。一層活気付く「ポストフォード・ネオリベラル金融レジーム」（Aalbers 2017: 542–547）の下、責任主体の不可視化を伴いながら、グローバルな金融取引がローカルな都市空間を大きく変えている。

## 4 もう一つの「賃貸住宅市場」とプラットフォーム資本主義

### 民泊市場の拡大

ブルックリンを変えた第三の要因に情報ハイテク産業の影響がある。ニューヨーク市は金融危機後に情報テクノロジー産業の誘致に力を注ぎ、グーグル、アップルなどのオフィスビル建設と並行した再開発事業が進み、都市景観は大きく変化した（矢作 2020: 74–75）。だが情報ハイテク産業は景観以外の面でも都市に変化を引き起こした。ツーリズム振興という都市戦略のなかで不動産業界と情報テクノロジーを結びつけた新たなビジネスへの投資が進むなか、プラットフォーム資本主義とよばれるネットを介した民泊市場が成長した。なかでもAirbnbは大きなシェアを誇り[34]、ブルックリンの物件は2017年には市全体の37％を占めた。

こうしたなか2015年ごろから「Airbnbがジェントリフィケーションを加速させている」との批判が広がった。2015年1月にはブルックリン区庁舎前に約300人が集まり「Airbnbが稼ぐたびにブルックリンは損をする」「Airbnbのせいで家賃が42％上がった」「シェアリングエコノミーではなくセルフィッシュエコノミーだ！」などと書かれた紙やプラカードを手に抗議活動を行った（"NYC debates: Does Airbnb help or hurt affordable housing?" *Brooklyn Eagle*, 2015/01/21）。

## 業者の民泊市場参入と一般賃貸住宅への影響

2018年1月、ニューヨーク市はAirbnb調査報告書を発表した[35]。それによると、個人だけでなく業者が参入して売り上げを伸ばしており（市全体のホストの12％、全収益の28％、Wachsmuth *et al.* 2018: 9–17）、法令違反の「丸ごと貸切」や法令をかいくぐるために所有物件を複数の部屋に分けて貸す「ゴーストホテル」も急増し、後者はブルックリンに集中していた（2100室、520住宅）。

抗議する住民はAirbnbが一般の賃貸住宅市場から住宅を奪っていると批判する。実際「ゴーストホテル」や「丸ごと貸切住宅」など定住者のいない住宅を「一般賃貸住宅市場に出ていたはずの住宅」とみなせば、3年間でニューヨーク市全体では7000～1万3500軒、ブルックリンでは2600～

４８００軒の賃貸住宅が消失したことになる（*ibid*.: 32）。またAirbnbが一般賃貸住宅の家賃を釣り上げているとの批判もあった。市全体で家賃上昇が続くなか、Airbnbが及ぼす影響を測定するのは容易ではないが、ワクスムスらは米国１００都市で行われた調査に依拠しながら（Barron *et al*. 2017）、過去3年間でニューヨーク市の一般賃貸平均額が年間３８０ドル増加したと算出した。[36]

重要なのは、家賃への影響に人種間格差が見られる点だ。観光客が頻繁に利用する物件（年間賃貸日数60日以上、空室日数１２０日以上）は同一地区の一般賃貸に比べ3倍以上の収益をあげるが、そのような物件の72％は非白人集住地区、特に黒人居住地区に集中する（*ibid*.: 40）。つまり非白人居住地域の大家にとっては一般賃貸よりもAirbnbで貸し出すインセンティブが大きいことを意味する。Airbnbの成長がハーレムとベッドフォード＝スタイヴェサントという歴史的な黒人居住地区で著しいことから、Airbnbは黒人集住地区でのジェントリフィケーションを加速させているとの批判も起きた。[37] 民泊市場の拡大はニューヨーク市、そしてブルックリンの賃貸住宅市場と都市に看過できない影響を及ぼしている。

パンデミックは観光産業に大きな打撃を与えたが、Airbnbへの影響はホテル業界に比べると限定的だった。国外旅行が激減したのに対し、国内旅行の需要は高まり、一定の利用者が確保されたことに加え、感染症対策として「丸ごと貸切」物件を好む旅行者が増え、民泊市場はパンデミックの影響下でむしろ拡大した。そのことは２０２０年12月にAirbnbが新規株式を公開すると買い手が殺到し、時価総額10兆円を超えたことにも表れた。[38] パンデミックを機に情報プラットフォームを通して世界的にオフィスシェア事業を展開する「ウィーワーク」などの活動が拡大し、リモートワークの増加で「ワーケーション」など新たなライフスタイルが生まれたことからも、プラットフォーム資本主義の都市への影響は今後も続くことが予想される。

## 5　ローカルを変質させるトランスナショナルな不動産・金融複合体

このように2000年代以降のブルックリンの空間変容の背景には複数の変化が絡みあっていた。わかりやすい形で空間を変える再開発事業の影響だけでなく、住宅の使用目的を居住から金融や観光など他目的に移行させる見えにくい変化の影響もみる必要がある。元来、不動産は特定の空間に根ざす「きわめてローカルなもの」で、他の経済部門と比べ、グローバル化の遅れた領域とされてきた。ところが金融商品化や情報ハイテク産業によって不動産はグローバル資本に接続され、地域住民から住宅を奪うという具体的な影響を引き起こしている。階級だけでなく人種とジェンダーのバイアスも帯び、特定の属性を持つ人びとを不利にしている。民泊のプラットフォームも住宅金融商品も意図や責任を備えた主体ではないが、それは人種、ジェンダー、階級の格差を押し広げている。

問題は、ローカルな都市変容における責任の不可視化が指摘されるなか、政治の役割や責任をどう評価するかである。トム・スレーターは行政の責任を重く捉え、行政が「低所得層への福祉支援の提供者から都市中流・上流階級向けのアメニティと企業活動のサポートを担うサービス業者に転換」したと指摘し、「新自由主義時代の行政の役割再編」を批判した（Slater 2008）。以上の議論は行政エリートの政治的選択を批判すると同時に、行政に現状を変革する能力や可能性を見出すものでもある[39]。

だが同時に、行政を取り巻く複雑な力関係を捉えることも大切だ。その点でスレーターと異なる視点にたつのがジェイソン・ハックワースの「ネオリベラル・シティ」論だ。ハックワースは、都市行政がジェントリフィケーションを推進する背景として、行政エリートだけではなく、複数の制度の絡み合いの影響をみる（Hackworth 2007: 17）。開発途上国ではＩＭＦや世界銀行などの国際機関が「絡み合い」の中心をなすが、先進国では格付け会社が中心的役割を果たすという（*ibid*.: 17–18）。

米国では約３万７０００の自治体が74万超の銘柄の地方債を発行し（２０１１年）、20世紀前半から投資家の判断を助けるために格付け会社が格付けを行ってきたが（一般財団法人自治体国際化協会ニューヨーク事務所 2011: 34–35）、格付け会社が急速に行政への影響力を強めた理由をハックワースは３つあげる。第一に連邦政府補助金が減少し、地方債の重要性が増して、資本市場のゲートキーパーへの依存が強まった点、第二に年金ファンドや保険金など金融商品が多様化し、競争が激化して、都市行政にとって格付けの重要性が高まった点、第三に地方債保有主の変化格付けの重要性が増した点である。１９７０年代前半には商業銀行が５割を占めていたが、２０００年代には投資信託と個人投資家が８割近くを占めるようになり、「融資」より「投資」の性格が強まったのだった（Hackworth 2007: 23–24）[40]。

格付け評価は都市行政全体に対して行われるため、影響は地方債を財源としない部門にも及んだ（*ibid*.: 22）。行政は市場の高評価を得るため、「成長」戦略をとることを余儀なくされ、そのなかで地方経済の資産価値を高め、企業投資を誘引するために不動産開発業者との結びつきが強まった。不動産開発戦略は今日多くの都市行政が採用しているが、歴史的に不動産業界と政治の結びつきが強いニューヨークで不動産業界の権限は他都市に見られない水準に達した（cf. Hackworth 2007, Angotti 2008）。

行政が都市再開発を推進する背景を、格付け会社と不動産業者の影響拡大が行政に課す「制約」で説明するハックワースの分析は、２節で論じたブルームバーグの再開発事業やデブラシオのアフォーダブル・

ハウジング政策の構造的背景を理解する手がかりにもなる。一連の流れは市長個人のみに起因するのではなく、都市行政に格付け会社や不動産業者が及ぼす影響力も考慮しなければならない(41)。ジェントリフィケーションにおける行政の役割が拡大する一方、行政の「選択肢」を規定する力学にハックワースは切り込んだ(42)。

このように考えると、ブルックリンの空間変容も国家の住宅・都市政策の撤退を受けたローカルな都市政策の再編、都市行政と連携したデベロッパーのグローバルな影響力の拡大、それと結びついた金融や情報ハイテク産業、さらに不動産・金融業界のトランスナショナルな活動を可能にする法整備を行った行政の役割という、複数のスケールを横断する相互作用(Çağlar and Glick Schiller 2018)のなかで発生したものである。アンジェラ・デイヴィスの「産業・監獄複合体」——監獄関係者、多国籍企業、巨大メディア、看守組合、議会・裁判所などが相互に共生関係にある複合体(Davis 2003=2008: 115)——にならい、不動産デベロッパー、金融機関、情報ハイテク業界、都市行政、連邦国家などが、相互かつトランスナショナルに関係する複合体を「トランスナショナルな不動産・金融複合体」と呼んでおこう。21世紀型都市再開発を理解するには、このトランスナショナルな複合体の影響を視野に入れなければならない(森 2021)。

このような都市空間の変容は住民コミュニティにどのような影響を与えているのだろうか。この問いを次章ではブルックリンの街区というミクロなスケールに視点を移して検証する。

(1) 2015年10月28日のインタビュー。

（2）英米圏の都市では郊外住宅地に比べて都市内の家賃や地価が低いという「高・郊外―低・インナーシティ」の図式はジェントリフィケーションの影響で変化している。ニューヨークの場合、2012年、大半の郊外住宅地の家賃は市内を若干上回るが、平均値は逆転した。

（3）2000～2012年で家賃負担率（家賃が所得に占める割合）は全米で上昇したが（29・3％→34・7％）、ニューヨーク市内では特に顕著（35・7％→39・4％）で、一番高かったのがブルックリンだった。

（4）Prashant Gopal "Brooklyn Worst in U.S. for Home Affordability," 2014/12/04（https://www.bloomberg.com/news/articles/2014-12-04/brooklyn-worst-in-u-s-for-home-affordability　2019年5月27日最終閲覧）。

（5）行政主導型ジェントリフィケーションはポール・ワットらがハーヴェイの「ネオリベラル・アーバン・ガバナンス」論に依拠して展開し、グローバルな都市間競争に勝ち残るために都市行政が資本を呼び込む手段としてジェントリフィケーションを推進することを問題化した（Watt 2009）。日本では内田・敷田（2016）による「官製ジェントリフィケーション」の用語が定着しているが、本章では行政が主導しつつも、企業が大きな役割を果たすことを強調するために「主導型」という表現を用いる。

（6）ドナルド・トランプの父フレッド・トランプが1920～1970年代に政府助成金を受けて、ブルックリンとクイーンズに2万7000戸を超える低中所得層向け住宅を建設したのはその一例である。

（7）この路線は1990年代に政権交代が起きた後も継承された（平山 2003: 142）。

（8）小玉が指摘するように（小玉 2018b: 102）、ゾーニング変更にともなってデベロッパーが建設した住宅数の20％を適正家賃（「AMI＝地域の中央所得」の30％）に設定した場合、減税措置が受けられる「条項421－a」が存在したが、実際にはそのような住宅の供給なしに減税措置を受けることができた。

（9）ブルームバーグの都市再生政策についてはHackworth（2007）の6、7章も参照。

（10）https://nextcity.org/daily/entry/brooklyn-development-atlantic-yards-name-change-pacific-park-brooklyn 2021年6月22日最終閲覧。

（11）デブラシオは選挙戦でマンハッタンに住む大富豪ブルームバーグとブルックリンに住む自分の違いをアピールし、2013年1月の出馬表明もブルックリンの自宅前で行った。「行政は強大な権力をもつ金融業界の利害から庶民と地域を守らねばなりません。それを達成するにはコミュニティの声が抑圧されるのを拒む、普通のニューヨーク市民の力が必要です（中略）そのために私はブルックリンの自宅から市長選出馬を表明します」（http://observer.com/2013/01/bill-de-blasio-tells-a-tale-of-two-cities-at-his-mayoral-campaign-kickoff/　２０１９年５月27日最終閲覧）。

（12）同政策の責任者に任命されたのがゴールドマン・サックス都市投資部門長でニューヨーク不動産業界とつながりの深いアリシア・グレンだったことも「市はデベロッパーと手を組み、名ばかりのアフォーダブル・ハウジング政策を行っている」との批判につながった。批判者はデベロッパーを利する政策ではなく、家賃規制の強化やデベロッパーへの減税措置の廃止を優先すべきと主張した。

（13）ニューヨーク市政への不動産業界の影響力を示す例として税収における不動産関連税の比率の高さがある。ニューヨーク市の２０１８〜２０１９年の税収のうち固定資産税をはじめとする不動産関連税（不動産譲渡税、ホテル税、商業テナント税、不動産ローン税を含む）は３２２億ドルと全税収の52・４％を占め、所得税（１３４億ドル）を大きく上回る（Stringer 2019: 227）。またデベロッパーのロビー団体である社団法人ニューヨーク不動産委員会（Real Estate Board of New York）を介して多額の政治献金が行われていることが指摘されている（Stein 2019: 79–115）。

（14）本節のデータは特に断りのないかぎり、イギリスを拠点とする総合不動産サービス会社サヴィルスのデータを参照している。２０１６年（https://pdf.savills.asia/selected-international-research/1601-around-the-world-in-dollars-and-cents-2016-en.pdf　２０２０年12月13日最終閲覧）、２０１８年（https://www.savills.com/impacts/market-trends/8-things-you-need-to-know-about-the-value-of-global-real-estate.html　２０２０年12月13日最終閲覧）。

（15）同期間の世界総資産額は３７２兆ドル、４０５兆ドル、４７７・３兆ドルとなる。

（16）Savills “How much is the world?” (https://www.savills.com/blog/article/216300/residential-property/how-much-is-the-world-worth.aspx　２０２０年12月13日最終閲覧）。

（17）https://www.savills.com/impacts/market-trends/8-things-you-need-to-know-about-the-value-of-global-real-estate.html。増大する不動産資産は極めて不平等に分配されている。２０１６年米国の不動産売上総額は前年比大幅増を記録したが、持ち家保有率は過去50年最低というように不動産資産額の上昇と持ち家比率とは全く連動していない。不動産購入の37％は投資目的で、内訳も小規模大家に代わり銀行やヘッジファンド、投資会社が増えた（Stein 2019: 3）。

（18） トランスナショナルな不動産取引の地域別内訳については https://pdf.savills.asia/selected-international-research/1601-around-the-world-in-dollars-and-cents-2016-en.pdf　２０２０年12月13日最終閲覧。

（19） https://www.nar.realtor/global-perspectives/crossing-borders-with-commercial-real-estate　２０２１年６月22日最終閲覧。

（20） Eliot Brown, "Chinese Builder Charges into Brooklyn," *The Wall Street Journal*, October 11, 2013.

（21） 本来 financialization には「金融化」の訳語があてられるが、日本語の「金融化」は「貯蓄ではなくローンを組んで買う」という従来の住宅金融との混同を招く恐れもあるため本書では「金融商品化」と明確化した。住宅の金融商品化とは、住宅ローンを融資した金融機関が「住宅ローン債券」を信託や特別目的会社と呼ばれる「導管」に売り、導管がプーリングされた複数の債券を組み合わせて「モーゲージ担保証券（ＭＢＳ）」を証券化し、投資家に販売する仕組みである。１９８０年に米国で始まった住宅ローンの規制緩和、そして１９９０年代に進行した金融の証券化によって、徐々に住宅ローンの金融商品化市場が拡大していった（福光 2005: 59–65）。

（22） 住宅ローン以外の負債は１９１４～２０１０年という長期間にＧＤＰの41～46％と安定しているが、住宅ローンは１９１４～２０１０年で20％から64％に増加した。

（23） アールベルスによれば、住宅は美術品と同じように担保価値が高いうえ、美術品と違ってローン負債や賃貸収入によって安定的な収入経路を保証できる点が投資家にとって魅力だという（Aalbers 2017）。またサッセンは別の角度から住宅の重要性を指摘する。歴史的に住宅は建設、不動産、そして（住宅ローン貸付として）銀行の三領域で経済的だけでなく変革の道具としても大きな役割を果たしてきた。たとえば太陽光エネルギー開発の初期段階において、ソーラーパネルはオフィスビルや工場ではなく住宅に設置された。また工場であらかじめ製作したパーツを現場で組み立てる形式で、大量生産を可能にしたプレハブ建築も主に住宅に用いられた。そして住宅ローン制度もかつての銀行業にとっては新たな収入源を確保するための技術革新だった。その後、住宅は金融の革新のための重要な道具となった（Sassen 2012: 74–75）。

（24） http://www.nydailynews.com/new-york/brooklyn/brooklyn-neighborhoods-top-subprime-foreclosures-nation-article-1.346312　２０２１年６月22日最終閲覧。

（25） 武井寛「黒人はこうして排除されてきた……日本人が知らない『住宅差別』という問題――ゾーニングとレッドライ

ニングとは何か」(https://gendai.ismedia.jp/articles/-/74643　２０２１年９月12日最終閲覧)。

(26) 宮田伊知郎は黒人に対する差別実践の形の変化を「レッドライニングによる排除」から「逆レッドライニングによる排除」と呼ぶ（宮田 2009: 41)。

(27) 奴隷制の時代より人種主義は経済的利益と密接に結びついてきた。その点で両者の関係は新しい論点ではない。だが人種主義の多様な側面が論じられるようになる過程で、この論点が相対的に周縁化されてきたことも事実である。それに対して近年、現代社会の枠組みで資本主義と人種主義の関係を問い直す人種資本主義の議論が活性化している（cf. Jenkins and Leroy 2021)。

(28) https://www.nytimes.com/2012/07/08/realestate/changing-midstream-to-rental-from-condo.html　２０１９年５月27日最終閲覧。賃貸住宅市場の金融商品化に加え、アールベルスはリーマンショック後に強化された動きとして、大家のコーポレート化、プラットフォーム型資本主義の拡大、トランスナショナル富裕層による都市の貸金庫化をあげ、それらを「第5波ジェントリフィケーション」と呼んだ（Aalbers 2018)。

(29) オランダをはじめヨーロッパの複数の国では「社会住宅」とよばれる何らかの公的支援を受けた民間による家賃規制住宅が賃貸市場の大きなシェアを占めるが、同部門は資金運用で金融商品を用いて巨額の損失を出すなど、社会住宅の金融商品化が急速に進んでいる（Aalbers 2017)。

(30) 内訳は１９６９年ニューヨーク州家賃安定化法規制が47・1％、家賃統制法規制が１・２％、その他12・８％であった（New York City Rent Guidelines Board 2017: 3-4)。

(31) ここでは公営住宅に加え、事実上の公営住宅と言われるミッチェル・ラマ住宅も加えた。

(32) 家賃が一定額を超えた住宅には規制が解除されるルール（２０１１年時点で２５００ドル以上)、一旦空室になると上限20％家賃をあげられる「ヴェイカンシー・ボーナス」、改修工事費用の40分の1を家賃に加算できるプログラムなどが作られた（小玉 2017: 249)。

(33) ディストレスト債といって、借金差し押さえになっても借金自体を新たな金融商品化の対象とする金融商品を指す。

(34) ２０１６〜２０１７年に同サイト経由で一度でも賃貸されたニューヨーク市の物件数は６万７１００（前年比４・５％増）で、前々年の成長率37％と比べれば控えめではあるが増加を続けている。

（35）マギル大学で都市計画講座を担当するディヴィッド・ワクスムスを中心に、２０１４年９月より３年間行われた調査報告の詳細は https://mcgill.ca/newsroom/files/newsroom/channels/attach/airbnb-report.pdf　２０１９年５月27日最終閲覧。

（36）もっとも Airbnb の影響は家賃だけではない。フィリップ・スタブロスキーは地域コミュニティへの影響や、住民一人ひとりが「起業家」になることを要請する「ミクロ都市起業家主義（micro urban entrepreneurism）」の浸透など複数の問題を指摘する（Stabrowski 2017）。

（37）これに対して Airbnb はニューヨーク市ホストの92％は自分が住むアパートを貸し、79％のホストはそこに住み続けるために貸していると反論した。また同調査が「反 Airbnb」を公言するニューヨーク市ホテル業者委員会と借家人支援組織から資金援助を受けたとして、調査の中立性に疑問を呈した。さらに算出されたジェントリフィケーションへの影響（一般賃貸の平均額を１・４％、年間３８０ドル増加）は限定的で、「ジェントリフィケーションの加速」とは断定できないとの批判もあった。

（38）https://www.asahi.com/articles/ASNDC262YNDCUHBI00K.html　２０２１年２月17日最終閲覧。

（39）ブルデューらによれば、支配構造を強固なものにしているのは歴史を通して人為的に構築されてきた社会秩序をまるで自然現象であるかのように見せ、人びとに受け入れさせる「脱歴史化」のメカニズムである（Bourdieu et Wacquant 1992=2007: 309-310）。そのような過程を明らかにする「再歴史化」の作業は、変革を起こすための最初の一歩となる。このように考えるとスレーターらの行政批判は「脱歴史化」に抗う作業として評価できる。

（40）自治体が直面するこうした問題については、宮田（2017）を参照。

（41）そのほかにも高齢者介護施設が建てられていたマンハッタンの市有地が「知らない間に」デベロッパーに売られて施設が閉鎖され、高級コンドミニアムが建設されるスキャンダルなど、複数の問題が発覚し、市長への批判は強まった（https://www.jacobinmag.com/2017/02/new-york-housing-gentrification-affordability-de-blasio/　２０１８年４月５日最終閲覧）。

（42）この分析は、弱小自治体はともかく、繁栄をきわめる今日のニューヨーク市の事例には一見、不適合と映るかもしれない。だが１９７０年代のニューヨーク市財政危機が示すように、都市の規模にかかわらず、行政の財政基盤は市場に左右されている。

# 2章 複数のブルックリンと予期せぬ共存

## 1 富裕化・白人化なのか——住民構成の変化を捉える

「ジェントリフィケーションは低所得層が居住する都市中心部の街区が再投資とリニューアルによって変化し、中間階級と上位中間階級の住民が流入するプロセスをさす」(Smith 1998: 198)——スミスの定義は多くの研究者に参照されてきた(cf. Hwang 2016b)。前章はこの定義の前半部分、すなわちブルックリンの空間変容の背景を考察した。本章は後半部分の住民構成の変化を検討する。この定義にもあるように、ジェントリフィケーションは住民の階級上昇、すなわち中間階級が労働者階級に置き代わる現象と理解されてきた。それはジェントリフィケーションという造語を最初に用いたルース・グラスの定義とも合致する。

ロンドンの労働者階級の地区の多くが一つ、また一つと中間階級——上位中間階級から下位中間階級まで——の侵入を受けてきた。古びた、それほど広くない家々——一階と二階に部屋が二つずつあるような家々——の借り手は賃貸契約期間の終了とともに追い出され、上品で高価な住居へと変化を遂げる。ヴィクトリア期の大きな家々は価値が下落し、分割されて、貧しい層向けの下宿など様々な用途に用いられていたが、再びかつての輝きを取り戻した（中略）この「ジェントリフィケーション」のプロセスは、ある地区で始まると急速に拡がり、もともと住んでいた労働者階級の住民のほぼ全員を追い出し、地区の社会的特徴を塗り替える（Glass 1964: 18–19）〔強調は筆者〕。

2000年代以降ジェントリフィケーション研究を牽引してきたロレッタ・リーズらもジェントリフィケーションの否定的側面として立ち退きをあげる[1]（Lees, Slater and Wyly 2008: 196）。米国では1970年代以降、ジェントリフィケーション研究で人種が階級と並ぶ重要な変数として扱われてきたが、ここでも主眼は人種マイノリティ住民の立ち退きにおかれてきた[2]。

だが、ジェントリフィケーションが引き起こす住民構成の変化とは、新住民の転入と昔からの住民の立ち退き——米国の文脈では白人中間階級の転入と非白人労働者階級の立ち退きを指す——だけなのか。この問いを検討するため、本章はブルックリンの人口変動をブルックリン区全体、区内18の「コミュニティ地区」（詳細は本章註（10）を参照）、コミュニティ地区内の街区という三つのスケールで考察する[3]。

## 2　ジェントリフィケーションと並行した移民の増大と矛盾

### 一筋縄ではない人口変容——階級上昇と人種構成の実態

**表 2-1　ブルックリン住宅関連主要データ（2000-2016 年）**

| | 2000 | 2006 | 2010 | 2015 | 2016 |
|---|---|---|---|---|---|
| 平均世帯年収（ドル） | 48,870 | 48,200 | 46,080 | 51,690 | |
| 貧困率（%） | 25.1 | 22.6 | 23.0 | 22.3 | |
| 失業率（%） | 10.7 | 7.4 | 10.9 | 7.6 | |
| 大卒比率（25 歳以上）（%） | 21.8 | 27.9 | 28.6 | 35.3 | |
| 家賃中間値（ドル） | 970 | 1,070 | 1,180 | 1,300 | |
| 家賃中間値（新規賃貸分）（ドル） | | | 2,150 | 2,500 | 2,550 |
| 家賃負担率中間値（%） | 27.6 | 31.8 | 32.8 | 32.1 | |
| 高家賃負担率（%） | 26.5 | | 29.3 | 31.0 | |
| 高家賃負担率（低所得層）（%） | | | 41.9 | 45.4 | |
| 住宅費上昇（全住居）（%） | 100.0 | 230.5 | 176.1 | 264.6 | 280.4 |
| 住宅費上昇（2-4 戸住宅）（%） | 100.0 | 241.1 | 166.9 | 238.0 | 259.1 |
| 住宅売却価格中間値（ドル） | 169,800 | 316,230 | 255,130 | 335,700 | 387,500 |

出典：NYU Furman Center（2017）.

ブルックリンの人口数は2015年263・7万で、15年間で17万人、1980年代と比べ40万人増加した。2000～2015年で貧困率と失業率は減少し、年間所得は上昇し、大卒者比率は増加、高卒未満は減少した（**表2－1**）。以上の傾向は住民の階級上昇というジェントリフィケーションの基本図式と重なる。だが視点を変えると異なる側面も見える。19世紀末からの人口変動を見ると人口は未だに1950年代の水準に達していない（**表2－2**）。ブルックリンを含むニューヨーク市の「再都市化」は戦後の「反都市化＝郊外化」で生じた人口減を補うほどには進んでいないのである。

また2000～2015年で黒人とラティーノは微減、白人は増加したが、顕著なのはアジア系の増加だ（約5％増）。また黒人比率は1990年代に比べ減少したが（3・1％減）、白人の減少率はより大きい（4・3％減）。白人は1980年代に比べると12・7％減で、近年は増加しているが、往時の割合には及んでいない（**表2－3**）。

ニューヨーク大学ファルマン・センターのデータでも、黒人は2000～2015年で4％減と連邦政府統計に比べて

**表 2–2　ブルックリン人口の推移（1910–2010 年）**

| 1910 | 1920 | 1930 | 1940 | 1950 | 1960 | 1970 | 1980 | 1990 | 2000 | 2010 | 2016 |
|---|---|---|---|---|---|---|---|---|---|---|---|
| 1,634,351 | 2,018,356 | 2,560,401 | 2,698,285 | 2,738,175 | 2,627,319 | 2,602,012 | 2,230,936 | 2,300,664 | 2,465,326 | 2,504,700 | 2,629,150 |
| 40.10% | 23.50% | 26.90% | 5.40% | 1.50% | −4.0% | −1.0% | −14.3% | 3.10% | 7.20% | 1.60% | 5.00% |

出典：“U.S. Decennial Census,” United States Census Bureau（http://www.webcitation.org/6YSasqtfX?url=http://www.census.gov/prod/www/decennial.html　2021 年 6 月 22 日最終閲覧）.

**表 2–3　ブルックリン人口の人種・エスニシティ構成の変化（1900–2015 年）**

| 人種構成 | 1900 | 1910 | 1920 | 1930 | 1940 | 1950 | 1960 | 1970 | 1980 | 1990 | 2000 | 2010 | 2015 |
|---|---|---|---|---|---|---|---|---|---|---|---|---|---|
| 白　人 | 98.30% | 98.50% | 98.30% | 97.20% | 95.90% | 92.20% | 85.50% | 73.20% | 56.00% | 46.90% | 41.20% | 42.80% | 49.30% |
| —非ラティーノ系白人 | n/a | n/a | n/a | n/a | n/a | n/a | n/a | n/a | 48.60% | 40.10% | 33.80% | 35.10% | 35.90% |
| 黒人またはアフリカ系アメリカ人 | 1.60% | 1.40% | 1.60% | 2.70% | 4.00% | 7.60% | 14.10% | 25.20% | 32.40% | 37.90% | 36.40% | 34.30% | 34.80% |
| ヒスパニックまたはラティーノ | n/a | n/a | n/a | n/a | n/a | n/a | n/a | n/a | n/a | 20.10% | 19.80% | 19.80% | 19.50% |
| アジア系 | 0.10% | 0.10% | 0.10% | 0.10% | 0.10% | 0.10% | 0.10% | 0.60% | 1.90% | 4.80% | 7.50% | 10.50% | 12.40% |

出典：Historical Census Statistics On Population Totals By Race, 1790 to 1990, and By Hispanic Origin, 1970 to 1990, For Large Cities And Other Urban Places In The United States（https://www.census.gov/quickfacts/fact/table/kingscountybrooklynboroughnewyork/AGE115210　2021 年 6 月 22 日最終閲覧）.

減り幅は大きいが、同時期に白人は１％増にとどまり、ラティーノは微減で、アジア系の増加（４・５％）が目立つ。つまり「黒人やラティーノが白人に立ち退かされる」という図式は少なくともブルックリン全体でみると鮮明ではない。この点についてダグラス・マッシーは次のように批判する。

私はジェントリフィケーションの批判的言説に懐疑的な立場を取ってきました。ジェントリフィケーションで郊外から都市への白人の大規模な流入と都市部の貧しいマイノリティの大規模な立ち退きが起きているとの主張がありますが、実際には都市からの白人流出は未だ継続しており、白人アメリカ人の多くは郊外に集中しています。一部の白人は都心部に流入していますが、量的には限定的で、一部の特徴を持つ人々に限られた現象です。白人富裕層が都心部を避けて郊外に居住するという全体的な傾向に比べれば、ジェントリフィケーションはバケツの中の一滴に過ぎないのです。ジェントリフィケーションは全体的な都市―郊外間の人口移動の中では相対的に限られた現象なのです（Massey 2002: 174–175）[4]。

さらに、貧困ライン以下住民の割合は２０００〜２０１５年で減少したが、人数をみると２００６年56・7万、２０１５年58・8万と増加し、失業者数も２００６年18・6万人から２０１５年20万人に増えた。つまり貧困率は減っても実数は増えている（NYU Furman Center 2016）[5]。また平均所得は２０００〜２０１５年に５・７％増加したが、住宅の平均売買額はそれを大幅に上回る２８０％増だった。住宅費の上昇は地域全体の階級上昇を必ずしも意味するわけではなく、まず住宅費負担率の上昇と貧困化を引き起こす。住宅費の急騰は即座に立ち退きを引き起こすのではなく、短期的にはその場で貧困を悪化させる。

表2-4　ブルックリン移民人口の出身国別内訳（2015年）

| 外国生まれ人口合計 | 欧州 | アジア | アフリカ | オセアニア | カリブ海 | 中米 | 南米 | 北米 |
|---|---|---|---|---|---|---|---|---|
| 992,255 | 190,755 | 285,459 | 32,240 | 2,829 | 298,746 | 92,790 | 82,906 | 6,530 |

出典：Weissman Center for International Business（http://www.baruch.cuny.edu/nycdata/population-geography/foreign-birthcountry.htm）より筆者作成.

## 移民流入のダイナミズム

移民人口（外国生まれ住民）の増加も看過できない。2015年ブルックリン住民の37・6％にあたる99・3万人が外国生まれで、[6] 市内ではクイーンズに次ぐ移民比率の高さだ。ニューヨーク市全体で57・5万人、同市移民人口の18％と推定される非正規滞在者が統計に含まれていないことを考えれば、実数はさらに大きいと推測できる（2017年 Fiscal Policy Report）。[7] ブルックリンの移民の出身地は多様で、欧州＋北米＝20％、カリブ海＋アフリカ＝33％、中南米＝18％、アジア系29％だ（**表2−4**）。一般にジェントリフィケーションが進行する地区では国内の他地域からの転入者（＝「ジェントリファイアー」）が多いが、ブルックリンでは国外からの転入者（＝「移民」）も大きな割合を占めている。

重要なのは国外からの転入者（＝「移民」）と国内他地域からの転入者（＝「ジェントリファイアー」）が社会経済、文化的背景の面で大きく異なる特徴をもつ点だ。2015年国外からの転入者の年収（1万7421ドル）は、ジェントリファイアーと目される同州内からの転入者（3万6686ドル）の半分以下だった。[8] また5割の世帯では家庭で英語以外の言語が話され、25％は英語運用能力が不十分で非識字率も高いなど移民には言語面でのハンディキャップもある（Brooklyn Community Foundation 2015: 22–24）。このように国外転入者と国内転入者の格差はきわめて大きい。

ジェントリフィケーションと移民労働者の増大が同時進行する現象は複数の論者が指摘してきた。グローバル・シティでは企業中枢管理機能の集積にともない、極端な富の集中と低賃金サービス部門に従事する発展途上国出身移民が増大するというサッセンの議論は広く知られている（Sassen 1991=2008）。一方、ニューヨーク市の変遷を長年観察してきたトム・アンゴッティはサッセンの議論を継承しつつ、不動産・金融エリートが底辺サービス労働力を確保するために低家賃住宅を都市に一定数供給する必要に迫られると指摘した。

ニューヨーク市の不動産市場で起きている住宅費高騰とジェントリフィケーションは（中略）貧困と密接に関係し、共依存の関係にある。パークアヴェニュー・コープが500万ドルの住居を売れば、それをケアする低賃金労働者――清掃人、運転手、料理人、ナニー――が必要となり、その中にはホームレス状態の者もいる。だからこそ最大手のデベロッパーでさえ、アフォーダブル・ハウジングや（ただし自分の近隣には作ってほしくない）ホームレス対策プログラムが必要だと言う。実際、デベロッパーは市場価格住宅とアフォーダブル住宅の供給をともに支配している（Angotti 2008: 27）。

アンゴッティの指摘は、1章で論じたようにジェントリフィケーションとアフォーダブル・ハウジング供給政策の同時進行や、本節でみた「白人化／富裕化」と「移民化／貧困化」の同時進行が矛盾するのではなく、同一の論理のもとで起きていることを示唆する。

## 3　ブルックリンは一つではない──地区間と地区内部にみられる多様性と分断線

だが、ブルックリンで起きている「富裕化と移民化の同時進行」は具体的にどのような形で現れているのだろうか。この問いを以下ではコミュニティ地区別に検証する。

### 地区間の多様性──人種・エスニシティ、移民、経済格差の空間的分布

ブルックリンは昔から米国のメルティング・ポットであり続けています。200言語が話され、住民の4割近くが外国生まれというブルックリンの多様性は米国に息づく多文化主義のお手本です。住民が多様であることは、地区が多様で、経済や考え方が多様であることにも反映されています。それらすべてがブルックリンをイノヴェーションと文化、歴史の発信地にしています。(9)

ブルックリン区のウェブサイトの紹介文には、ブルックリンの住民が多様であるだけでなく、地区間にも多様性のあることが記されている。デセナとショーテルは、古くからブルックリンに多様なコミュニティが存在してきたことを、こう述べる。

ブルックリンは複数の地域コミュニティで構成され、各コミュニティと住民は固有の社会的アイデンティティをもつ。現代のブルックリン物語とは、移民の街区と米国生まれの住民の街区、白人の街区と

黒人の街区、貧困層の街区と富裕層の街区で成り立っている。（中略）ブラウンストーンのブルックリンや流行の先端をいくウィリアムズバーグがある一方、全く改善の見込みのなさそうなイースト・ニューヨークなどの貧困地区もある。最近転入した住民の多くはブルックリンに住むことを誇りに感じている。だが一つのブルックリンというものは存在しない（DeSena and Shortell 2012: 1–2)。

本章は、このような「一つでないブルックリン」の地区間の多様性を浮かびあがらせ、ブルックリンで進行する人口変動がジェントリフィケーションや分極化などの概念とどの点で一致し、また異なるのかを検討する。以下では全米コミュニティ調査（American Community Survey）とニューヨーク大学ファルマン・センター（NYU Furman Center 2019）のデータに基づいて、地区間の多様性を人種、移民、所得・学歴の3点から検討する。「地区」には行政上の区分や、住民の慣例的な区分など複数の定義が存在するが、以下ではブルックリンを18に分割するコミュニティ地区（community district 以下CD）を採用する。(10)

第一に人種構成は地区ごとに大きく異なる。黒人は2017年86万128人で、全体では2000〜2015年で減少したが、2012〜2017年には微増した（約1万人）。7割が中心部から東部にかけての6地区（CD5、8、9、16、17、18）に集中し、隣接するベッドフォード＝スタイヴェサント（CD3）とフラットブッシュ（CD14）も含めると85％に達する。中央部にある古くからの黒人居住区で減少する一方、東部（CD5、16）や東南部（CD17、18）では増加が目立つ。

白人は2017年93万2369人で2012年より約5万人増えた。全域に分布するが、先に見た黒

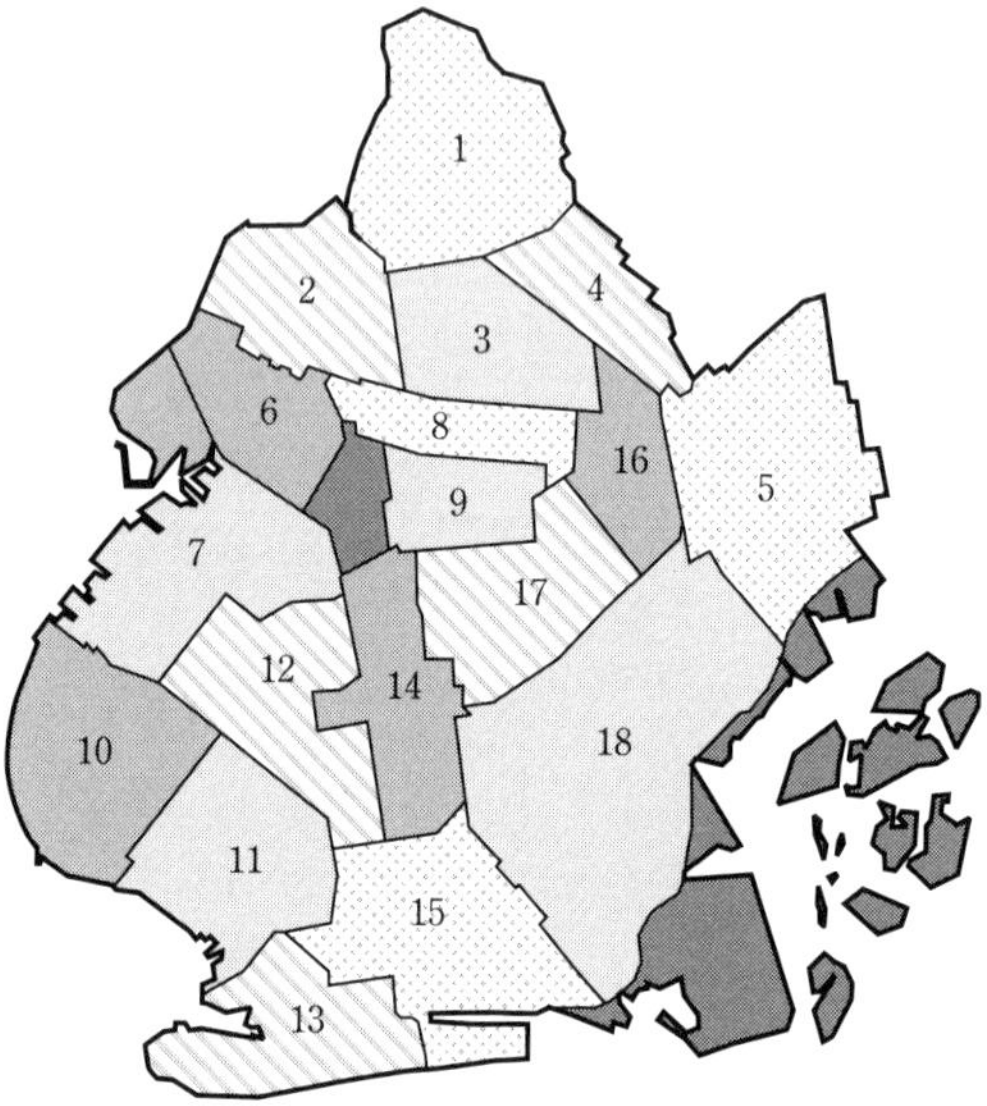


図2-1　ブルックリンの18コミュニティ地区

出典：https://www.baruch.cuny.edu/nycdata/population-geography/maps-boroughdistricts.htm より.

人集住地区では12％弱と少ない。マンハッタンに近い北西部（CD1、2、6）では比率が高く、そこに隣接する歴史的な黒人街でも増加が著しい（ベッドフォード＝スタイヴェサント（CD3）で1・7倍、ノース・クラウンハイツ（CD8）で1・4倍）。

ラティーノも全体の割合は低下したが、人数は2017年50万352人と過去5年で約1万人増えた。二大集住地区のブッシュウィック（CD4）では1万人減少し、サンセット・パーク（CD7）は横ばいで、南側の隣接エリアで増加した。

アジア系は2017年30万9861人で、過去5年で4・6万人増加した。増加率は白人を超え、最も著しい。チャイナタウンの位置する南西部に約8割が集中するが、住宅コストの高い北西部でも数千人単位の増加が見られた。

第二に国際移民の分布も地域別に異なる。1965年新移民法施行後にカリブ海、ラテンアメリカ、アジアからの移民が増加し、その後アフリカ、東欧、中近東出身者も増えた。住宅コストの急騰や移民政策の厳格化などの影響で、近年移民の伸び率は減速しているが、2017年には97万9941人で、過去5

年で約3万人増加した。移民は南部に集中し、北西部居住者は2割に満たない。

移民街の実態はきわめて多様だ。CD11（ベンソンハースト）はブルックリンを代表するイタリア人街だったが、2000年代から中国系住民が急増し、現在はヨーロッパ系とアジア系がほぼ同じ割合だ。リトル香港と呼ばれるチャイナタウンがあり、中国系ビジネスマンも多い。南端のCD13はロシア、ウクライナ系移民が集住するブライトン・ビーチと、「トランプ・ヴィレッジ」などの集合住宅が林立し、アフリカ系アメリカ人やラティーノの低所得層が混住するコニー・アイランドがある。CD17（イースト・フラットブッシュ）は約9割が黒人で、多数派はカリブ海系で、続いてアフリカ系アメリカ人、アフリカ出身移民となっている。CD7はチャイナタウン8番街とラティーノのコミュニティで構成されるサンセット・パークと、米国生まれ白人が中心のウィンザー・テラスから成る。サンセット・パークではウォーターフロント再開発の影響で人口構成が急変している（4章3節参照）。CD15はユダヤ系、イタリア系、アイルランド系などホワイト・エスニックの中間階級居住地区だったが、ブライトン・ビーチに近いことから旧ソ連出身者が増え、2000年代以降は中国系、トルコ系、シリア系が増加し、多人種化が進む。

ブルックリンの移民コミュニティの実態をみると「黒人」「白人」「アジア系」「ヒスパニック系」といった人種カテゴリー内部の多様性も際立つ。「黒人」にはアフリカ系アメリカ人、カリブ海出身者、アフリカ諸国出身者、「白人」にはWASP、ホワイト・エスニックのアメリカ人、東欧移民、複数のユダヤ人コミュニティ、アジア系には中国系などの東アジア、東南アジア、中近東出身者が含まれ[11]、同一カテゴリーに分類するのが憚られるほど異なる現実を生きている（6章参照）。

第三に社会・経済格差をめぐる地区間格差がある。ここでは（1）中間所得、（2）貧困率、（3）大卒者比率の3点に絞って見ていこう。

高所得地域は白人の多い北西部に集中し、次に黒人中間階級の住宅地CD18と白人中間階級と中国系の多いCD15が続く。CD6、CD2、CD1は隣接するCD3、CD4、CD8とともに所得上昇率も高い。所得はほぼ全域で上昇したが、最も低いCD16とCD13では減少し、年間2万ドルを切った。両地区はマンハッタンから遠い場所に位置する[12]。

貧困率は東部の黒人集住地区（CD5、CD16）と超正統派ユダヤ人コミュニティ（CD12）で高く、特にCD16で著しい（貧困率39・9％はニューヨーク市2位、失業率20・7％は同1位）。白人が急増し、地価高騰の著しいCD3では貧困ライン以下世帯が大幅に増加するという、一見逆説的な現象がみられた。また家賃補助世帯（バウチャー制度利用）比率が1割を超えるCD5（12・8％）、CD12（13・4％）、CD13（15・5％）、CD16（11・1％）はニューカマー移民の多いエリアでもある。

地区間の学歴格差も大きい。北西部（CD1、2、6）は大卒比率がブルックリン平均（37・1％）を大きく上回り（53・4％、66・4％、73・4％）、逆にCD5（12・5％）とCD16（12・7％）は低く、高卒未満はCD5（37・5％）、CD11（24・3％）に集中する。学歴格差は所得格差と重なる。

## 都市変化をめぐる四つの傾向

次に、メイソンらによる2000～2008年の調査データの分析（Mason *et al.* 2012）に基づき、そこにファルマンセンターの2008～2017年のデータと、各地域の住民と新規転入者の社会経済的指標を比較し、地域変化がどのような傾向にあるのかを示す。以下では人種、所得、移民、学歴、の指標の変化に基づいた四つのカテゴリーを見ていく[13]（**図2－2**）。

### (a) 高度ジェントリフィケーション地区

第一に、高所得、高白人比、低移民比などの特徴が顕著な「高度ジェントリフィケーション地区」があげられる（Mason *et al.* 2012: 37）。CD1、2、6は白人比率、所得、移民人口の低さ、大卒者比率の4点でブルックリン平均を大きく上回るだけでなく、転入者がトレンドを加速させている。なかでもCD6は白人比率に加え（63・9%）、所得、高学歴比率も区内最高（個人所得6万1490ドル、世帯所得13万7370ドル）であるが、新規転入者の個人所得（7万4111ドル）が平均を上回り、大卒者（73・4%）、院卒者（大卒者の51・4%）比率も転入者の方が高い。

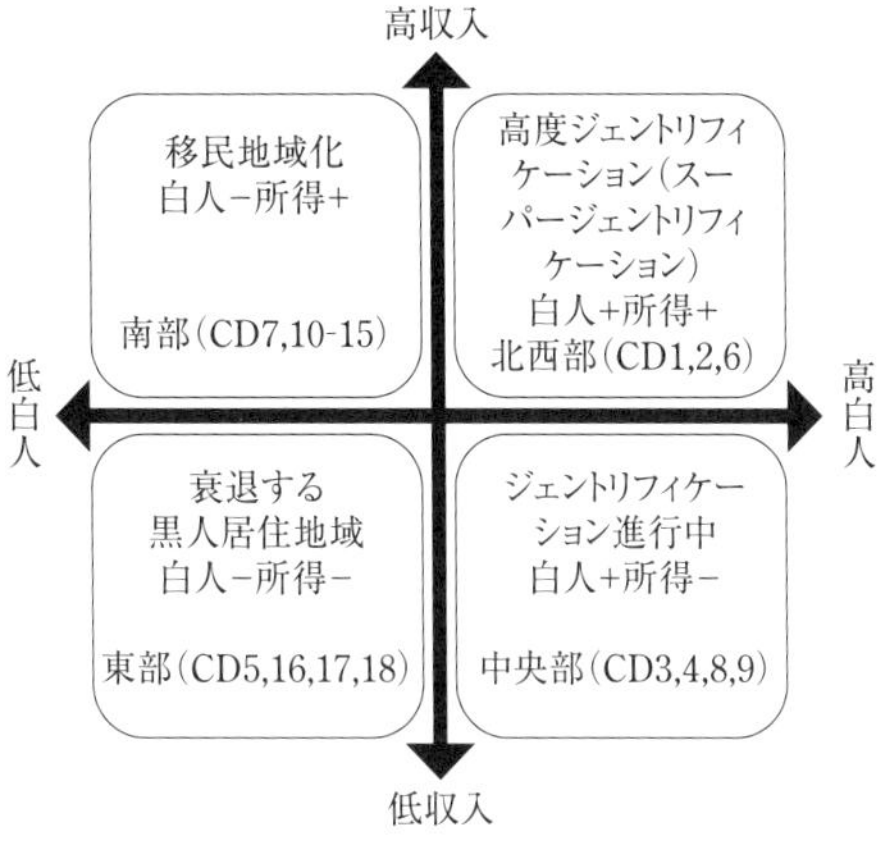


**図2-2**　人種・所得を基準とした変化プロセス

出典：Mason *et al.*（2012）に基づいて作成.

CD2は所得、学歴がCD6に次いで高く、しかも転入者のほうが高い。CD6との違いは黒人、ヒスパニック比率が相対的に高い（白人比率は47・2%）。同地区はニューヨークでも有数の高級住宅地ブルックリン・ハイツのある西部と、黒人・ヒスパニックの集住地区フォート・グリーンのある東部から成る。後者はブルームバーグ市政下で再開発が進んだものの、現在も家賃規制住宅やコープ住宅などが一定数存在し、低中所得層の人種マイノリティが居住する。

CD1も白人比率、所得、学歴ともにブルックリン3位で、所得上昇率はCD2、6を上回るが、貧困率（23・3％）もブルックリン平均（19・8％）より高い。超正統派ユダヤ教徒の居住エリアがあり、公営住宅や家賃補助住宅が多く（バウチャー制度利用世帯8・2％）、またブルームバーグ期の再開発によって大幅に縮小されたものの、ラティーノ住民が2割を占めるなど住民の多様性も際立つ[14]。

### (b) ジェントリフィケーション進行地区

第二に、所得も白人比も（a）に比べると低いが、数値が急上昇する「ジェントリフィケーション進行地区」がある（*ibid.*: 43）。中央部に位置するCD3、4、8、9では白人は少数派で、CD4ではラティーノ、CD3、8、9では黒人が多数派だが、人種構成は急変している。2000～2017年に4地区の白人はそれぞれ2・4％→26・6％、3・1％→21・5％、7・4％→24・1％、8・6％→25・5％と急増し、黒人、ヒスパニック比率と移民比率は低下した。

新規転入者には白人高学歴層が多いが、所得面は2010年代半ばから変化が観察された。2008年は転入者のほうが長期住民より所得が低かったが、2017年にはCD9以外の地区では転入者の方が高所得となった。このことは「地区の富裕化」の進行が一定の時間を要すること、人種マイノリティ集住地区に最初に転入する白人は所得が相対的に低いことの2点を示している。

CD8は所得面では残りの3地域を大きく上回るが、富裕層居住地区CD2、6に隣接する西部と、黒人低所得層の多い東部の格差が際立つ。西部で見られる白人化、富裕化は次第に東部に拡大し、移民人口は減少している。CD3はアフリカ系アメリカ人中間階級の住宅地として発展してきたが、2008～2017年で白人が急増、黒人が激減するという典型的なジェントリフィケーションの徴候が見られた。

ＣＤ４はラティーノ住民が多いが、ＣＤ３と同様に白人の急増が観察される。ＣＤ９は転入者の所得は長期住民とほとんど変わらないか、やや低めだが、その差は２００８〜２０１７年で縮小した。以上の地区ではジェントリフィケーション反対運動が活発である（7章、8章参照）。

（c）　移民化地区

第三に移民人口が上昇する地区がある（*ibid.*: 47–48）。ＣＤ７とＣＤ10〜15の７地区はプロスペクト公園以南に位置し、外国生まれ人口の増加、白人比率の低さ、ラティーノ、アジア系の急増、新規転入者が長期住民に比べて増加、または微減、などの共通点がみられる。ただし移民化地区のなかには中間階級住宅地だったＣＤ10と最低所得エリアの一つであるＣＤ11、13が含まれるなど、所得面では大きな違いもある。

また低所得・低学歴者の増加と中所得層・大卒者の増加が同時進行する分極化が同一地区内でみられることも特徴だ。特に顕著なのが、港湾エリアの再開発で高所得、高学歴の白人の転入が進むＣＤ７だ。またＣＤ14も分極化が進行しており、北側はカリブ系移民の街フラットブッシュ、南側のミッドウッドは元々ユダヤ系と少数のアイルランド系コミュニティだったところにカリブ海、ソ連、東欧、中近東、南米から転入が進んだ多人種混住エリア、という二つのエリアから成り、前者でジェントリフィケーションの兆しが確認できる。

（d）　衰退する黒人集住地区

第四に、西部に位置する衰退する黒人集住地区がある。これらの地区では大きな変化がないか、貧困化がさらに進んだ（*ibid.*: 64–66）。ここに分類される４地区はいずれも黒人が多数派だが、歴史的経緯は異なる。CD18のカナーシーは黒人中間階級居住地区で、平均所得はCD1、2、6に続く高水準だ。CD17はカリブ海系移民の受け入れ地として高い移民人口比率を保つ。CD5とCD16は米国生まれの低所得層が多く、公営住宅比率も高い。

ブルックリンの他地区と異なり、低所得層居住地区のCD5、16と中間階級居住地区のCD18はいずれも平均所得が下がった。転入者比率も市平均(10・4%)を大きく下回り(CD5=3・9%、CD17=4・7%、CD18=5・8%)、住民のモビリティが低く、同一地区内で生まれ育った「地元民比率」が高い(図2-3)。

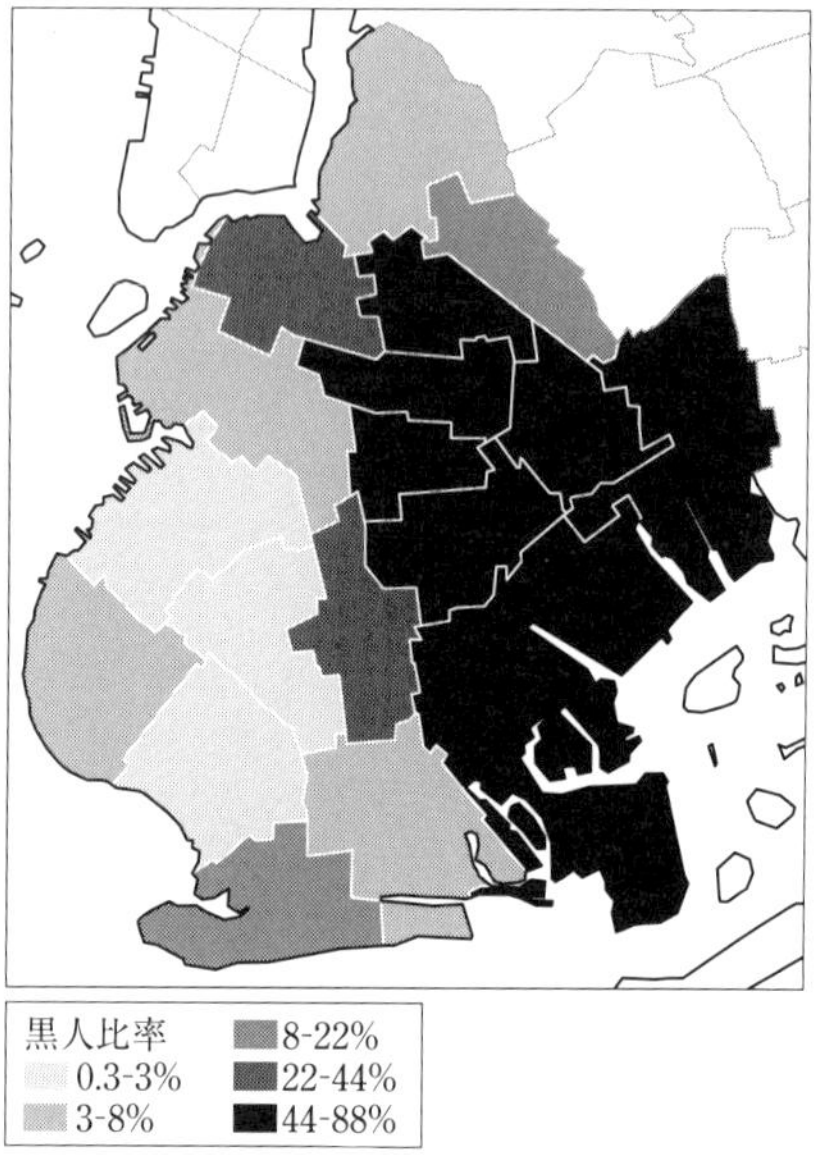

**図2-3**　コミュニティ地区別黒人比率

出典：NYU Furman Center (2017) のデータより筆者作成.

### 地区別の変化の連動

以上の四傾向は独立したものとしてではなく、関係性において捉える必要がある。マンハッタンに近い高度ジェントリフィケーション地区で地価が上がると、そこに住めなくなった住民が周辺地区に転入して「白人化」を加速させる。こうしてベッドフォード=スタイヴェサントやクラウンハイツなどの黒人集住地区でジェントリフィケーションが起き、黒人比率が低下する。その一方で東部の黒人集住地区での黒人比率のさらなる上昇は、中央部から東部への黒人の移動を示す。黒人中間階級はＣＤ18、低所得層はＣＤ16といった具合に内部の分極化も進行している[15]。また高度ジェントリフィケーション地区に隣接する移民街ＣＤ7、14ではジェントリフィケーションと移民化の傾向が同時にみられた。

## ジェンダー、セクシュアリティとの連関――統計データの限界と質的調査の必要

住民の多様性を論じる上でジェンダー、セクシュアリティは不可欠な変数だ。本章で用いたＣＤ別データにもとづくと、ジェンダーの地区間格差は一見、人種、社会経済格差ほどは目立たない。各ＣＤとも女性比率は50％台で市平均と大差はないが[16]、婚姻状況、平均年齢をふまえると緩やかな傾向が浮かびあがる。第一に、ジェントリフィケーション進行地区では既婚率が低い（ＣＤ3、4、8、9は33％、28％、31％、36％と区内最低）。第二に移民化地区では既婚率が高い（50％台後半）。第三に黒人集住地区では女性比率が高い（55～57％）。

これらの傾向は他の変数とあわせて検討する必要がある。既婚率が低いのはジェントリフィケーション進行地区だけでなく黒人貧困層集住地区でも顕著だが、前者では住民の平均年齢が低いが後者では高いことや、人種や学歴の違いもふまえると「非婚率の高さ」の意味は大きく異なる。ＣＤ6と7は既婚率が同等に高いが、後者は移民比率と貧困比率が高く、前者は所得と学歴が区内最高であることをふまえると「婚姻」は異なるプロセスに位置づけて考えなければならない。

一方、セクシュアリティもジェントリフィケーションの重要な説明変数であることは先行研究で示されてきた[17]。だが国勢調査など公的機関による人口調査でセクシュアリティは現在のところ変数に組み込まれ

ていない。この点は既存の統計をもとに人口変動を検証するという本章の方法の限界でもある。

この課題に取り組むために、第II部では質的方法を通してジェントリフィケーション進行地区におけるジェンダーとセクシュアリティについて考察する（5章）。ウィニフレッド・カーランも指摘するようにジェントリフィケーションのプロセスは家父長的でヘテロノーマティヴな社会制度に大きな影響を及ぼしたし、女性やセクシュアル・マイノリティは必ずしもジェントリフィケーションの受益者とはならないが、その動因となっており、ジェンダーとセクシュアリティの視角をジェントリフィケーション研究に導入する必要性は極めて大きい（Curran 2017: 2–3）。

## ミクロレベルの分極化――住民構成の多様化と「身体的共存」

次に同一CD内にある差異や格差を詳細に検討する。国勢調査で用いられる国勢調査統計区（Census Tract、最低1000人以上、平均約4000人）単位で所得を比較するとCD内部の差異が浮き彫りになる。なかでも移民化地区CD7は内部の格差が際立つ（図2-4）。近年再開発の進む港湾地区やグリーンウッド墓地の北部や西部などに高所得層が集中し（湾岸エリアの統計区では平均所得6・空間がある5万ドル、墓地北西部の統計区は11万ドル強）、白人比率も高い空間があるが、隣接する統計区は所得が低く（平均3万ドル台）、新規移民の流入も継続している。このように隣接する統計区の間には大きな格差がみられる。CD14でもプロスペクト公園に隣接する統計区では平均所得8～9万ドルで白人比率も高いが、それ以外ではカリブ海やアジア、中近東、東欧からの移民が増加し、所得も半分以下の水準だ（3～4万ドル）。

一方、高度ジェントリフィケーション地区でも低所得層の居住空間が完全に消失したわけではない。CD6（**図2－5中央より下**）はほぼ全域が年収10万ドル以上だが、かつての港湾地区レッドフックと運河の汚染に悩んできたゴワナスには平均所得1万ドル台の低所得統計区が今なお存在し、いずれも公営住宅が建つ。CD2もかつての黒人街フォート・グリーンに平均所得1万～2万ドル台の統計区があり、公営住宅とミッチェル・ラマ・プログラム[18]による低所得者向け住宅6000戸が集中する。

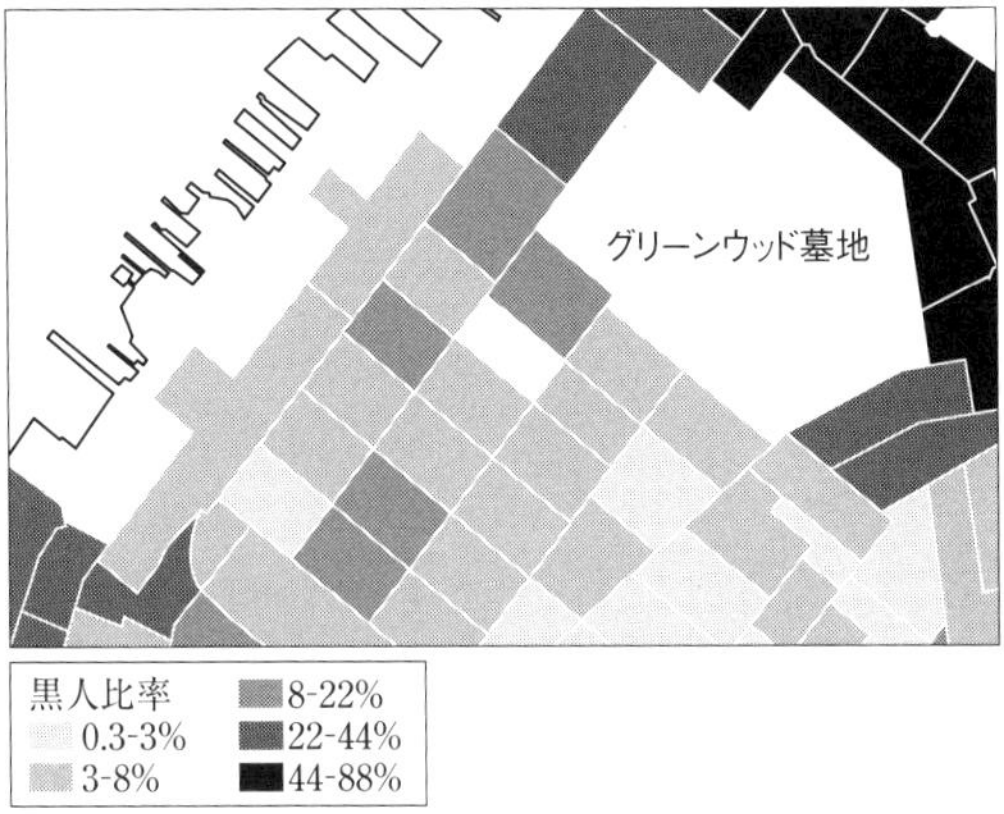


**図2–4**　CD7の国勢調査統計区画別の平均所得（2018年）

出典：NYU Furman Center（2018）のデータより筆者作成.

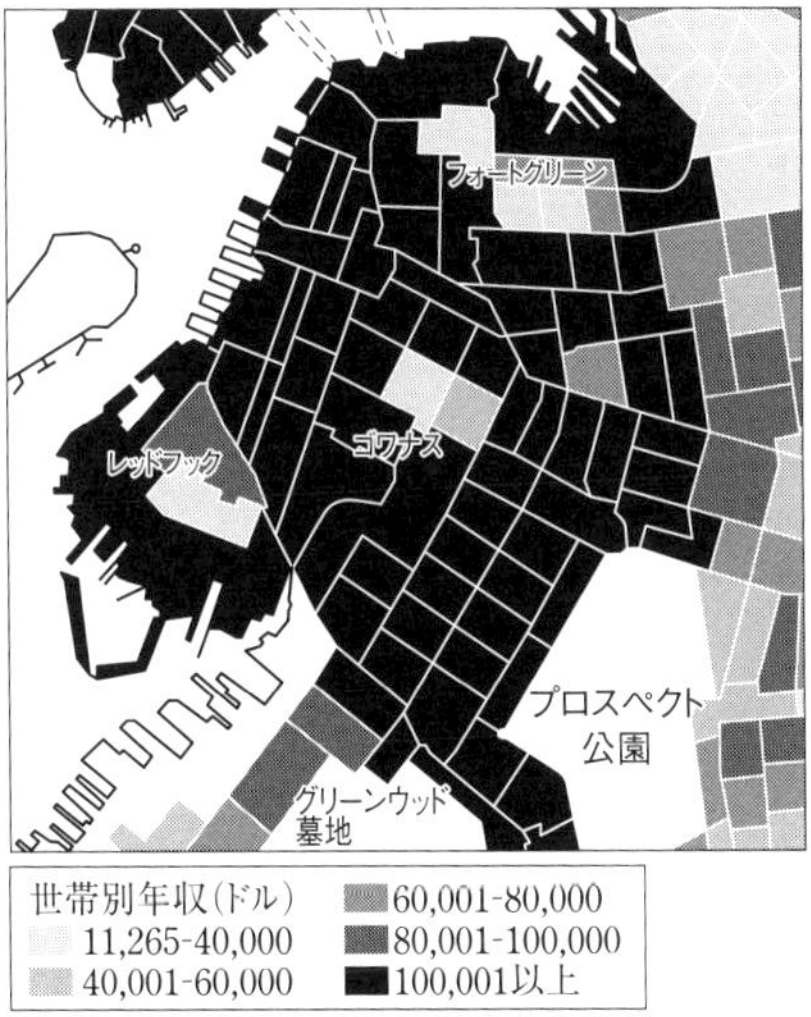


**図2–5**　CD2, CD6における国勢調査統計区画別の平均所得（2018年）

出典：NYU Furman Center（2018）のデータより筆者作成.

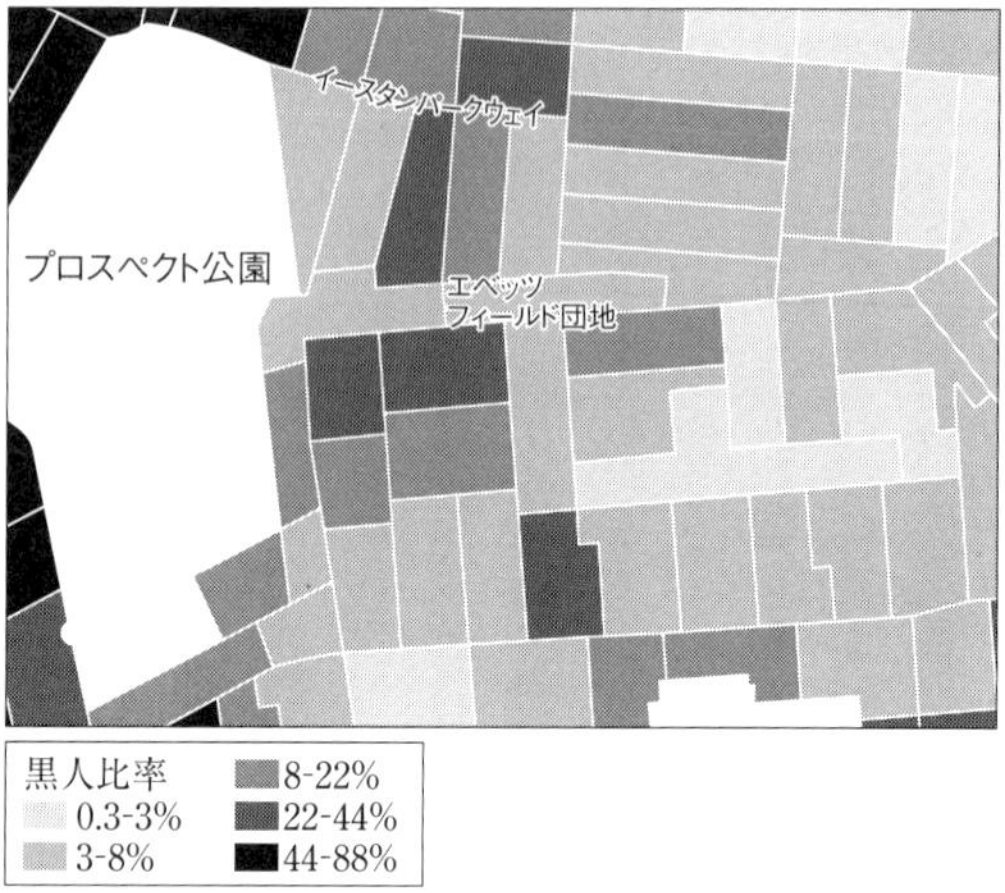


**図2-6**　CD9センサス区画別の平均所得（2018年）

出典：NYU Furman Center（2018）のデータより筆者作成.

移民化地区と高度ジェントリフィケーション地区では分極化が一部で観察されるのに対し、ジェントリフィケーション進行地区では地区全体に所得格差が分布する。CD9はエベッツフィールド団地（1万ドル台）を除くと、地域全体に所得3～6万ドル台の統計区が混在する（**図2－6**）。イースタンパークウェイ通り付近では平均所得6・9万ドルと3・7万ドルの統計区が隣りあい、前者は白人比率が47％で黒人（45・1％）を若干上回るが、後者は黒人が78・7％、ヒスパニックが7・8％で白人は8・7％に過ぎない。人種と所得格差が交差しながら同一地区内に大きな差異を生んでいる（Census 2010）。

国勢調査統計区よりさらに小さい国勢調査統計細分区（Census Block 数百人世帯単位）やさらにミクロな単位である同一建物内でも所得・人種をめぐるミクロな格差は観察される。**図2－7**はCD8クラウンハイツ地区にある建物内の家賃と家賃規制住宅の有無（規制住宅は太字）を示したものである。4階の同一面積の1ベッドルームが1050ドルと2650ドル、また3階の同一面積のワンルームも1300ドルと600ドルと倍以上の家賃格差が生じている。同一建物内に市場価格住宅と規制住宅が混在していること、同じ市場価格住宅でもより最近入居した住民に

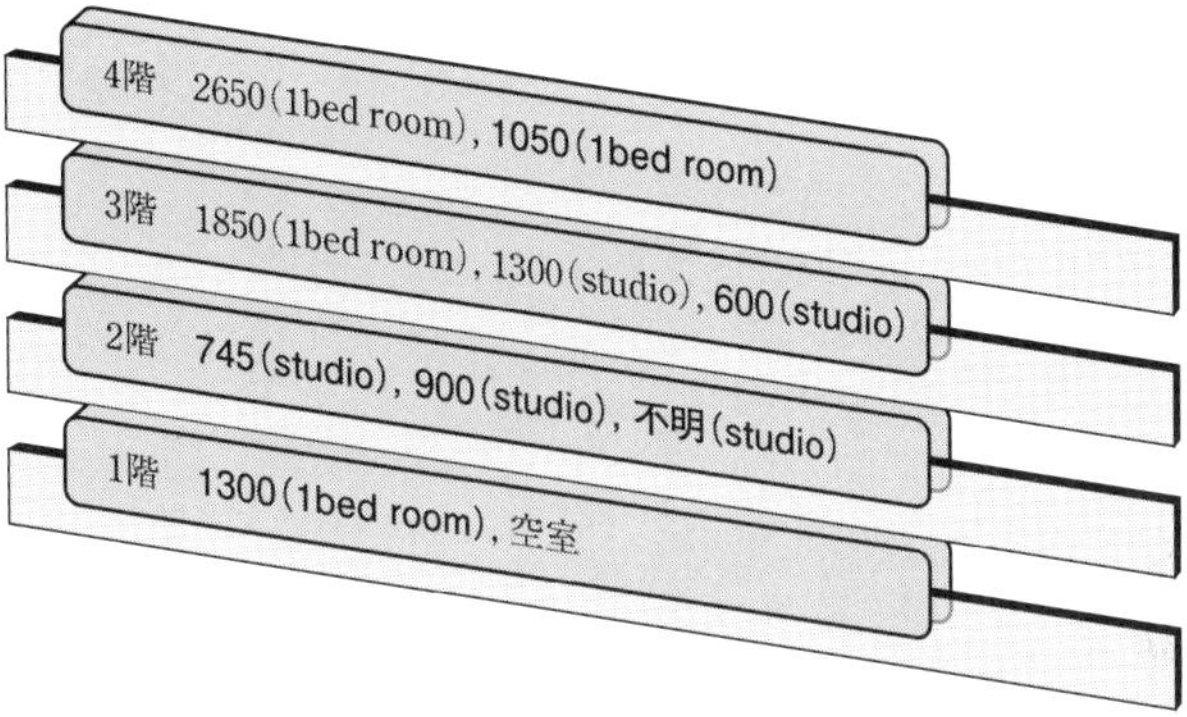


**図2-7** ある建物内の家賃格差（筆者調査より）

注：2016年6月時点．太字は家賃規制，家賃補助対象住宅．

はより高い家賃が設定されていること、家賃規制住宅にもセクション8のような低所得層支援プログラムとその他の規制（1章4節参照）が混在していることなどが影響する。このような経路依存により、同じ条件の物件に大きく異なる家賃が設定されている。それは建物内に大きく異なる属性を持つ住民が共存していることを同時に意味する。

以上のことはグローバル・シティのような大都市レベルの分析では捉えられなかったミクロレベルの分極化の傾向を示している。ブルックリンにおける多様性と格差は地区間だけではなく同じ地区の中、そして同じ通りや建物内の中にも存在し、特に住民構成の変化が激しい「ジェントリフィケーション進行地区」で顕著に表れる。視点を変えれば、これらの地区では属性の大きく異なる住民が同一空間に共存する状況が生まれているのである。

## 4 「予期せぬ身体的共存」という課題

従来、米国におけるジェントリフィケーションは白人化と階級上昇を引き起こすと理解されてきたが、本章ではブルックリンの人口変動を複数のスケールで検討し、複雑な実態に光をあてた。CD別に人口変動を検証すると、白人化の進んだ地区がある一方、移民化した地区も全体の半分を超えた。また階級上昇が著しい地区がある一方、貧困化の目立つ地区もある。つまり、1章で見たような住宅費の上昇と景観の変化に、人口変動は完全に対応しているわけではないことがわかった。

景観が変化し、地価が上昇したからといって、住民構成が一夜にして変わるわけでもなければ、人種マイノリティの低所得層住民が一気に立ち退くわけでもない。都市のハード面（景観、建物）の変化とソフト面（住民、利用者）の変化は完全に連動するのではなく、ある種の不協和を生みだしながら進行し、そこに異なる背景をもつ集団や人びとの「身体的共存」が生じている[19]。グローバル資本や国家の政策の再編と連動したローカルな都市空間の変容の過程で、それまで出会うことのなかった多様な人びとが同じ地区内で生活する事態が生まれている。都市における階級・人種別の棲み分けが先鋭化し（cf. 橋本 2011）、ゲーティッド・コミュニティやゲットー化が問題化するなか、ジェントリフィケーションはその進行過程において「都市における棲み分けの掟」に対する一種の例外的状況を生み出している、とも言える。

同一地区内で身体的共存が起きるのであれば、ミクロな棲み分けが進んでいるとしても、多様な住民が完全に無接触であるとは考えにくい。新しい住民が増える一方で、昔からの住民コミュニティがまだ存続する地区で一体何が起きているのだろうか。そのような空間で多様な住民たちはどのように出会うのか、あるいは出会わないのか、そのように変化する地域をどのように生きているのか、他者の存在がどのように影響を及ぼしているのか——これらの問いを第II部で検討する。

（1）スミスは１９８０年代にジェントリフィケーションが黒人集住地区ではなかなか発動しないことに着眼し、要因として黒人の貧困と公営住宅の否定的なイメージを指摘した。ズーキンらはジェントリファイアーが特定の人種が集中する地区ではなく、様々な人種が混住する地区を好むことを明らかにした（Zukin 1987, Lloyd 2006）。フリーマンらは２０００年代に最もジェントリフィケーションの進んだ地区は人種面で多様だったことを示した（Freeman 2009）。以上の研究は黒人集住地区でジェントリフィケーションが起きにくいことを一貫して説明した。しかしその後、黒人やラティーノの集住地区で発生するジェントリフィケーションを扱う研究も出てきた（cf. Hyra 2014）。

（2）代表例に立ち退きの問題に研究、実践の両面で取り組んだスミスの仕事がある（Schaffer and Smith 1986: 347–365）。またフリーマンのように「ジェントリフィケーション進行地区で黒人の立ち退きはそれほど起きていない」と主張する研究もでてきたが、そこでも「黒人の立ち退き」の検証が争点となった（Freeman 2006）。藤塚もジェントリフィケーションのネガティブな側面として量的限界、周辺地域との分極化に加え、立ち退きという物理的排除を人種・階級との関係のなかであげている（藤塚 2017）。

（3）本章で用いるデータは、特に断りのない場合は、Census Bureau's 2010 Decennial Census と American Community Survey five year estimates, 2008–2012, 2013–2017 に基づいている。

（4）ズーキンも「量的には大したことのない現象」と述べている（Zukin 2016）。だがジェントリフィケーション研究自体に意義を認めないマッシーに対し、ズーキンは重要なのは量ではなく質の問題だと指摘し、研究自体の重要性を擁護する。

（5）貧困の割合だけでなく実数をあげた分析として、https://www.cccnewyork.org/wp-content/publications/CCCReport.ConcentratedPoverty.April-2012.pdf　２０２１年６月22日最終閲覧。

（6）ジェントリフィケーションの特徴の一つに（従来の住民よりも階級が上位の）人口流入があり、その点でジェントリフィケーションは人口移動と密接な関係を持ってはいるが、あくまで「国内、地域内人口移動」だった。それに対して本節で取り上げるのは国外からの人口移動だ。「移民」をジェントリフィケーションの指標と扱う研究はアジア系移民との関係を分析したHwang（2016a）以外はまだ数が少ない。

（7）http://fiscalpolicy.org/wp-content/uploads/2017/03/fpi-brief-on-undocumented.pdf　２０２１年６月22日最終閲覧。

（8） American Community Survey, Geographic Mobility（https://factfinder.census.gov/faces/tableservices/jsf/pages/productview.xhtml?pid=ACS_15_5YR_S0701&prodType=table　２０２１年6月22日最終閲覧）。

（9） https://www.brooklyn-usa.org/about-brooklyn/　２０２１年6月22日最終閲覧。

（10） コミュニティ地区（CD）はニューヨーク市が定める政治ユニットで、市全体で59地区ある。各コミュニティ地区には市民の利害を代表するコミュニティボードが存在し、ゾーニング変更や土地利用の手続きを検証し、予算使用の優先事項に提言する。メンバーの半分は当該区選出のニューヨーク市議会議員が指名し、残り半分はニューヨーク市長が任命する。区内エリア（Sub-borough area, SBA）は国勢調査局が使用する区分でニューヨーク市を55に分割する。

（11） ラティーノには宗教面ではカトリック、言語はスペイン語という共通点があるのに対し、アジア系というカテゴリーには太平洋諸島系の人も含まれるなど言語、宗教、文化面で実に多様で、大きな格差も存在する。アジア系全体では半数以上が大卒だが、内訳をみるとインド系75・7％に対し、ハワイ先住民・太平洋諸島系は26・4％で、モン族は高卒者でさえ4割程度だ。このような格差に適切に対処するため、アジア系のデータを細分化して示す（data disaggregation）ことが複数の州で法制化されるようになったが、中国系コミュニティを中心に激しい反対運動も起きている（https://brownpoliticalreview.org/2018/03/data-disaggregation-matters-asian-americans/　２０２１年6月22日最終閲覧）。

（12） ニューヨーク中心部への近さが所得の高さと比例するように見えるが、例外としてCD15とCD18は中心からは遠い東部に位置するが、郊外住宅地的な性格を有し、所得は平均を上回る。

（13） 年齢とジェンダーに関しては、地域コミュニティレベルの分析では明確な差異が現れなかったが、ミクロレベルではきわめて重要な変数である。詳細は3章、5章を参照。

（14） 拙稿（森 2019c）を参照。

（15） 一連の流れは、郊外からの資本引き揚げと都心への投資という再都市化が起き、マンハッタンの地価が急上昇したこととも連動する。ハックワースは都市空間への投資と資本引き上げによる都市変容を同時に捉えたスミスの不均等発展論に依拠しつつ、都市のジェントリフィケーションを孤立した現象として取り上げるのではなく、インナーサバーブ（内郊外）など郊外の一部での投資引き上げや、郊外のさらに外部にある一部の別荘地帯のような特殊な空間拡張とあわせて考察する必要を唱える（Hackworth 2007: 80–81）。本章ではブルックリン内の連動に議論を絞っているが、ハックワースが指摘するような広域の都市変動を捉えることは今後の課題としたい。

(16) 唯一下回ったCD12（49％）は超正統派ユダヤコミュニティで、出生率がニューヨークで最高（15—50歳出産率11・7％）、平均年齢は29・3歳と区内で最も低い。

(17) セクシュアリティはきわめて多様であるのに対し、セクシュアリティに注目したジェントリフィケーションの先行研究の大半がゲイ男性に焦点化してきたことは注目に値する。ジェントリフィケーションの受益者に一部のゲイ男性がなるという議論の代表的なものにジャスビール・プアの「ホモ・ナショナリズム」（Puar 2007）がある。

(18) 1955年ニューヨーク州上院議員マック＝ニール・ミッチェルと連邦議会議員アルフレッド・ラマによって提案された住宅プログラム。中間所得層を対象としたコープ住宅の供給を目的とし、低金利融資と一定期間の免税措置の代わりに家賃を低水準に抑えることを求める。ただしそのような拘束はローンの返済完了とともに失効し、市場価格の設定が可能になる（一般財団法人自治体国際化協会ニューヨーク事務所 2006: 16）。

(19) 本章は人口変動を捉えるスケールや期間によって結果が大きく異なることを示した。CD3やCD4における人口変動は数年単位ではあまり顕著ではないが、20年単位で捉えると白人の増加と黒人、ラティーノの減少が大きなトレンドとして立ち現れる。だが変化を長期間でとらえると、継続的に変化する地域よりも変化が一時的なもので終わる地域が多く、それゆえに変化の短期間観測には慎重な姿勢をとるべきとの指摘もできる（cf. Hwang 2016b）。以上は、ジェントリフィケーションの観察期間という時間の設定が空間的範囲の設定と同様に方法論の重要な争点になっていることを示している。

# II　対立の争点としてのジェントリフィケーション

ジェントリフィケーションが進む過程で異なる背景をもつ住民の混住が起きることに光をあてた研究は少ない。サッセンはマクロな視座からグローバル・シティにおけるジェントリフィケーションと移民労働者の集中、それに伴う人種間の棲み分けを指摘したが、それは「階級と空間の二極化」(Sassen 1991=2008: 278) というアプローチであり、共存という視点はなかった。マッシーはジェントリフィケーション進行下での「階級の混住」と「人種の混住」に言及するが、示唆にとどまっている (Massey 2002: 174–179)。ショーとサリバンによるポートランドのアルバータ・アート地区の分析 (Shaw and Sullivan 2011) や、クレルヴァルのパリ東部の分析 (Clerval 2013)、ティソによるボストンのサウス・エンドの分析 (Tissot 2015) は新旧住民間の境界線の再編や排他的実践に言及しているが、分析の焦点は「棲み分け」に定められ、身体的共存とその帰結は十分に検討されていない。

第II部はこのような「共存」を住民がどのように経験しているのかを質的調査を用いて明らかにする。以下の考察は、筆者が2015年10月から2020年1月まで行ったクラウン・ハイツ地区を中心としたセントラル・ブルックリンでの聞き取り調査とフィールドワークに基づく。同地区は2章の「ジェントリフィケーション進行地区」に分類されたエリアで、地域コミュニティの変化が進行中で、ブルックリンのなかでも異なる住民の「身体的共存」という本書のテーマの観察に適した「差異の坩堝」(Lorde 1984) だ。CD9は人種構成の変化が進んでおり、元からの住民の「立ち退き」は一定程度進行しているが、調査実施時には黒人比率は依然として高く、その場にとどまる住民が多かった。このような住民コミュニティでどのような変化が生じているのか、それを立場の異なる住民たちはどのように経験しているのか。異なる人びとが「共存」する地域ではどのような課題が生じているのか——以下ではこのような問いを日常

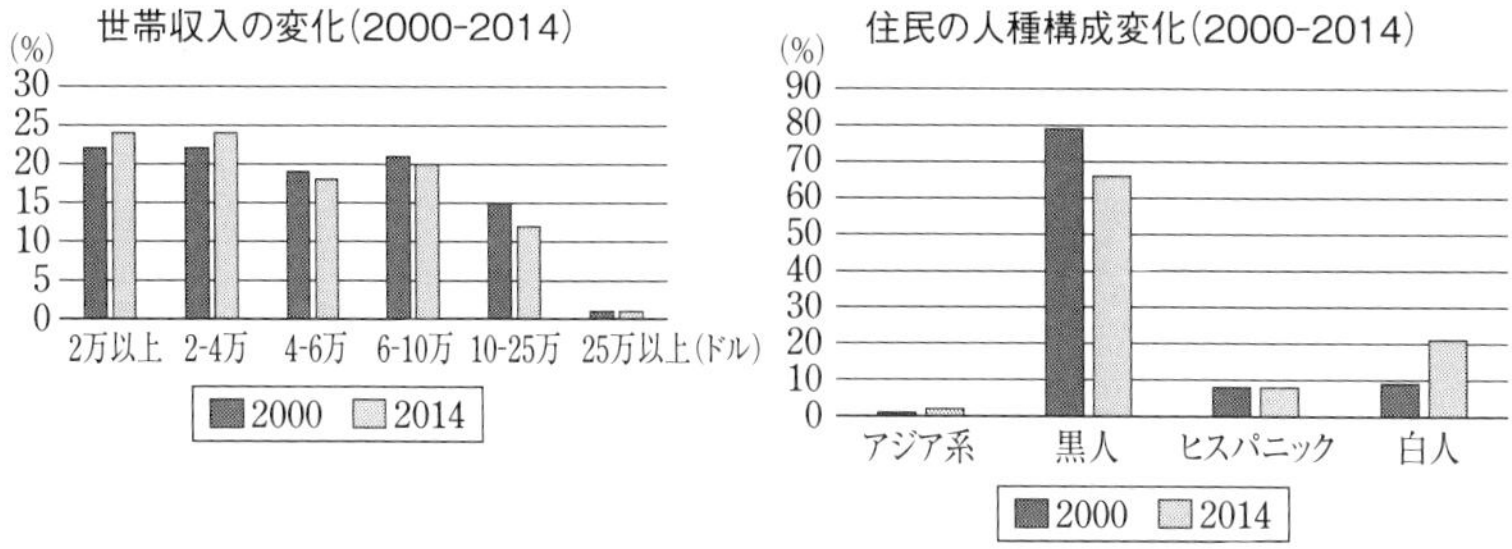


| | 2000 | 2006 | 2010 | 2014 | 2015 |
|---|---|---|---|---|---|
| 新規建設戸数 | 24 | 221 | 13 | 393 | 1541 |
| 持ち家率(%) | 15 | 17.4 | 15.1 | 14.5 | – |
| 住宅法違反(1000戸中) | – | 125.2 | 119.3 | 80.9 | 71.8 |
| 売買物件価格指数 | 100 | 215.1 | 212.5 | 257.5 | 293.3 |
| 売買物件価格指数(5戸以上の集合住宅) | 100 | 217.7 | 264.6 | 516.5 | 602.6 |
| 売買物件価格中間値(5戸以上の集合住宅,ドル) | 56,689 | 100,215 | 113,416 | 173,969 | 231,104 |
| 家賃(中間値,ドル) | 949 | 1042 | 1121 | 1241 | |
| 家賃負担率(%) | 28 | 32.2 | 34.6 | 37.7 | |

**図3-1　CD9の住民構成と住環境の変化**

出典：NYU Furman Center (2017).

の経験に焦点をあてながら検討する。

また第II部以降では第I部とは異なる角度からジェントリフィケーションを捉える。それが「認知としてのジェントリフィケーション」だ。序章でも見たように、ジェントリフィケーションを客観的な「分析カテゴリー」としてではなく、住民がどのようにジェントリフィケーションという言葉を用いて話し、行動するのかという「実践カテゴリー」として捉え、地域コミュニティでの「共存」にどのような影響が起きているかを検討する。

# 3章 「立ち退き」というパンデミックな感覚

## 1 問題の所在

ひとりひとりの人間に「生産地」のタグが付いていたら、僕のタグは間違いなく「メイド・イン・ブルックリン」だ——そう笑うヴィクターは、濃色のハンチング帽をかぶり、細身の長身に黒地に白の極小の水玉が散りばめられたシャツがよく似合う。ニューヨーク市立大学で公共政策を学ぶ26歳の彼はイースト・フラットブッシュのジャマイカ系移民の家庭に生まれて以来、地元を離れたことがない。普段は冗談をよくいう明るい彼は、急に表情を曇らせてこう話した。

ブルックリンで育つことはできた。でもブルックリンで歳をとることは（中略）このままだと、まず無理だ。僕が知っていたブルックリンはブロックごとに、少しずつ立ち退かされている（中略）地元の住民は家賃を払えなくなって立ち退かされたり、買い上げられている。[1]

セントラル・ブルックリンでは、住民との何気ない会話の中に「立ち退き」[2]という単語がよく登場する。住宅問題を専門とするデスモンドが住宅からの退去（eviction）を失業、離婚とならぶ人生の三大ショックに位置づけたように（Desmond 2016: 392）、立ち退きが深刻な問題であることは間違いない。だが、それにしても立ち退きが頻繁に話題になる。トム・アンゴッティとシルヴィア・モールスも同様の見解を示す。

人びとは個人的な会話でも公聴会でも立ち退きについて話している（中略）地価と家賃が上昇して住民が追い出され、それが程度の差こそあれ、ニューヨーク中で起きていることを意味する。立ち退きはジェントリフィケーションの過程で少しずつ起きることもあれば、大規模開発やゾーニング変更によって急に起きることもある。市民や住宅支援の活動家、弁護士は昔からの住民が家賃の値上げや大家の嫌がらせで立ち退かされていると言う（Angotti and Morse, eds. 2016: 38）。

このような住民の懸念を受け、ニューヨーク市が２０１８年7月、ＮＰＯと連携して対策プログラム「反立ち退きプロジェクト」を立ち上げるなど[3]、ジェントリフィケーションによる立ち退きはコミュニティの問題として認識されている。

だが、こうした認識に対しては異論もある。ランス・フリーマンはニューヨークの代表的な黒人集住地区ハーレムとブルックリン・クリントンヒルでの調査に基づき、ジェントリフィケーションによる立ち退き説を否定した（Freeman 2006）。デスモンドもウィスコンシン州ミルウォーキーでの調査に基づき、立ち退きがもっとも深刻なのはジェントリフィケーションさえ起きない貧困地域だと指摘し、ジェントリフィケーション＝立ち退き説を批判した（Desmond 2018: 163-164）。2019年にはウェブメディアCityLab もジェントリフィケーションでブルックリンの低所得層の立ち退きが進んでいるとの説を反証する記事を掲載した。

ブルックリンや他都市のジェントリフィケーション進行地区は、裕福な白人が転入し、家を借りたり購入して目に見える変化を遂げた。だが著しい変化が最下層住民に与える影響を検討すると意外な結果が明らかになる。ジェントリフィケーションは必然的に立ち退きを引き起こすという「ドクトリン」に反する事実が浮かび上がるのだ。ニューヨークの低所得層の子どものうち、ジェントリフィケーション進行地区の子どもはジェントリフィケーションの起きない貧困地区の子どもに比べ、7歳までに立ち退きを経験する確率は高くないことが最新の調査でわかった（中略）最も問題化され（最も有力な）ジェントリフィケーションの図式――裕福な住民が転入すると、元からの住民のうち最も貧しい者が立ち退かされる――と矛盾する結果が出た（Capps 2019）。

つまりブルックリンでは一方で「立ち退き」が住民に強く意識されているが、他方で「立ち退き数は他地域に比べてそれほど多くない」という矛盾する結果が示されたことになる。二つの立場をめぐって論争も起きてきたが、[4] 本章が明らかにしたいのは「二つの見解のどちらが正しいのか」ではない。むしろ双方の主張を言葉通りに受け止めたうえで「矛盾する見解が並存するのはなぜか」を問う。「立ち退き数がとり立てて多くない」という主張が正しかったとしても、それにもかかわらず住民が「立ち退きが多い」と感じるのはなぜか。この問いを考えるため、以下ではブルックリンの立ち退きの実態を様々な角度から考察し、このような認識が形成される背景を検討する。

## 2 立ち退きの顕在化——多様な実態とプロセス

### 様々な立ち退き

2017年、ニューヨーク市の立ち退き数は2万804件（NYC City Council Data Team 2018）だった。ブルックリンはブロンクスに次ぐ5701件（市全体の29%）を記録し、その大半は中央部と東部に集中する(5)。

このデータは行政が定める「住宅からの退去（residential eviction）」の定義——家賃未納や借家人の不適切行為などの理由で市当局が命ずる退去執行(6)——に基づいて算出されたものである。しかし実際にブルックリンで起きる「立ち退き」は当局による退去執行だけではない。

ベッドフォード＝スタイヴェサントで暮らすモニカ（詳細は4章）は20年以上前から同じ2DKアパートに母親と住み、階下に住む大家との関係も良好だった。だが大家が亡くなり、息子が建物を売りに出すと、ある日ブローカーが現れ、5000ドル渡すから出て行けと言い渡した。モニカが拒否すると、以降、毎日のように「出て行け」「出ていかないと一銭ももらえずに路頭にさまようぞ」と脅迫の電話やSMSが日夜問わずにくるようになった。真冬の1月には突然電気がつかなくなった。電気公社に問い合わせると「引っ越すから止めてほしいと連絡があった」と言う。電気の次は水道が止められた。嫌がらせは半年後に退去するまで続いた(7)。

大幅に家賃を上げられて退去に追い込まれるケースもある。ダイアンは大学卒業後からパークスロープの2LDKに20年以上住んでいた。建物の状態は悪く、床は傾き、排水管も頻繁に詰まったが、広さの割に家賃が安いのとマンハッタンの職場まで地下鉄で20分という利便性から住み続けた。ところが2年契約の更新時期となった2017年8月、管理会社は「もう優遇家賃を適用しません」と通告してきた。建物は彼女が住み始めた20年前から一度も改修されないままだったが、約7割増の家賃を要求され、彼女は長年住んでいた建物と街から出て行くことになった(8)。

大家やブローカーの嫌がらせ――水道、電気、ガスを止めたり、駐車場を取り上げたり、建物の修理を怠ってカビや水漏れ、床の腐食、小動物などの被害を悪化させるなど――によって退去に追い込まれる事例は多発しているが、これらは行政の「立ち退き」定義には当てはまらないため統計には集計されず「インフォーマルな退去」などと呼ばれる。

行政の退去執行に比べると「インフォーマルな退去」の定義は容易ではない。ダイアンのように家賃の値上げを要求されて仕方なく退去する場合もあれば、より手頃な物件を見つけて退去を「選ぶ」場合もある。このような事例は「ソフトな退去」なのか、それとも自発的な転出と捉えるべきか。またどのくらいの値上げ幅なら「間接的に退去を促した」と言えるのか。問いは尽きない。だが住民の視点にたてば「インフォーマルな退去」だろうが行政による退去だろうが「立ち退き」には変わりない。

また「立ち退き」概念をより広く捉えようとする支援団体側の視点も考慮しなければならない。親元を離れて自活を始める若者が家賃の高騰する地元には住めず[9]、他地域で暮らす事例は一見立ち退きに該当しないようにみえるが、家族や親戚と離れて暮らし、慣れ親しんだ環境や人間関係から遠ざかり、そうした資源を活用できなくなる点で「間接的立ち退き」と解釈する研究者や支援団体も増えている[10]。「立ち退き」を把握する上での第一の困難はこのような定義の複数性に起因する。

## 「立ち退き」後の世界――移動し続ける不安

第二の困難は「立ち退き」の帰結を把握することの難しさである。立ち退き研究には「立ち退き後」の状況を十分に解明していないとの批判が寄せられてきた（cf. Huse 2014: 18–20）。サッセンは現代資本主義のダイナミクスとしての「放逐（expulsion）」を論じた際に「放逐された者の空間を不可視化する力」を特徴にあげたが（Sassen 2014=2017: 257）、住宅を立ち退かされた者にも同じ「不可視化の力」が作用している。近年「立ち退き後」の追跡調査は増えているが、新住民研究に比べると圧倒的に少ない。

セントラル・ブルックリンの定点観測を主眼とする本書も、立ち退かされた人々の「その後」に十分に光を当てることはできていないが、限られた数の聞き取りによれば、立ち退きにあった住民の多くは同じ地区内にとどまることが難しく、運良く入居先が見つかってもさまざまなコストが発生する。イマーニは2017年春に大家から秋に切れる契約を更新しないと言い渡された。住宅運動を通して培ったネットワークのおかげで、半年後に近所に住居が見つかったが、転居先を探す時間とエネルギー（「家探しはフルタイム労働みたいなもの」）、新たな契約にかかる一連の費用や手続き、引越作業にかかる労力と費用（手伝ってくれたり、車を持っている友人は不可欠だ）など転居にかかるコストは大きい。

家賃が比較的安いブルックリン東部やブロンクス、スタテンアイランド、ニュージャージーなど同じ都市圏の他所に移動する人が多いが、共通するのは家賃の安い地区や地方に転居しても生活環境が必ずしも向上するわけではない点だった。

ゲイルは1997年からクラウンハイツのリンカーンプレイスの2ベッドルームに住んでいた。当初750ドルだった家賃は1350ドルとなった。生活費も上がり、縫製工の彼女と自動車修理工の夫の給与での生活は苦しくなった。また建物には小動物や害虫が発生し、漏水が起きても大家はなかなか修理をせず、ついに2016年、イースト・ニューヨークに転居した。2ベッドルームで家賃はほぼ半額になったが、近隣に食料品店や医療施設がなく、周辺環境は悪化した。駅まで徒歩20分以上で通勤時間は倍近くなり、日々の移動時間は増大した。このように移動に日常的に時間が奪われることと、そこに行使される権力について、ブルデューは次のように指摘する。

> 物理的な隔たりというものが、空間的数値ばかりではなく、時間的数値でよりよく計測されるのは、公共の、もしくは私的な移動手段の利用可能性に応じて、移動に要する時間が変化するからだが、してみると、様々な形態の資本が空間を支配する力は、同時に時間を支配する権力でもあるのだ（Bourdieu, ed. 1993=2019: 273）。

ニューヨークを離れる者もいる。レノックスは5歳でトリニダード・トバゴから家族と米国に移住し、クラウンハイツの祖母の家に住んでいた。恋人ができ、近隣のアパートで暮らし、マンハッタンのソニー販売店で働いていたが、店舗が閉鎖され、失職した。月1400ドルの家賃が払えなくなり、祖母の家に身を寄せ、地下の空室で7カ月間、寝泊まりした。その後母親のホテル業を手伝うため、ミズーリ州に移住した。年に数回ブルックリンの祖母の家に来て、親戚や友だちに会うのが楽しみだと言う。

毎日、死ぬほど退屈だよ。周りには本当に何もない。店は全て夜9時には閉まる。バーだって11時には閉店だ。やることと言ったら家で酒を飲むことくらい。でもストレスはなくなった。働いても働いても、すべてが家賃や生活費で消える。来月はどこにいられるのか、どうやったら生きていけるのか、そういう不安はなくなった。ニューヨークに戻るつもりはない(11)。

新たな入居先が見つからず、事実上のホームレス状態に陥る者もいる。2002―2012年にニューヨーク市で行われた調査によれば、ホームレス・シェルター入所者が直前に住んでいたエリアの上位3位はノース・クラウンハイツ、スタイヴェサント・ハイツ、イースト・ニューヨークで全てセントラル・ブルックリンと隣接する黒人集住地区だった(12)。シェルターに入れずに車内や路上で生活する者もいる。

路上生活やシェルターより目立たないが数が多いのは、家族や知人などの家での間借りだ。前述のレノックスがミズーリに移住する前もそうだったが、もう一つの事例がイースト・ニューヨーク育ちのベニーだ。ドミニカ共和国出身の父親は幼少期に他界し、母は1940年代にプエルトリコから移住して以来イースト・ニューヨークに住み続け、近隣には家族や知り合いが多い。ベニーは15歳で実家を出て以来、移動を重ね、この10年で15回引っ越した。音楽関係の仕事で生計を立てたいが生活はぎりぎりだ。音楽で食べていくのは難しく、あちこちで小さな仕事をこなし、全てをあわせても月収600ドルではイースト・ニューヨークでも賃貸は難しい。路上やシェルターを回避する手段が自分の人脈だ。数カ月前に立ち退かされた後、いま「腰掛けている」部屋もそうだった。

ラッキーだった、彼女が手を差し伸べてくれて。当分の間はここにいる、あまり誇らしくないけどね。音楽でうまくいって、この状況から脱せるといい。[13]

## 負の連鎖とコミュニティへの影響

だが立ち退きは物理的に住宅から追い出されるだけではない。先行研究で示された四つの影響を見ていこう。

第一に物的困窮がある。デスモンドによれば、立ち退かされた世帯は再入居先がすぐに見つからなかったり所持品を預ける倉庫代を払えなかったりして、所持品を失うことが多い（Desmond 2016: 296–297）。

第二に健康の悪化がある。デスモンドとキンブロによれば、立ち退かされた者は過剰なストレスを抱え、立ち退き後1年間に鬱になる母親は平均よりも2割多い。しかも鬱状態は長期化する傾向があり、立ち退きから2年後に鬱を患っている者の比率も高い（Desmond and Kimbro 2015）。

第三に子どもへの悪影響がある。コーエンとワードリップによれば、立ち退かされた世帯の子どもは転校を余儀なくされることが多く、成績不振に陥りがちだ（Cohen and Wardrip 2011）。ジェリーマンとスペンサーは立ち退きを経験した子どもは成績が下がるだけでなく、情緒や言動が不安定で若年妊娠や鬱病罹患率の割合が高く、健康面への影響が大きいと指摘した（Jelleyman and Spencer 2008）。

第四に近隣効果（neighborhood effects）がある。ファンらは立ち退かされた世帯の大半がより貧しく不便な地区に転居し、そのような居住環境が原因で経済的モビリティを妨げられ、長期的な財政難に陥ると指摘した（Ding and Hwang 2016）。またチェッティとヘンドレンは、貧しい地区に転居した子どもは学業達成率と生涯収入が低下する傾向を明らかにした（Chetty and Hendren 2018）。貧困層の多い地区に居住すると健康も損ないやすい。ロバート・ウッド・ジョンソン財団の報告書によれば、貧困地区には狭く老朽化した住宅が集中し、近隣には新鮮な食料品を売る店やバランスのとれた食事を出す飲食店が少ない。治安が悪いため子どもを外で遊ばせたり屋外でスポーツをする機会も限定される。また高速道路や工場などが立地し、大気汚染のリスクが高いが、医療施設は少ない。以上の理由から同じニューヨーク市内でも貧困地区の平均寿命は富裕地区よりも9歳低い。つまり居住地は遺伝子よりも人の健康や学歴、人生を左右するという結果が示された（Robert Wood Johnson Foundation 2015）。貧しい地区への転居は健康、教育、所得などへの悪循環を招くが、一連の「不安定性の連鎖」は立ち退きの経験から始まる（Desmond 2016: 293–296）。

立ち退きから始まる「負の連鎖」は短期的ではない。立ち退きが居住条件をより不安定にし、それが新たな立ち退きを誘発し、健康や教育に悪影響が及び、貧困化するというように長期的に影響を及ぼす。つまり一度立ち退きを経験すると新たな立ち退きに直面しやすくなり、立ち退きが繰り返され、構造化される（Watt 2018: 69）[14]。だからこそ「立ち退きは貧困の結果ではなく原因をなす」とデスモンドは述べる（Desmond 2016: 298–299）。

負の連鎖は個人や家族だけでなく、地域コミュニティにも打撃を与える。立ち退きによって元からの住民が分散すると、コミュニティの組織力は低下し、コミュニティ改善に必要な政治力も低下し（Causa Justa Just Cause 2014: 34–35）、コミュニティの解体を加速させると指摘されてきた[15]。

以上をふまえると「立ち退き」は立ち退かされた時点で完結する「出来事」ではなく、長期的にさまざまな影響を及ぼす「過程」と捉える必要がある。また立ち退きは当事者の生活基盤や習慣を破壊する（石岡 2013）個人的経験である一方、家族や友人、そして地域コミュニティにも影響を与える集合的経験でもある[16]。

## 3　日常への物理的圧力――「爆撃のような」買い取りオファー

ここまで「実際に立ち退かされる」経験とその影響をみてきた。だがブルックリン住民が「立ち退き」を強く意識する背景には「立ち退き圧力」の影響も大きい。

マルクーゼは「立ち退き」が実際に立ち退かされた人の数以上に広く影響を及ぼしていると述べ、（まだ）立ち退かされていない住民に「自分も近々追い出される」と感じさせる「立ち退き圧力」に注目した。景観の変化、隣人の転居、地元商店の閉店と違う客層向けの新商店の開店、公共交通機関や公共施設の改善など周囲環境の変化が、間接的な圧力を住民に与えていると指摘した（Marcuse 1985: 207–208）。

だがセントラル・ブルックリンの住民にとって「立ち退き圧力」はより直接的にも行使されている。それは2節でみたような借家人に対するハラスメント行為だけでない。持ち家保有者も直接的な圧力を日常的に経験している。以下では、家を売るように迫る不動産ブローカーの活動を住民に対する「日常への圧力」という観点からみていく。

クラウンハイツに居住するシラは、1963年仕事を求めてトリニダード・トバゴから米国領ヴァージン諸島セント・トーマス島に渡り、1965年の移民法改正後に単身で渡米した。マンハッタンでベッドメーキングの仕事をしながらブルックリンで暮らし、6人の子どものうち5人が彼女に合流した。1986年に4階建ての建物を購入し、子どもたちと住み始めた。子どもが出て行ってからは、空部屋を貸しながら、出戻りの息子や孫と生活する。孫が建物の掃除やゴミ捨てなどを担当する。

シラが建物を購入した当時、界隈は治安が悪く、住民は黒人しかいなかった。だが約10年前に近隣への白人住民の転入が始まった。通りに薬物中毒者の治療施設があり、それを敬遠する人が多いためか、他のブロックに比べると白人の転入は少なかったが、近年は増加が目立ち、現在シラの家は通りで数少ない「黒人の建物」だ。隣ブロックにはオードブルだけで30ドルを超える高級レストランが開店し、客は白人ばかりだ。こうしたなかシラのところに不動産業者からの連絡が増えてきたという。

最初は手紙が一通きて、だんだん頻繁になりました。毎週だったのが、今では毎日のように電話がきます。正直、私たちの建物にここまで付きまとう人がいると思うと、本当に怖い。どうやって番号を手に入れたのかわからないけど、携帯にもかけてきます。(17)

孫のレノックスも言う。

家を売れって、ひっきりなしに電話がかかってくる。郵便ポストも「現金で買い取ります」というチラシでいっぱいだ。爆撃のようにオファーがくる。おばあちゃんは93歳だから、代わりに自分が対応するけど、僕がいない時間を狙ってかけてくる。おばあちゃんはいつも撃退しているけどね（中略）この間、家の前で男がうろうろしていた。表に出ると、男は「あなたの家を見ていた、家を買いますよ、すぐに現金で」と言う。「いや僕たちの家だから買えないよ」と答えたら「いま売ったほうがいい、どうせ差し押さえられるんだから」と言う。「お前には関係ない。いますぐここを出ていけ」と言い返した。こういう人間がしょっちゅう現れる。来る奴の9割が白人だ。(18)

語りからは、弱者を標的にするような営業活動が浮かびあがる。コリーンも不動産会社が自分の母親に執拗に連絡するようになったのが数年前、公共料金と税金の支払いが遅れて、ウェスト・ファーゴから物件差し押さえ予告の通知が届いた頃からだったとふりかえる。不動産会社からの手紙には「財政的にとてもお困りのようですから、お手伝いします」と書かれていた。

彼らは、高齢者の低所得層を狙って現金のオファーをする。弱みに付け込み、市場価格よりずっと安い値段で買い上げようとするんだ。煩雑な手続きなしにスピーディーに契約を結ぶ。いろんな特典があることもちらつかせる。信じ切って契約を結んだあと、思っていたのと違ったことがたくさん出てきて、結局お金がほとんど手元に残らないことも少なくない。不動産会社は「違法行為はしていない」という。そうかもしれない。でも立場の弱いお年寄りを相手に、全ての情報を伝えずに都合のいい話だけして騙すんだ[19]。

この事例が決して例外的でないことは、地元の住民団体、クラウンハイツ・サウス・アソシエーション代表のエヴリンも指摘する。

定期ミーティングで「あなたの家を買いたいという手紙を受け取った人はいますか」と訊いたら全員そうでした。受け取る頻度も劇的に増えている。普通ではありません。これは、私たちの地区が不動産業者やブローカーの標的にされていることを意味します。ブローカーは多くの場合、経済的に困窮し、十分に知識のなさそうな世帯を狙います。そうか、家を売らなければ生きていけないんだ、他に売る方法もない、だからチャンスを逃してはいけない。こう思い込ませるのです[20]。

だが、どのような手段でそのように思い込ませるのか。前述のレノックスは以前受け取った手紙について説明する。

封筒には「住宅法違反罰金・調査」などと書いてあった。差出人の住所は郵便局私書箱だ。変だと思って封を開けると、差出人は行政機関ではなく、企業名だった。手紙には「あなたの家は住宅法への著しい違反が認められることが明らかになりました」とあり、そのあとに「投資家が現金で買い取ります」と書かれている。「あなたの家は、あなたの家計の大きな負担となっています。私たちが買い取れば、あなたも修理の必要はなくなります」と書いてあった。[21]

住宅法違反の物件はウェブサイトで公開されている。それを元にして、修理を施すことのできなさそうな世帯を見つけ出し、買い取ろうとする。

あなたの家は、このままでは売ることもできない、修理には高額の費用がかかり、あなたにお金を貸してくれるところはどこにもない。他に買おうとする人も出て来るはずがない。今、売るしかありません――そのようにして説得されてしまうのです。[22]

エヴリンは、不動産業者が住宅法違反の家や高齢者の家を探し回り、低所得の持ち家所得地帯を歩き回り、標的を定めて詐欺まがいの実践が組織的に行われていると指摘する。セントラル・ブルックリンの人種マイノリティ住民の持ち家層にとって「立ち退き圧力」は日常の一部となっている。

## 4――立ち退きと日常に埋め込まれた差別

### 人種という変数

一般に「立ち退き」の誘発要因は収入や家賃だと考えられてきた。[23]だがセントラル・ブルックリンでは人種が「立ち退き」の重要な規定要因として住民に理解されている。それはレベッカの次の言葉にも表れている。

ジェントリフィケーションを論じる際に、十分に取り上げられないのが人種問題、人種主義、体系的人種主義（systemic racism）です。私の理解では、これらがジェントリフィケーションを引き起こし、地区の不動産価値を高めています。不動産価値が上がるかどうかは、白人がそこに住みたいかどうかで決まります。富が地域に入ってくるとき、富裕層のほとんどは白人です(24)。

アンゴッティらも、ニューヨーク市の構造的不平等を象徴する問題として、低所得者層と人種マイノリティが常に立ち退きのリスクにさらされてきたと指摘する。

ニューヨーク市全域がジェントリフィケーションの影響で変化した。一定の改良がもたらされることもあったが、一番立場の弱い住民たち、特に人種マイノリティの低所得層は立ち退かされた（中略）立ち退きが家賃や住宅価格を上昇させ、アフリカ系アメリカ人やラティーノ、その他のマイノリティ・コミュニティの暮らしを脅かしてきたのは事実だ。そして立ち退きへの抵抗は公民権と社会正義を求める運動の不可欠な部分だった（Angotti and Morse, eds. 2016: 12)。

そのことは、立ち退きが黒人やラティーノの集住地区に集中していることにも、また1章3節でみたように、サブプライムローン危機による差し押さえ物件がセントラル・ブルックリンの黒人集住地区に集中していたことにも表れている。それに加えて、サブプライムローン被害者の援助を装った詐欺行為(25)も黒人とラティーノの集住地区に多かった。2010年援助詐欺の1人当たりの平均被害額はアフリカ系アメリカ人が5467ドルとトップで、ラティーノ4654ドルと続き、アジア系3505ドル、白人3100ドルを大きく上回った（Center for NYC Neighborhoods 2014: 20）。

住宅だけでなく商店の立ち退きにも人種別の偏りがみられる。ブルックリンでは小規模商店の閉店がブルームバーグ再開発事業以降進んだが、大半は黒人の商店だった。このような変容を映像に収めたケリー・アンダーソンも次のように述べる。

ダウンタウン・ブルックリンで2004年に行われたゾーニング変更の結果、100以上の小規模商店が消失しました。大半はアフリカ系アメリカ人かカリブ海出身移民の経営で、同胞コミュニティの住民が利用していました。跡地に建てられたのは高級マンションや大規模チェーンの店でした。[26]

ニューヨーク市会計監査官スコット・ストリンガーも2017年の報告書でジェントリフィケーションによって立ち退かされた商店には、人種マイノリティの中でも特に黒人が経営するローカル・ビジネスが多かったことを明らかにした。市全体の商店数は増加したが、黒人が経営する商店は数も売上額も減少し、それは特にCD9のようなジェントリフィケーション進行地区で顕著だった。[27] 黒人だけでなくブルックリンでラティーノの商店も減少した。ニューヨーク市立大学の研究グループは2002～2012年にブルックリンでラティーノ住民によるローカル・ビジネスがジェントリフィケーションの影響下で減少したことを量的調査で明らかにした（Benediktsson, Lamberta and Van Norden 2015）[28]。このように人種は立ち退きの重要な変数となっており、なかでも黒人とラティーノが打撃を受けている。

## ジェンダー、エイジズム、階級

だが人種という変数は独立して立ち現れるのではなく、他の変数と連結して立ち退きを引き起こす。なかでもジェンダーは重要な規定要因だ。たとえば前述のモニカは黒人女性であるが、彼女は2016年、昔から住んでいたアパートに見知らぬ男が訪ねてくる経験をした。男は建物の新しいオーナーだと言い、モニカに建物から出て行けば5000ドルやると言い、断ると嫌がらせが始まったことは先に見たとおりだが、その男はモニカのアパートに女性しかいないことを確認してから嫌がらせを始めたという。

彼は私を脅し始めました。「お前は強制退去させられたいのか？　びた一文ももらえずに路上に放り出されるぞ」。彼は私に家族構成について尋ね、私と母の二人暮らしだとわかって、圧力をかける方法を決めました。お前は結婚しているのか？　兄弟はいるのか？　そうやって周りに男の存在があるのかを確かめ、いないとわかると「出て行け」という電話やメッセージをひっきりなしに送りはじめました。(29)

立ち退き被害における人種とジェンダーの交差性（intersectionality）は、サブプライムローン危機の原因となった「略奪的融資」で低所得の黒人女性が標的にされたことにも表れている（1章3節参照）。また前述のサブプライムローン被害者援助詐欺でも被害が人種マイノリティに集中していただけでなく、マイノリティの女性世帯主の比率が高かった（Center for NYC Neighborhoods 2014: 21）。デスモンドも立ち退き被害者には黒人女性、なかでも独居女性やシングルマザーが多いことを指摘した（Desmond 2016: 293–295）(30)。

人種とジェンダーに加え、年齢層も立ち退きを規定する重要な変数となっている。それはサブプライムローン被害者に黒人女性の高齢者が多かったことにも表れているし、持ち家保有者に対する不動産業者の「圧力」も高齢の黒人女性を標的にしていたこと――「立場の弱いお年寄りを相手に（中略）騙すんだ」「彼らは、高齢者の低所得層を狙って現金のオファーをする」――は前節でみたとおりである。「ブローカーは多くの場合、経済的に困窮し、十分に知識のなさそうな世帯を狙うのです」との語りにもあるように、エイジズムは階級や学歴などの変数と結びつけられ、さまざまな脆弱性が交差する人たちを選び、標的にする際の基準にされたのだった。

## 立ち退きを促すマイクロアグレッションと人種主義の歴史

立ち退きは人種という変数がジェンダー、エイジズム、階級などと連関することで生じている。だが変数としての人種というとき、それは単に黒人が立ち退きの被害者に多いという比率の話だけではない。特定の集団の人種などの属性を「軽視したり侮辱したりするような敵意ある否定的表現」（Sue 2010=2020: 34）と定義される「マイクロアグレッション」が日常的に実践され、その帰結として黒人やラティーノの立ち退きが起きているという意味でもある。前節でとりあげた不動産ブローカーが持ち家保有者に対してかける「立ち退き圧力」を思い返してみよう。そこでは不動産ブローカーがさまざまな言動によって住民に圧力をかける様子が示されたが、こうした言動は特定の人種やジェンダーを意識的、あるいは無意識的に「住宅弱者」と結びつけて、そのステレオタイプを日常的に反復することで当事者に影響を与えるものだった。

ジェントリフィケーション進行地区で暮らす人種マイノリティ住民の日常生活に埋め込まれたマイクロアグレッションは、米国社会に根ざす人種主義の歴史を呼び覚ますことで住民により大きな打撃を与える。たとえば不動産業者が黒人街で「いま売ったほうがいいですよ、どうせ差し押さえられるんだから」というとき、それは単に経済的な弱みにつけ込んだ脅しとして機能するだけではない。キーアンガ＝ヤマッタ・テイラーが『利益のための人種』で述べたような米国における不動産と人種主義の歴史――1970年代以降、黒人が住宅ローンを借りられるようになってからも、極めて不利な融資しか受けられなかったため、結果的に住宅を差し押さえられる確率が白人よりも圧倒的に高い――を喚起するからこそ、大きな圧力となる。住宅法違反や支払い期限の遅れを調べあげたり、行政機関を装って圧力をかけることで家を安く買い取ろうとする手法もまた、米国に制度的人種主義の長い歴史があり、住民が制度に対する恐怖心を内面化しているからこそ威力をもつ。標的とされる住民――たとえば独居する黒人女性の高齢者――がこうした歴史に根ざした経験を繰り返し、それがハビトゥスとして身体化され、「物の見方の原理」(“vision et division du monde,” Bourdieu, ed. 1993) を形づくるからこそ、不動産業者の圧力は効果的に機能する。

同時にそのような不動産業者の活動を見てきた地域住民も「立ち退き」を何よりも人種的なバイアスを帯びたものとして理解している。そのような住民の認識も同じ人種主義の歴史――たとえば1960年代のブロック・バスティングのように人種主義を利用した不動産市場の操作が、逆のベクトルで行われていたことなど(31)――の影響を受け、規定されている。住民が立ち退き問題を眼差すときの「物の見方の原理」

が人種主義の歴史に強く影響されていることは、先にあげたレノックスの何気ない言葉――この間も家の前で男がうろうろしていた（中略）来る奴の9割が白人だよ――にも表れている。

## 5　人種化された立ち退き圧力の共有――「パンデミックな感覚」の背景

ここまでの議論をふまえ、本章の問いに立ち返ろう。セントラル・ブルックリンの立ち退き件数はデータをみるかぎり全米の他地域よりとり立てて多いわけではない。それにもかかわらず、住民が立ち退きを強く意識するのはなぜなのか。ここまでの議論を振り返りつつ、四つの要因を示したい。

第一に「立ち退き」の捉え方の違いがある。「立ち退き」を行政による退去執行とみなす議論（cf. Freeman 2006, Desmond 2016）に対して、嫌がらせや家賃の吊り上げによる「インフォーマルな立ち退き」も立ち退きとみなすべきとの主張があり、このような定義の違いが認識の違いを生みだしている。

第二に「立ち退き圧力」の影響がある。本章は借家人や持ち家保有者に様々な圧力が日常的にかけられていることを示した。2018年ニューヨーク市住宅裁判所に提訴された退去関連裁判の総数約23万件のうち、正式に退去執行となったのはわずか9％だった[32]。つまり退去執行数の約10倍にあたる人びとが、十分に理由のないまま住宅裁判所に召喚され「立ち退かされるかもしれない」圧力を受けたことになる。さらに、同様の経験をした身内や知り合いをもつ人の数は相当数に上る。以上から立ち退き件数では測ることのできない「立ち退き圧力」がコミュニティにかかっている[33]。

第三に法的支援の拡充に伴った意識の高まりがある。2014年以来、ニューヨーク市は立ち退き防止支援に大きな予算をつけてきた（2013年の600万ドルから2014年には1・4億ドルと23倍増[34]）。

2017年8月には立ち退きに直面した住民に無料法的支援を提供するユニバーサル・アクセス法が成立した。初年度には8万7000人の利用があり、うち約2万2000人が退去を免れた。このような支援のもとで退去数は減少し、2018年には1万9970件と2万件を割った。このような支援の拡大が立ち退きに対する住民の問題意識を高めている(35)。

第四に「立ち退き」が人種化されていることがある。前述したCitylabの記事を書いたキャップスは、ジェントリフィケーション進行地区では立ち退きが人種化されている——転入者は白人、立ち退くのは黒人——がゆえに、新たに転入する住民と立ち退く住民が「人種的に似通っている」他地域よりも立ち退き現象が可視化され、住民の過敏な反応を引き起こしていると述べた(Capps 2019)。だが本章4節でも見たように、それは単に目立つからというだけではなく、立ち退きを促すさまざまなマイクロアグレッションが行われ、それが人種主義の歴史や記憶を住民に呼び起こすという意味においてなのである。

以上を総合すると、次のように言えるだろう。セントラル・ブルックリンにおける立ち退きは「行政による退去執行」だけを見ると他地域に比べて際立って多くはない。だが(住宅裁判所への申し立て数に表れるような)立ち退きの圧力の増加、行政やメディア、支援組織による立ち退きの問題化、居住をめぐる権利についての教育活動と権利意識の浸透、さらに人種化された歴史と結びついた「立ち退きの可視化」などによって、立ち退きは住民に深刻な問題として強く意識されており、しかもその感覚は強まっている。この点についてズーキンも次のように述べる。

2006年、私がブルックリン・カレッジで行った都市社会学の最初の授業で、ジェントリフィケーションについて聞いたことがある学生は一人もいませんでした。現在では〔２０１４年〕最初の授業で学生たちは口を揃えて、自分の住んでいる地区でジェントリフィケーションが起きている、というのです。彼らが住んでいるのはイースト・ニューヨーク、ニューヨークで最も貧しい地区の一つなのに、です。つまり住宅市場の高騰によって自分の家から立ち退かされるというパンデミックな感覚が広がっているのです(36)。

重要なのは、ズーキンのいう「立ち退かされるというパンデミックな感覚」が根拠なきものではない点である。ジェントリフィケーションのリスクが住民の日常の細部に浸透し、身体化され、習慣を再編し、認知の枠組みを形成するからこそだ。そう考えたのは、２０１９年12月、フラットブッシュ・アヴェニューのイマーニの家を友人のマイケルと久しぶりに訪ねた時のことだった。イマーニは2年前の9月に前のアパートを追い出され、ブルックリンに住んで25年間で11回目の引越しをした。前より部屋は狭くなったし、建物も以前のタウンハウスのような重厚さはないが、前の家から3ブロックしか離れておらず、同じコミュニティにとどまることができて（「同じ八百屋、同じ肉屋を利用できる！」）、イマーニは喜んでいた。「僕も50歳になった。もう疲れた、これ以上動きたくない」と彼はしみじみと話していた。

ところがその日建物の中に入ると、共用部分の廊下に梯子がかけられ、床に白いペンキの入った缶が置いてあった。壁を見ると、白く塗り替えられた部分と、そうでない部分の差がはっきりわかった。それを見るや否や、一緒にいたマイケルは階上のイマーニに向かってこう叫んだ。

イマーニ！ 彼らは廊下のペンキを塗り替えているよ！ 気をつけたほうがいい！[37]

ペンキの剥がれていた廊下の壁が塗り直されて綺麗になっていたら、どちらかといえば好意的な反応を示すのが「普通」ではないだろうか。にもかかわらず、マイケルはごく自然に否定的な反応を示し、「気をつけろ！」と友人に警戒を促したのだった。ここにもジェントリフィケーション進行地区における住民の日常の特異性が反映されている。家主が廊下の塗り替えなどを行い、建物が綺麗になると、次に家賃の値上げがなされ、以前からいた借家人の追い出しが始まることを、住民たちは経験的に知っている。[38]自分の生活環境を少しでも良くしたいというのは、多くの人がもつ願望だ。しかしジェントリフィケーション進行地区においては将来の立ち退きリスクの上昇につながる。ジェントリフィケーション進行地区の住民はこのようなジレンマと隣り合わせで「いつ始まるかわからないカウントダウン」のなかで暮らしている。

（1） ２０１６年10月10日のインタビュー。
（2） Displacement は移動、強制移住、追い出しなどの様々な訳語が存在するが、本章では基本的に「立ち退き」を採用し、その他は文脈に応じて柔軟に他の表現を用いた。Displacement が広範囲で用いられるのに対し、同義語の eviction は直接的、かつ行政による立ち退きを表現することが多いため、ここでは「退去」とした。
（3） https://patch.com/new-york/washington-heights-inwood/city-launches-anti-displacement-pilot-program-uptown ２０２１年6月22日最終閲覧。
（4） フリーマンの議論をニューマンとウィリーが批判し（Newman and Wyly 2006）、フリーマンが再反論して論争に発展した。米国以外でもクリス・ハムネットによるロンドンのクラーケンウェル地区の研究が同様の論争を起こした（Hamnett 2009, Slater 2009, 2010）。同様の論争を日本に紹介したものとして矢作（2020: 65–70）も参照のこと。

(5) https://www.cssny.org/news/entry/evictions-and-the-right-to-counsel　２０１９年８月12日最終閲覧。

(6) https://council.nyc.gov/data/evictions/#map2-guide　２０１９年７月16日最終閲覧。

(7) ２０１６年４月９日のインタビュー。

(8) ２０１７年12月27日のインタビュー。

(9) 「同じ地区（the same neighborhood）」の定義は、Urban Displacement Project の定義にならい「１マイル以内」とした。詳細は Marcus and Zuk（2017: 8）。

(10) カリフォルニア大学バークレー校の研究チームによる Urban Displacement プロジェクトの教育ビデオ "Displacement Explainer"（www.urbandisplacement.org/pushedout　２０１９年７月20日最終閲覧）を参照。

(11) ２０１７年９月７日のインタビュー。

(12) https://www.ibo.nyc.ny.us/iboreports/2014dhs_families_entering_NYC_homeless_shelters.html　２０１９年８月12日最終閲覧。

(13) ２０１６年５月１日のインタビュー。

(14) ロイック・ヴァカンは労働市場の不安定化と福祉制度の縮小、刑罰国家の拡大という構造的変化のもとで「ハイパーゲットー」に事実上隔離された都市周縁層が不安定性のスパイラルにおちいる過程を分析したが（Wacquant 2008）、現代の貧困はヴァカンが示したような「ゲットー型」、つまり貧困層集住地区に居住し、そこから抜け出せないという形だけでなく、逆に一カ所にとどまることができず、常に移動を余儀なくされる形でも表れている（Mcri 2015）。

(15) 事例として、１９７０年代以降のウイリアムズバーグ地区のプエルトリコ系住民コミュニティの変容があげられる。詳細は拙稿（森 2019c）を参照。

(16) 以上からも、質的な側面を捨象した統計データのみで「立ち退き」を捉えることには明らかに限界がある。だが同時に「不可視化」の力が作用し、また（地域から出て行ってしまうことが多いため、追跡調査が困難である）立ち退かされた後の多岐にわたる影響を捉えることの困難という課題も残されている。

(17) ２０１６年９月11日のインタビュー。

(18) ２０１６年９月11日のインタビュー。

(19) ２０１７年３月10日のインタビュー。
(20) ２０１６年４月30日のインタビュー。
(21) ２０１６年９月11日のインタビュー。
(22) ２０１６年４月30日のインタビュー。
(23) 賃料の高騰が原因で立ち退かされることを示すのに priced out という表現が用いられるのもそのような背景がある。
(24) ２０１７年３月10日のインタビュー。
(25) ベッドフォード＝スタイヴェサントに住んでいたシャロン（56歳）は自宅に投函されたチラシ（「ローンを安くすることは可能です」）を見て電話をかけた。翌日２人の男が訪ねてきてローン半額を保証すると言われ、シャロンは契約を結んだ。４０００ドルの手数料を払ったが、半年経っても何も変わらない。不審に思って地域の相談所に連絡し、そこで詐欺が発覚した。だがその時にはすでに銀行から家の差押え通知が届いていたという。被害の実態についてはニューヨーク市による以下の報告書を参照。*Who Can You Trust? The Foreclosure Rescue Scam Crisis in New York*, 2014.
(26) https://www.huffpost.com/entry/gentrification-brooklyn-my-brooklyn-documentary-movie_n_1590667 ２０１９年８月２日最終閲覧。
(27) Scott Stringer "The New Geography of Jobs: A Blueprint for Strengthening NYC Neighborhoods," pp.17–18 (https://comptroller.nyc.gov/reports/the-new-geography-of-jobs-a-blueprint-for-strengthening-nyc-neighborhoods/ ２０２１年６月22日最終閲覧)。
(28) Benediktsson, Lamberta and Van Norden（2015）。同調査は同時にローカル・ビジネスの減少がＢＩＤとよばれる経済改良地区（business improvement districts）指定を受けている街区では食い止められていることを指摘し、州と市レベルでの小規模商店保護政策が決定的な役割を果たしうることを指摘した。
(29) ２０１６年４月９日のインタビュー。
(30) デスモンドによれば、ミルウォーキー在住黒人女性５人に１人が生涯に１回以上立ち退きを経験するのに対し、ヒスパニック系女性は12人に１人、白人女性は15人に１人である（Desmond 2016: 299）。人種、ジェンダーに加え、高齢者や障害など複数の脆弱さを抱えた「弱者」が立ち退きの圧力にさらされる傾向について、住宅問題の弁護士マギーも次のように指摘する「高齢者、障害者、子どもや低所得の家族などの弱者に対し、さまざまな手段を用いて法的義務を回避し、家賃を釣り上げようとする恥知らずな大家があとをたちません」（2016年6月6日のフィールドノート）。

（31）ブルックリン住民の人種構成の変化に不動産業者が果たす役割は先行研究でも明らかにされてきた。ウォルター・サビットは1960〜1966年に200の不動産会社が活発な活動を展開することで、白人集住地区だったイースト・ニューヨークを黒人集住地区に変えたことを示した（Thabit 2003）。またキム・ムーディも同時期にデベロッパーがいかにレッドライニングやブロック・バスティングを利用して、住民の8割が白人だったイースト・ニューヨークとブラウンズヴィルを6年たらずで85%を黒人とプエルトリコ人が占める地区に変え、同時に公教育や病院も含めた公共サービスを破壊したのかを示した（Moody 2007）。

（32）https://council.nyc.gov/data/evictions/#map2-guide　2019年7月16日最終閲覧。

（33）ワットも「立ち退き」という現象を理解するには、実際に発生する立ち退きだけでなく、立ち退きが構造化するなかで常態化する「立ち退きの不安（displacement anxiety）」を考慮することが肝要だと述べる。立ち退きを直接、あるいは（家族や知人などを通して）間接的に何度も経験した者はいま住む家が取り壊されると言われたり、退去勧告通知が近々送付されると言われたりするだけで、強い不安を覚えるようになる。このような不安は人々に「自分の場所をもつ」感覚を失わせ、深刻な存在論的不安定を生み出すという（Watt 2018: 69–74）。

（34）https://www.6sqft.com/city-sees-an-unprecedented-37-percent-drop-in-evictions/　2019年8月11日最終閲覧。

（35）もっとも立ち退きに直面した人全員が声をあげ、闘うわけではない。デスモンドが示したように、立ち退きを頻繁に経験した貧困層は生き延びることに精一杯で、抗議行動に出ることは少なく、すべて自分のせいだと考える人も少なくない（Desmond 2016）。抗議するという行為にも一定の文化資本や社会関係資本などが必要であることを意味する。

（36）“Density, Diversity and Neighborhoods,” The Municipal Art Society of NY, 2014/12/17 (https://www.youtube.com/watch?v=h-bn74EGZYk　2021年6月22日最終閲覧)。

（37）2019年12月25日のフィールドノート。

（38）類似する事例として以下の記事も参照（https://www.dominicanabroad.com/brooklyn-clinton-hill-fort-greene-changes/　2021年6月22日最終閲覧）。

# 4章 地元で「部外者」になる
## その場にいながらの排除

### 1 「まだ、ここに住んでいたのかい?」――地元に残る者の日常

モニカはブルックリン育ちのアフリカ系アメリカ人女性だ(1)。ショートヘアに長身で、ジーンズに革のジャケットがよく似合う。目は輝き、笑うとえくぼができ、1961年生まれの実年齢よりずっと若く見える。子どもの頃に両親が離婚し、2歳下の妹と母のもとで育った。地元のブルックリン・カレッジを卒業後、昼間は福祉受給者支援団体で識字教育プログラムのソーシャルワーカー、夜はマンハッタンのラジオシティ・ミュージックホールで案内係として働き、ショービジネスで活躍することを目指し、2001年には有名なリアリティーショー番組「ブラックブラザー」にも出演した。現在はソーシャルワークの仕事のかたわら、月1回ローカルラジオ局のDJを務める。人を引き付ける話し方をする女性だ。

前章でも見たように、彼女は20年以上前からベッドフォード＝スタイヴェサントのアパートに母親と住んでいた。かつては妹のメラニーや娘のモーガンをはじめ、親戚15人が近所で暮らし、週末は行きつけの

ダイナーに集まって食事をしていたが、10年前から次々に地元を去った。去ったのではなく追い出された、とモニカは言い直し、次のエピソードを語った。

先日、おもしろいやりとりがありました。いつものように通りを歩いていたら、子どもの頃から知っているお年寄りにばったり出くわしました。数カ月ぶり、いえ、もっと長いこと会っていなかったと思います。

彼は私を見た途端、とても驚いた様子で、こんな風に、大きく目を見開いて、こう言ったんです。

――まだ、ここに住んでいたのかい？

――ええ、住んでいますよ……あなたも、まだ住んでいたんですね！……でも街はすっかり変わってしまいましたね。

――そう、すっかり変わってしまった。この街から黒人たちがどんどん姿を消していく(2)。

立ち退きが住民間で日常的に話題になることは前章でも示したが、それらとモニカの語りが異なるのは、立ち退きについて語るモニカも、モニカとやりとりした高齢者も、まだこの街に住み続け、変化とともに暮らしているという事実である。しかも、そのような暮らしは10年、20年、またはそれ以上続くこともある(3)。その点でジェントリフィケーションは地域の住民構成を変化させるだけではなく、住民に「変化とともに生きる」経験をもたらす。本章は、このように（まだ）立ち退かされてはいないが、変化の著しい地域で暮らす、モニカのような住民の経験に光をあてる。

本章は、従来のジェントリフィケーション研究が新たな住民の転入と昔からの住民の立ち退きの二つを焦点化する一方で、その場に残る住民の姿を十分にすくい上げてこなかったという反省から出発する。(4) そのような住民の声を掘り起こすと何が見えるのか。本章では地元に残る住民の体験を「生まれ育った土地で『部外者』になる」経験と捉え、多角的に検討する。まず、住民の日常にあらわれる変化を物理的側面(2節)と象徴的側面(3節)にわけて検討し、次にコミュニティ変容を住民の「資源」という観点から考察し(4節)、最後に「地元で『部外者』になる」という経験を総括する。

## 2 トリクルダウンは起きるのか――「受益」の限界と矛盾

### (1) 変化から利益を引き出す

「ジェントリフィケーションは悪ではない」「すべてのジェントリフィケーションが悪いわけではない」との主張は不動産業者やデベロッパー、メディア、研究者、行政関係者の間でも繰り返されてきた。2020年2月にニューヨーク・タイムズ紙も同様の観点から住宅供給を増やすと家賃が下がるという研究成果を紹介した。(5)

行政や不動産業者だけでなく、住民にも同じように考える者がいる。クラウンハイツで暮らすシドニーは地区の変化を好意的に捉える。近年白人が増え、近隣で彼らのような黒人は少数派になったが、彼はそれを良いことだと述べる。次の語りでは、白人の流入が地区の社会経済面の改善につながるという見解が示される。

ジェントリフィケーションはいけないことなのか？　街は安全になったし、綺麗になった。雇用も生まれた。白人が増えて、俺たちの建物の価値も上がった。白人も黒人も一緒に住んで、街が良くなっていくだけの話じゃないか。何が問題なの？　なぜ白人が増えるといけないんだ？(6)

ジェントリフィケーション賛成派が依拠するのが、ジェントリフィケーションは街を綺麗にし、地価を上昇させ、所得の高い住民を引きつけ、昔からいた住民にも利益をもたらすというトリクルダウン仮説である。論拠には雇用の増加や犯罪率低下などのデータが援用されてきた(7)。

だがこうしたデータの多くは量的、かつ鳥瞰的に「現状」を把握したものであり、実態の質的な検証も求められる。そこで本章では住民の視点からトリクルダウン仮説で言われる「利益」が地域にもたらされているのかを検討する。「トリクルダウン効果」としてよくあげられるのは治安、学校、公衆衛生などの改善や店舗の増加などである。前章でとりあげたヴィクターはジェントリフィケーションに反対する立場をとるが、その彼も次のように話す。

ジェントリフィケーションのポジティブな面？　ゴミ回収がきちんと行われて街がきれいになること、学校が改善されて教育レベルが上がること。警官のパトロールのやり方には問題があるけど、自分が見てきた暴力から子どもたちを遠ざけられることは大事だ(8)。

以下ではジェントリフィケーションによってどのような利益が生じているのかを消費空間、学校、公共設備、雇用とビジネスなどに切り分けて見ていく。

## 消費空間

プロスペクト・ハイツ「七番街」駅周辺は2010年代後半から商店の入れ替わりが激しくなった。定食屋が閉店してバーが開店し、長いことテナント募集中だったビルに高級スーパー・ユニオン・マーケットが開店した。昔からの洋品店、ピザ屋、ネイルサロンに代わりフィットネスクラブができた。界隈全体で店の数は増えた。だがそれにもかかわらず、買い物に困る人が出てきた。シラはその一人だ。

必要なものはだいたいこのあたりで全て揃っていました。昔から利用していた西インド諸島の食料品店がこの辺りには2軒あり、それから知りあいがやっているベーカリーも肉屋もあった。トリニダードの家族にまとめて食料品を送るときや、特別なものが必要になった時だけ、ユティカ・アベニューまで出かけました。でも次第にみんな店を畳みました。引退して国に帰ったり、テナント料が払えなくなって別の場所に移転しました。今では近所に買い物するところがありません。バスに乗ってフラットブッシュやダウンタウンブルックリンまで出かけなければならない。すっかり不便になりました。(9)

日本でも「買い物弱者」「買い物難民」などと呼ばれる人が増加し、825万人が該当するといわれる(農林水産省、2015年)。農林水産省によれば「高齢化や単身世帯の増加、地元小売業の廃業、既存商店街の衰退などにより、高齢者等を中心に食料品の購入や飲食に不便や苦労を感じる方」と定義される[10]。このような問題は過疎地域だけでなく都市圏内でも起きているが、衰退地域の問題と考えられてきた。ところが人口が増加し、新しい店舗が次々にオープンするブルックリンでも「買い物難」に直面する人が増えている。地元にオープンした店には自分に必要なものが置いていない、値段が高くて買えない、などが理由である。

キーシャも買い物に困るようになった一人だ。平日は最低限必要なものやどうしても足りなくなったものだけ、近所の「高級マーケット」のうち、まだ手頃なナチュラル・ランドに買いに行き、残りは週末にユティカやフラットブッシュのカリブ海コミュニティの店にまとめ買いに行く。

ボデガ（個人経営の食品雑貨店）がたくさんあったのが全部なくなりました。代わりにコーヒーショップや高いレストランができました。最初はポツポツとお店が変わっていたのが、今ではブロックごとに変わっている感じです。キーフード（チェーンのスーパーマーケット）は今もあるけど、売られる商品が変わった。値段も変わった。あとワインショップ。高いワインばかり置いた店が1ブロックに1軒はあります[11]。

たしかに通りにはワインショップがあちこちにある。チェーン店ではなく、オーガニックのワインなどのセレクトショップが多く、値段は最低でも1本20ドル以上で店員も利用者も白人がほとんどだ。1軒、様子の異なる「リカー・ストア」とのみ書かれた看板のある店があり、中に入ると雰囲気は前述のワインショップとは大きく異なる。広さは他店と変わらないが、商品が置かれた店員がいるスペースと、客がいるスペースがガラスで仕切られている。ウイスキー、ジン、ラムなどの蒸留酒やビール、発泡酒、ワインが陳列されているが、客は商品を手にとることはできず、ガラス越しに眺め、その向こうにいる店員に注文し、空港の両替所のように、ガラスの壁の下方に一箇所空いている部分でお金と商品の受け渡しを行う。店員は黒人で、客も黒人だけだが、客層の違いは必ずしも収入の問題だけではない。人種と紐づけられた習慣やライフスタイルの違い、そして「白人の店」で受けるマイクロアグレッション――店員の視線やちょっとした態度、あるいは接客をしてもらえない、など一見とるにたらないことが積もり重なり、当事者は大きなダメージを受ける――の影響も大きい。ジェイソンは中学校教員で、別居中の妻と娘がいるものの、彼の収入で前述のワインショップでワインが買えないわけではない。しかし彼がワインを買う時、決してワインショップには行かず、前述の「リカー・ストア」かスーパーを利用するのもこうした問題が影響している。客層も作りも大きく異なる店が至近距離に共存し、新しくオープンした店は昔からの住民のニーズに合致していない。消費を通した「棲み分け」が地区内で進み、元からの住民が利用できる空間は狭まっている。

地元の小売店や商店街の衰退と同時進行する新規の店舗の開店については小売業ジェントリフィケーション（retail gentrification）、商業空間ジェントリフィケーション（commercial gentrification）とよばれる一連の研究が存在する（Zukin 2009, Hubbard 2017, 松尾 2021）。これらの研究では新たな店舗が昔からの住民のニーズと合致せず、不便な思いをするだけでなく、こうした店舗の移り変わりが住民にとって一種の文化戦争――昔からの住民の文化が、新しい住民の文化に置き換えられていくこと――として経験され、象徴的な意味をもつことを指摘してきた。本節で見たセントラル・ブルックリンの事例においても、昔からの住民は単に不便さを感じるだけでなく、自分たちを客層として想定していない店舗を敵対的なものと受け止めることもある。

同じことは、昔からの住民が以前から利用していた商店や飲食店に白人が増加したために受ける影響についても言える。エリックは週に3、4回は通っていたバー「シャーリーンズ」に近頃すっかり行かなくなった。理由を聞くと「今では若い白人ばかり。それしかいない」と答えた。コリーンも最近は地元のベッドフォード＝スタイヴェサントの商店に行くと、自分だけが黒人という状況が増えたと話す。どう感じるかと尋ねると、少し考えてから「変な感じがする」と答えた。白人客と黒人客がいる店もあるが、店員の態度が白人に対してと自分に対して違うと感じることもあったという。

## 学校

白人高学歴の住民が増えると、地域の学校のレベルが向上し、環境が改善するなど好影響が生まれる――このような理解は広く定着している。貧困地区に中間階級の住民を転入させると地域住民全体の底上げが図られる、というソーシャル・ミックス概念に影響を受けた考え方で、住民間でもジェントリフィケーションを肯定する論拠の一つとされてきた。

だがこのような理解と現実の乖離をブルックリン第15学区の事例から見ていこう。同学区には11の公立中学校があり、全就学対象者の55％を黒人とラティーノが占める。だが白人生徒の81％は学区内で最もレベルの高い三つの学校に集中する。

このような分離が生じるのはなぜか。表立った差別や排除は法律で禁止されているが、テストや内申書に基づいた選抜制度が11校中1校を除いて採用されており、それが事実上の人種別選抜制度として機能しているとの批判が起きてきた。そこで2018年夏、市長のデブラシオは分離を解消するために選抜制度を廃止し、トップ校に生徒の52％を低所得層、ニューカマー移民、ホームレスの子どもたちから選抜する新制度を提案したが、保護者から強い反発が起きた。

クラウンハイツのある第17学区では学校の中と外の人種構成が大きく異なる。近隣にはブルックリン・ミュージアム、プロスペクト公園、植物園があり、若い白人が歩いたり自転車に乗る姿をよく見かける。だが、ミュージアムの向かいにあるプロスペクト・ハイツ高校の中は別世界だ。入り口には「生徒の安全への配慮」という目的で空港にあるような金属探知機が設置されている。校内に入ると、廊下の壁一面にキング牧師やマルコム・Xなどアフリカ系アメリカ人の英雄のモザイク壁画が広がり、同地区が歴史的な黒人街であったことを想起させる。生徒もほぼ全員が黒人だ。地域の人種構成は白人の転入が増えて大きく変わってきたが、学校内は全く事情が異なる。教員のニナに尋ねると「黒人居住地区に家を買っても、黒人の学校に子どもをやる白人はいません。私立に行かせるか、MS51（地域でも評判のいい公立学校）に行かせるかです」との答えがごく当たり前のように返ってきた[12]。

ブッシュウィックは、クラウンハイツに比べ、転入する新住民の年齢層が低く、単身者や子どものいない若いカップルが多いが、このような住民の転入が先に見たのとは違ったかたちで学校に影響を与えている。もうすぐ出産を控えたリアは子どものいない若い住民の転入の増加が地元の公立学校の予算削減につながっていると指摘する。

公立学校の予算割り当ては生徒の数で決まりますが、この地区ではジェントリフィケーションが進み、家族のいる世帯に代わって子どものいない住民が増えたため、全体的に子どもの数が減っています。生徒数が減ると予算が削られる仕組みなので、地元の公立学校は予算を削減され、運営が苦しくなっています。学校の状況はジェントリファイアーの増加によって悪くなっています[13]。

## 公共設備

公共投資が促され、地区が改善される点もジェントリフィケーションの利点としてあげられてきた。ブルックリンではコミュニティ・サイクルのステーションが設置された。シティバンクと市の官民連携プロジェクトがブルームバーグ市長時代に決定し、2013年に利用が始まり、当初は一部の地域にサービスが限定されていたが、近年は広いエリアにポートが設置された。

ブッシュウィックに住むライアンは「コミュニティ・サイクル自体が悪いわけではないが、公共空間を企業の利益に供するようなやり方が問題だ」と述べる。一体、新たな設備はどれだけ地元住民の利益になっているのか。リアは昔からの住民には自転車を利用する習慣がなく、また利用料金が高いことから、コミュニティ・サイクルが昔からの住民の利益にはなっていないと述べる。

シティ・バイクの利用者が昔からの住民ではないことは確かです。そもそも料金が高すぎます。年間パスが169ドルで、1回乗るだけだと3ドルで45分すぎれば追加料金が発生します。でもこの地区の平均世帯年収は4万ドル以下です[14]。

またリアはシティ・バイクが地元住民の利益にならないどころか、不利益を生み出していると話す。

車椅子で生活する高齢女性の自宅前に、断りもなくシティ・バイクのポートが作られました。もちろんこの女性はシティ・バイクの利用者にはなれない。でもそれだけではありません。置き場が作られたことで歩道が狭くなり、車椅子が通れなくなりました。これらの設備が地元住民のためには作られていないことを示す典型例です[15]。

## 雇用とビジネス

ジェントリフィケーションは、昔からの商店や雇用にどのような影響を与えるのだろうか。経済力のある住民が増えること自体は肯定的に捉える商店主も少なくないが、そのような住民の増加が必ずしも地元商店の利益になるわけでもない。美容院を営むアン＝マリーは白人住民の増加とともに経営が苦しくなったと話す。

アメリカ人、アフリカ系アメリカ人、西インド諸島出身、皆、うちの店で髪を染めていました。でも最近白人住民が増えて、前のように商売が立ち行かなくなってきました。以前ならだいたい1週間で1200、1300ドル稼げていたけれど、今は500ドルが精一杯。私は白人の髪だってもちろん扱えますよ。でも白人は私のところには来ないのです[16]。

その一方、新しい店や企業の開業はトリクルダウン仮説が示すように、雇用を生み出し、地域住民の生活に好影響を与えていると言えるだろうか。この問いを考える上で示唆的なのが、2018年4月にベッドフォード＝スタイヴェサントにオープンしたスターバックスの事例だ。一般にスターバックスの開店は、ジェントリフィケーションの進行を表すシンボルとして受け止められてきた（Smith, Scherer and Fugerio 2011）[17]。そのスターバックスが2016年、全米の低中所得層居住区に15の店舗をオープンし、地域経済活性化の取り組みを始めると公表したのである。そして地元住民を優先的に採用したり、NPOと連携して若者向けの研修をしたり、地域コミュニティのハブとなるべく、イベントを開催する計画が発表された。だが、企業のアピールと現実の間には距離があることも事実である[18]。鳴り物入りで開店したベッドフォード＝スタイヴェサント店は、たしかにシフト・マネージャーのルイーズをはじめ、スタッフは1人以外全員が同地区生まれの地元住民だった。ところが「現地スタッフ」は全て新規採用ではなく、もともと従業員だったことが明らかになった。したがってスターバックス開店が「新規雇用」に結びついてはいないとの批判が起きた[19]。研修に関しても、同地区の16～24歳の23％が就学も就業もしていないなか、若者の支援になると企業側は説明したが、そもそも同地区では歴史的に就業と教育の機会が奪われてきたことを考えると「低賃金の飲食店で働くための研修」が同地区の若者の状況を抜本的に変えるとはいえないだろう[20]。

## （2）「安全」と日常実践の「犯罪化」

次にジェントリフィケーションによる「治安の改善」が住民に与える影響をみてみよう。昔からの住民の語りでは、かつてのブルックリンが「警察を呼んでも来なかったほど」治安が良くなかったことがしばしば強調される[21]。1970年代にブッシュウィックで子ども時代を過ごしたアナは当時の様子を次のように語る。

1970年代はなんというか、危険でした。本当に危険でした。私はいつも階段の踊り場に閉じ込められていました。外に行けなかったから。外は危険だったから。本当に危険だった。麻薬売人がいて、ギャングがいて。通りを歩くときは必ず誰かと一緒に歩くようにしていました。親は自分の子どもたちがそうした連中と関わってほしくない、と思っていたんです[22]。

ところが状況は大きく変わった。治安が改善すること自体は昔からの住民にも利益になる。問題は「治安の改善」に大きな役割を果たす警察の存在だ。この点について、マイケルは次のように言う。「ジェントリフィケーションが起きると警官が多くなる。僕たちの身の危険が増えるんだ」──市民の安全を守ることを使命とする警官が増員されると、自分たちの身の危険が増えるという一見逆説的な言葉にはどのような意味が込められているのだろうか。

この点について、1990年代のマンハッタンを事例に問題提起したのがロイック・ヴァカンの著書『貧困という監獄』だ（Wacquant 1999=2008）。刑罰国家を正当化するイデオロギーが米国のネオコン・シンクタンクによって理論化され、世界中に輸出された過程を論じた同書の2章では、1994年にニューヨーク市長となったルドルフ・ジュリアーニの下で、同市警のトップ、ウィリアム・ブラットンが行った割れ窓理論に基づくゼロ・トレランス政策が詳細に分析される。ブラットンは「市民の生活の質」を守るという理由で、従来いたずらや迷惑行為と見なされてきた行為を「犯罪」と見なし、厳しく取り締まった。軽微な違法行為の積み重なりが凶悪犯罪につながる、したがって「割れた窓」を見逃さず、厳格に取り締まることが治安改善につながるとの議論は一見、説得力があるように思われる。

だがヴァカンは同政策のもう一つの面を明らかにする。取り締まりの対象となった「軽微な行為」の大半が人種マイノリティによるものであり、「犯罪防止」の名の下に人種マイノリティが警察の標的にされ、犯罪と無関係の黒人男性が誤って逮捕されたり投獄される事例が急増したのである。つまり、この政策は住民の「生活の質」を向上させたと評価されたが、全ての住民ではなく一部の住民の「生活の質」を向上させたのであり、それ以外の住民の「生活の質」は著しく低下した。このように割れ窓理論やゼロ・トレランス政策はジェントリフィケーションと密接に結びついている。

同じことは2010年代以降のセントラル・ブルックリンでも起きている。警察については6章で詳しく論じるが、ここでは地元住民の生活の一部となっていた行為が犯罪化され、取り締まりの対象となった、二つの事例をあげたい。

一つめが露天商の取り締まりだ。ニューヨーク市には約2万人の露天商が存在し、拠点の一つがカリブ移民集住地区のフラットブッシュだ。目抜き通りのフラットブッシュ通りのアイスクリームやチュロス(ラテンアメリカで広く食べられている揚げ菓子)など様々な商品を並べた屋台は、同地区に馴染みの光景だった。ところがニューヨーク市は、月曜から土曜の朝7時から夜7時まで、プロスペクト公園からブルックリン・カレッジまでのエリアは露天商の屋台を禁止する条例を定めた[23]。
ニューヨーク市のルールでは、露天商は商業ライセンスに加えて「許可」を取得しなければならない。だが許可数は1980年末以来、人口の増加にもかかわらず5100に据え置かれたままだ。したがって多くの露天商に残された選択肢は無許可で営業するか、許可を闇市で転売してもらうかだ。ただし通常は2年間で200ドルの許可が闇市場では2万5000ドルにまで上がる（Bklyner 2017/08/23)。無許可で営業すれば最大2000ドルの罰金を科されるリスクを負う。2002年にエクアドルからやってきたエンマは友人から屋台のカートを譲り受けて以来、毎日午後1時から6時までフラットブッシュでアイスクリームを売る。2004年にライセンスを取得したが、許可がなければ意味がないことを後で知った。フラットブッシュではその状態でも問題なく商売ができていたが、近年取り締まりが厳しくなった。そして人通りが最も多いチャーチ通りとの交差点で営業していたところ、警察が来て2000ドルの罰金を科された。

私たちは仕事熱心で家族を支える労働者です。家族で働いているのは私だけ。みんな私の収入を必要としています。許可がないのは、市が許可をとるのをとても難しくしているからです。私たちは働きたい、仕事をさせてください[24]。

二つめが、地下鉄構内でパフォーマンスをするアーティストの犯罪化だ。なかでもダンサーの取り締まりが厳しくなった。ニューヨーク地下鉄の利用者にとって車内やプラットフォームで踊る若者の姿――その大半が黒人である――はニューヨークの風景の一部といっても過言ではなかったが、なかでも知られていたのが「ショータイム」という車内の手すりを利用したパフォーマンスだ。ところが2014年、ニューヨーク市警のトップに再登用されたブラットンは「生活の質」のために車内のパフォーマンスを禁止すると発表した。

ショータイムの実践は1980年代からニューヨーク地下鉄で行われてきた。当初は乗客を楽しませるものとして、大して問題にはならず、ゼロ・トレランスの立役者ジュリアーニ市政時代にさえ、取り締まりの対象にはならなかった。それがなぜ2010年代半ばに突如取り締まりの対象になったのか。プリシアは、ニューヨークの住民構成の変化が原因だと考える。

昔、ニューヨークは労働者の街で、特に地下鉄利用者には労働者階級が多かった。乗客はパフォーマンスをする若者たちと人種も階級も近く、文化を共有し、理解していました。乗客はパフォーマンスを楽しみ、若者たちは小銭を稼ぐことができた。でも労働者が街から追い出され、代わりに来た金持ちの白人や観光客はこの街に息づいてきた文化に全く無関心です。それどころか車内の秩序を乱し、危険だと非難するのです(25)。

ニューヨーク市は車内でのパフォーマンスを禁止した代わりに、マンハッタンのバッテリー・パークやユニオン・スクエアの一部をダンサーに解放し、そこでの実践(ゾーン・パフォーマンスと呼ばれる)を奨励している。だが問題なのは、パフォーマンスはただするものではなく、若者たちにとって生活手段でもあることが見落とされている点だ。自身も若い頃にパフォーマンスをしていたアルは言う。

14歳の時にパフォーマンスを始めたのは食べるためだった。いいときは週に800ドルから1000ドル稼げたよ（中略）ゾーン・パフォーマンスをやることに反対はしないが、地下鉄で禁止されると、パフォーマーは労働市場を奪われ、働けなくなってしまう。それは意味がない。犯罪化をやめるべきだ。(26)

## （3）利益を引き出せない住民たちと都市開発のイデオロギー

ジェントリフィケーションがもたらす「学校や治安の改善」は必ずしも昔からの住民の利益にならないだけでなく、不利益になることもある。背景には二つの問題がある。

第一に、住民間の経済格差や人種差別がある。ブルデューは、パリの高級住宅地のマンション管理人一家や、富裕層の家に住み込みで働く家事労働者の例をあげながら、彼らが富裕層と同じ空間で暮らしていても「空間に求められる暗黙の条件」を満たしていないため、その空間から利益を引き出せず、居心地の悪い思いをし、その場から排除されているのと同然だと指摘した（Bourdieu 2018: 111-112）。同様の問題がセントラル・ブルックリンの住民にも指摘できる。

第二に、都市開発のイデオロギーの影響がある。「買い物難民」も、コミュニティ・サイクルも、露天商やパフォーマーの問題も、昔からの住民のニーズや空間の使い方を考慮せずに「地域の改善」が行われた結果として生じている。デベロッパーなどの開発主体が想定する「空間のあるべき姿」は彼らの目線でのあるべき姿——それは必然的に階級やそれと紐づけられた人種の表象に大きく規定されている——であり、そこで暮らしてきた住民目線のあるべき姿と同じではない。その点で開発の実践とは、地域で住民が重ねてきた都市の使用技法を新たに書き換えるものだと言える。

だからこそ、セントラル・ブルックリンで新しい店がオープンしたり、公共設備が改良されたりしても、それらを利用・活用するには特定の社会経済的条件が必要であり、それを満たさない昔からの住民は利益を引き出せないどころか、不利益やマイクロアグレッションなどの差別を被ってしまう。その点で、ジェントリフィケーションがもたらす地域の変化は、住民の人種や階級の構成を変化させるだけでなく、地域内部の受益圏・受苦圏の再編を引き起こしている。

重要なのは、このような再編が不利益を被る住民から必ずしも反対されるわけではない点である。なぜなのか。説明の手がかりを、サラ・シュルマンの次の指摘のなかに見出すことができる。

ジェントリフィケーションは多くの人びとの多様な経験を、特権的な人間の認識に置き換え、それが現実だと思わせる。こうしてジェントリフィケーションは「物事は良くなっている」と私たちに伝えることで成り立っている。そのおかげで私たちは幸福になるはずだというのだ。それは、他の多くの人びとの経験を否定することで成り立つ、奇妙な幸福の概念である（Schulman 2013: 161）。

シュルマンのいう認識の置き換えとは、多様な住民の認識が、デベロッパーや行政をはじめとするジェントリフィケーション推進派の認識に置き換えられることと言えるだろう。同時に、それは元からの住民が「部外者」意識を抱くようになる過程でもある。

## 3　変化と生きる——部外者意識の形成

### （1）景観の変化とその意味

#### 労働者の街の変容

昔からの住民にとって、ジェントリフィケーションは単に生活に物理的な不利益をもたらすだけではない。それは自分の地元に「見覚えがなくなる」という視覚的な経験でもある。パークスロープ地区は1950年代にホワイト・フライトでイタリア系・アイルランド系住民の転出が進み、その後は黒人を中心とする非白人が多数派となった。1980年代よりジェントリフィケーションが加速し、白人黒人比率は逆転し、黒人は2000年には11％、2017年には6％足らずとなった。そこに今でも住み続ける数少ない黒人のアレンは変化を次のように語る。

私も妻もこの地区で生まれ育ちました。同じ建物に30年以上住んでいました。父は学校の用務員、母は給仕でした。バルティック通りの4番街と5番街の間で育ちました。町の様子はすっかり変わりました。通っていた小学校は今も同じところにありますが、完全に様子が変わりました。いまは校舎も新しくゴージャスで、周辺の建物もすっかり変わりました。地区外に越した幼馴染の何人かといまだに連絡をとっているのですが、彼らに小学校の写真を送り「どこだかわかるか」ときいたところ、誰ひとり自分たちが通った小学校だとわかりませんでした。(27)

だがジェントリフィケーションが引き起こすのは、単なる景観の変化だけではない。この点を理解するには、同概念が労働者居住地区の景観とコミュニティの変化を指すために形成されたこと（Glass 1964）を改めて思い出す必要がある。ブルックリンのジェントリフィケーションを1980年代から追ってきたズーキンは、脱工業化にともなう工業施設のコンバージョンを早い段階から指摘してきた。倉庫や機械製造などの工場が芸術家のアトリエとなり、やがて高級住宅街に変わったダンボ地区はその典型である。ズーキンはジェントリフィケーションを工業時代の景観や建物、文化がポスト工業時代のそれによって塗り替えられていくものとして捉えた（Zukin 2009=2013）[28]。

工業地から住宅地へのコンバージョンは地域経済にも看過できない影響を与えている。2000～2015年の間にニューヨーク市ではスーパーマーケット（「従業員10名以上の食料品店」と定義）が68％（189→318）、銀行は47％（199→292）、小売店・レストランは62％（10562→17144）増加した。増加はジェントリフィケーション進行地区において顕著であり、スーパーマーケット数がクラウンハイツでは6から17に、イースト・ニューヨークでも7から29に増加した（Stringer 2017）。

## サンセット・パーク地区再開発と景観変容の象徴的意味

なかでも興味深いのがサンセット・パーク地区再開発の事例だ。同地区はかつて「ブッシュ・ターミナル」という名称で、港湾と倉庫の町として発展した。その後ニューヨーク最大の縫製工業地帯となり、ニューヨーク最大の職住近接コミュニティとしても知られ、新規移民が多く居住する[29]。

ところが2000年代半ばより地域は徐々に変化した。同地区にある地域コミュニティ組織アップローズは、1966年に移民労働者と家族の支援を目的に結成された歴史をもつ。代表のエリザベスはプエルトリコ移民の娘としてマンハッタンに生まれ、市内を転々とした後、1990年から夫と3人の子どもとサンセット・パークで暮らし、地域の変化を見てきた[30]。テナント料が2006年から10年間で2割強上昇し、地場産業の移転や閉鎖が進み、1990年代には25万だった同地区の雇用者数は8万を切った。アップローズの事務所がある22番街通りでも、自動車修理場が地主から契約更新を断られ、閉鎖した。隣のブロックのラジオ修理工場も地主が建物の売却を決め、閉鎖された。「立ち退きは住宅だけではない。工業の立ち退きが起きています」というエリザベスの言葉は示唆的だ。

それと並行して再開発の動きがみられる。同じ22番街ではこの1年でホテルが次々にオープンした。だが最も影響が大きいのは「インダストリー・シティ」再開発だ。2013年工場、倉庫、流通のビルが立ち並ぶ港湾地域32エーカー（約13万平方メートル）の敷地をデベロッパーが購入し、高級ホテル、レストラン、ブティック、イベント会場を擁する総合ビル計画を発表した。こうして大規模な再開発事業が始まり、地名も「ブッシュ・ターミナル」から「インダストリー・シティ」に改名すると発表された。住民との協議なしに突然計画を発表したデベロッパーに対し、住民から怒りの声があがった。

「上から計画をただ押し付けるだけなんて、まったくの時代遅れです」エリザベスは憤慨する。デベロッパーは再開発が1・5万人の雇用を生み出し、住民の利益になると主張する。だがエリザベスは「生まれる雇用は高技能・高収入雇用です。移民労働者がほとんどを占める地元の住民が就くことはできない」と批判する。インダストリー・シティ内には「Innovation Lab」と呼ばれる雇用支援センターが設置され、住民を支援するとデベロッパーは説明するが、エリザベスは懐疑的だ。500ものテナント企業に、地元住民を雇用しろと強制はできないし、労働者階級の移民が簡単な職業教育を受けただけで高技能職業人に転身できるはずもない。地域のコミュニティ組織の中には、産業構造の転換を受け入れ、労働者階級の移民の職業支援活動を行政と連携して行うところもあるが、エリザベスはこうした動きを問題視する。

デベロッパーが言うような新たに生まれる雇用のうち、地元の住民が就けるのはサービス業のエントリーレベル・ジョブくらいですが、これらの業種は人種マイノリティの若者を新時代の「使用人」にするだけなのです。そうではなくて、地元の労働者のスキルに適った仕事を考える必要があります。

工業地帯の変化は、単なる雇用の喪失やミスマッチといった問題を超えた意味をもつ。それを考える上で示唆的なのがハックワースの「ネオリベラルシティ」論だ（本書1章5節も参照）。ハックワースは「工業都市の再編」の背後にある意味を読みこみ、それは福祉国家と結びついた時代の痕跡を都市から抹殺することだと述べる。本節で見てきた工業地帯から住宅・商業地帯への転換も、工業都市の痕跡を物理的に消すだけでなく、その意味を完全に転換し、工業都市・福祉都市の記憶を消し去る。それをハックワースは「ネオリベラル・ジェントリフィケーション」と呼ぶ（Hackworth 2007: 149）。

サンセット・パークの昔からの住民の大半は労働者である。そこには労働者という地位・階級に結びついたアイデンティティや実践、文化、コミュニティが息づいてきた。職住近接コミュニティで工場を閉鎖することは、住民から職を奪うだけでなく、集団的アイデンティティや文化の否定、抹消にもつながる。

マルクーゼは、自分の地元がジェントリフィケーションで変わっていくのを見ることで昔からの住民が「地元で居場所を失う」感覚を集合的に抱くと指摘したが（Marcuse 1986）、それは物理的に居場所がなくなったり、暮らしにくくなるだけでなく、「労働者」という職業アイデンティティに否定的な意味が付与されたり、抹消されることでもある。こうして自分の暮らす地区に自分がもはや属していないという感覚が生まれていく。

## (2)「名づけ」の政治──名を変える、名を失う(31)

だが住民は自分の暮らす地区を単に景観によってのみ認識するわけではない。地区の名前も同定する際に重要な役割を果たす。ところがジェントリフィケーションで変化する地区において新たな地名が与えられるという事態が起きている。ルークはベッドフォード＝スタイヴェサントに生まれてからずっと住み続けている、ドレッドヘアの似合う長身の黒人男性だ。彼によれば、ジェントリフィケーションから比較的守られてきた同地区東部のユティカ通り界隈にも、近年変化の波は及んでおり、長年営業してきた金物屋、衣料や化粧品の小売店に代わって、カフェやビストロ、ワインバーがオープンし、白人住民や観光客も増えた。こう説明した後、ルークは吐き捨てるように言った。

自分が知るかぎり、この地区はずっと、ずっと「ベッドスタイ」だった。でもグーグルマップには「スタイヴェサント・ハイツ」と書いてある。どういうことだ？ 30年以上ここに住んでいるのに知らされていなかったよ。誰が決めたんだ？(32)

ライアンも、ラティーノを中心とした移民労働者の街だったブッシュウィックが急激に変化し、2000年代にウィリアムズバーグで起きた再開発の波がこの街にも押し寄せていると話した後、皮肉を込めた口調で次のように言った。

（遠方に見える倉庫街を指して）あの一帯でゾーニング変更をする大掛かりな計画があります。計画が通れば大規模な再開発が起こることは間違いない。それで、デベロッパーが一帯をなんて呼んでいるか知っているかい？ イースト・ウィリアムズバーグだよ。彼らにとってブッシュウィックはダメで、ウィリアムズバーグのラベルがビジネスに必要なのです[33]！

地区名の変更自体はめずらしくも新しくもない。ブルックリン橋とマンハッタン橋の袂にあり、高級コンドミニアムや観光客で賑わう人気地区ダンボも18世紀末まで「ラペイリ」と呼ばれていた。それが「オリンピア」となり、「ウァレンテェスヴィル」に変わり、1960年代には「ヴィネガー・ヒル」の一部となり、1970年代末から現在の名称となった。

ただし地区名の変更には複数のパターンがある。第一に、地区名に結びついた機能が失われ、変更の必要が生じる場合である。元ニューヨーク市長ジュリアーニが幼少期を過ごした地区は、複数の養豚場があったことからピッグタウン（Pigtown）と呼ばれていたが、養豚場がなくなった後、ウィンゲート、イースト・フラットブッシュなどに改名された。第二に、長い名称を言いやすくするための変更がある。たとえばルークがいう「ベッドスタイ」は「ベッドフォード＝スタイヴェサント」の略称である。

## デベロッパーによる名称変更

だが先にあげたルークやライアンが示した違和感は、第三のデベロッパーによる名称変更に対するものだ。1章でとりあげたアトランティック・ヤード地区が再開発後に「パシフィック・パーク」と改名されたのは一例だが、ほかにも世界的に知られるソーホーやトライベッカ、あるいは定着しなかったボカカ（BoCoCa）やパークワナス（Parkwanus）などデベロッパーによる改名の事例は枚挙にいとまがない。

デベロッパーが主導する名称変更は、地区のイメージを変え、不動産価値を高めることを目的とする。そのため近隣の「良いイメージの地名」を取り入れた変更が多い。クラウンハイツ西部は近隣のプロスペクト公園の名を取り入れて「プロ・クロ」と命名された。先に述べたブッシュウィック西部は隣接するウィリアムズバーグ――2000年代に再開発が進み、現在ではブルックリン一家賃の高い地区――にあやかって「イースト・ウィリアムズバーグ」と命名された。サンセット・パーク北部のブッシュ・ターミナルは隣接する高級住宅地パークスロープにちなんで「サウス・スロープ」とされた。

そもそも「名前を与える」という行為には権力が内在する。名称変更はもともとそこにあったものや、それと結びついた名称の否定や抹消を意味することにもなる。クラウンハイツもブッシュウィックも黒人やラティーノの低所得層の居住地区として知られ、治安が悪いとの評判が定着していた。そうした地区の名称変更は地区の住宅を魅力的な商品として売り出すための戦略なのである(34)。

## 地域コミュニティの反発と新たな取り組み

だが、デベロッパーや外部の人間には、一刻も早くイメージを変えるべき「評判の悪い地区」でしかなくても、そこで暮らす住民には全く異なる意味を持つことも看過できない。生まれ育った地元は帰属意識や仲間意識と密接に結びついており、そのような地区の名称はアイデンティティやコミュニティの定義にも深く関わる。以上の点を無視してデベロッパーが住民への相談もなしに地名を変更してしまう。住民の反発はまさにこの点に対して起きている[35]。

住民の怒りを政治に接続しようとする動きもある。2011年4月にはニューヨーク州議員ハキーム・ジェフリーズが、地区の名称変更の承認プロセスを定める法案を提出した。地域の様々なアクターで構成される「コミュニティーボード」、市議会、そして市長という三段階で承認手続きを定める内容だ。プロセスを経ずに不動産業者が新名称を広告などに用いた場合、罰金を科したり、不動産業のライセンスを停止または剝奪することが提案された。

2017年には大手デベロッパーがハーレム地区南部（South of Harlem）を「SoHa」として売り出し、事前に知らされていなかった住民の激しい反発を招いた。同地区出身の州上院議員ブライアン・ベンジャミンは、住民が望まない地名変更を禁じる法案を提出した[36]。

その一方で、住民自身がそれまでの地名を変えようとする動きも見られる。代表例に、人種マイノリティ集住地区における通りの名称変更がある。地区名とは違い、通りの名称は市の管轄であるが、公式名称に加えて近隣住民が求める名称を併記する取り組みも行われている。

たとえばベッドフォード＝スタイヴェサント地区のマクドノー通りのプレートの下に「ジャッキー・ロ

ビンソン通り」というもう一つの名称を書いたプレートが設置された（写真4－1）。ロビンソンは、メジャーリーグが人種マイノリティを排除していた1947年、ブルックリン・ドジャース（当時）に入団し、活躍した初の黒人大リーガーだ。このように地元住民が共有する歴史や記憶において重要な人物や出来事の名称を公共空間に刻み込む取り組みは、同地区以外でも展開されている。

名称変更は、地区が誰のものなのか、変化する地区に自分の居場所はあるのかという空間の帰属や再定義に関わる問題であり、空間闘争の一部なのである。

**写真4-1**　ジャッキー・ロビンソン通りのプレート

## 4　地元住民にとってのコミュニティ

### 資源としてのコミュニティ

次に住民コミュニティにジェントリフィケーションが及ぼす影響について考えたい。

ジェントリフィケーション進行地区の住民の語りに共通するのが、隣人や友人、いとこなどが引っ越して、地元からいなくなったという経験だ。キーシャも次のように話す。

この15年で、子ども時代の友人や隣人のほとんどが地元からいなくなりました。地元に残る誰もが同じ経験をしています。家賃の安いイースト・フラットブッシュ、カナージー、イースト・ニューヨ

ークなどに引っ越しました。ニューヨークから出て行く人もいます。(37)

ウィリアムズバーグに住むシルヴィアは同じような経験を別の角度から語る。彼女は1980年代にメキシコから渡米し、1986年21歳の時にウィリアムズバーグに引っ越した。家賃安定化住宅だったので、地価上昇の著しいウィリアムズバーグであるにもかかわらず、25年間で家賃は400ドルから700ドルに上がっただけだった。ところが2011年、大手デベロッパーが建物を買い上げ、彼女に立ち退きを迫った。断ると、デベロッパーは建物の改修工事を始め、建物を危険で住めない状態にして、彼女を追い出した。しかし借家人の権利を擁護する弁護士に相談し、法廷で争ったところ、2014年に同じ家賃で元のアパート——しかも改修されて綺麗になったアパート——に戻ることができた。その点でシルヴィアは立ち退きの圧力に抗い、その場にとどまることのできた数少ない「成功例」だ。しかし彼女の生活環境はすっかり変わった。

昔のメキシコ人の隣人たちには今も時々会うけれど、もう誰ひとりここには住んでいません。みんなクィーンズやブルックリンのもっと離れた場所から、この街の飲食店に働きに来ています。コミュニティがなくなってしまった。新しい隣人にはずっと若い白人が多いです。付き合いはありません。こんにちは、こんばんは、と挨拶する。それだけです。同じ場所に戻って来ることはできたけれど、すべてが変わってしまった。変わらないのは自分だけみたい。(38)

同じ空間に住み続けてはいるが、コミュニティが失われたという経験が語られている。ここでのコミュニティの喪失とは、単に友だちや知りあいがいなくなるだけではない。それはコミュニティに存在した社会関係や相互扶助という資源の剝奪でもある。この点を考えるために別の事例をみよう。メイは1978年にトリニダード・トバゴから夫と一緒に米国に渡り、ブルックリンに3階建ての家を買い、あとから渡米した家族——夫の親や兄弟、姪や甥、その子どもたち——と暮らしていた。皆がこの家を「ホーム」と呼び、この家を拠点に米国で新しい生活を築いた。各自が自分の家を見つけ、この家を離れたが、今でも息子とその子どもたちが住んでいる。だが40年以上この地区に住み続けたことで、彼女にとっての「家族」とは隣人たちも含んだ拡張的な概念になっている。

近所の住民は私の家族同然です。私は近所の子どもたちのおばあさんです。（中略）互いに支え合っています。（中略）私は数年前に脳梗塞を患いましたが、また具合が悪くなって道で倒れても、誰かが助けてくれ、私の行きたいところまで連れて行ってくれます。彼らは私のことを知っているから。みんな私のことを知っているから(39)。

彼女にとって、隣人や地域コミュニティは家族同然の絆で結ばれた関係である。高齢者にとって、安心して生活する上で、そして生存する上で、地域コミュニティは不可欠な資源だ。またもう一つの事例として、前章で取り上げたベニーの事例に立ち返りたい。15歳で実家を出て以来、移動を繰り返した彼だが、路上生活を回避できたのは、毎回ある場所を追い出されても人づてで新たな「屋根」を確保できたからだ。

イースト・ニューヨークであっても500ドルでは普通のルートで部屋を借りるのは難しいが、ネットワークのおかげで安い家賃で部屋を貸してくれる人が見つかった。かつて自分を追い出した大家も友だちの一人だ。追い出された今でも友だちで、すれ違えば声を掛けあう。

彼（前の大家）は家族ぐるみで付き合いのある友だちだ。妹も彼から部屋を借りている。5年前だけど家賃は500ドル、これより安い賃料は存在しないよ。僕は運がいい。地元で知られていて、知りあいも多い。僕がドラッグ取引に手を染めていた悪い過去をみんな知っていて、それから手を引いて地元に戻ってきた僕をみんなは知っていて心配してくれる[40]。

住民にとってコミュニティとのつながり、友だち、家族、知り合いの絆は事実上のセーフティネットとして機能し、だからこそベニーのような人がホームレスにならずにすんできた。そうした社会関係や相互扶助のネットワークをジェントリフィケーションは引き裂く。そして、長年培われてきた信頼関係のなかに埋め込まれていた「居住をめぐる相互扶助」を取り出して、商品化して市場に組み込む。その点でジェントリフィケーションは、ベニーのように「やりくり」しながら生活することを決定的に困難にする。「この状態が続けば、ここに自分の居場所はなくなるよ」とベニーは言う。

### 自分で作ったものを奪われる感覚

だがコミュニティの意義はセーフティネットだけではない。公共投資が十分に行われない地区で、環境を改善してきたのは住民自身だった。ところが自分たちが作りあげてきたものを、デベロッパーや新しい住民に取り上げられているという意識を持ち、憤慨する住民が少なくない。ヴィクターはその一人だ。

イースト・フラットブッシュの住民は行政に地域の設備を改善するようずっと求めてきた。どれだけ住民がそれを切望してきたか、子どもの頃からよく覚えているよ。何を求めてきたかって？　地元の学校を改善すること、街をもっと清潔で安全にすること、警官が住民の顔を覚えて、気にかけてくれることだ。でも彼らは応じなかった。だから地元の住民たち、友だちや家族が努力して、自分たちの手で街をよくしてきた（中略）そうしたら投資家が入ってきた。でも地区を強化して「愛を拡散する」[41] ためじゃない。そうじゃない。外部から資金が集まると何が起きるかというと、高級マンションが突如建てられ、昔からいた人間が次々と追い出されるんだ。[42]

前述のエリザベスも住民と協力しながら地区の環境改善に努めてきた。なかでも1990年代より海沿いのブッシュ・ターミナル公園の汚染除去を行政に求めてきたが、対応してもらえなかったため、15年かけて住民の手で公園を修繕し、地域でも評価された。ところが公園がきれいになった途端、前述のインダストリー・シティ再開発計画が立ち上がり、コミュニティで修繕・維持してきた公園が敷地の一部に取り込まれることになり、住民はこれまでのように利用できなくなった。

アップローズは単にデベロッパーの計画を批判するだけではなく、対案として地元企業や住民と連携し、港湾地区を地元の労働者と家族のために維持するための「まちづくり計画」を提出した。具体的には港湾部一帯を高級ホテルや住宅にする代わりに、同地区の工業の伝統を尊重し、環境に優しく気候変動にも耐えうる建築資材製造の街にするための開発を提案した[43]。それ以外にも、アップローズは他の地域コミュニティ組織と協力して地区を改善するための様々な提案をした。たとえば2000年には地元住民の生活環境の向上のため路面電車の設置を提案したが、当時の市議会では無視された。ところがインダストリー・シティ再開発が進み始めると、15年前の提案が本格的に検討され始め、それと同時に昔からの住民の立ち退きが起きている。ニューヨーク・タイムズ紙の取材を受けてエリザベスはこう述べた。

この国は土地を奪い、人を追い出すことで建設されました。今、起きていることは米国建国以来の歴史の継続です（中略）デベロッパーの広告にはいつも「パイオニアの精神」と書いてありますが、私たちはこれを「植民地化」と呼んでいます。植民地化という行為は創造的であるはずがないのです[44]。

重要なのは、住民たちが変化を拒否しているわけではない点だ。むしろ、ここで取り上げた住民たちは、公共衛生や治安維持のためのインフラ整備がなかなか行われなかった地区をコミュニティで協力して改善してきた。問題は、改善された途端に、外から人が入ってきて利益を奪いとる構造である。それは地区を変えてきた住民にとって、エリザベスの言葉にあるように「植民地化[45]」として経験されている。

サンセット・パークの状況を、ジェントリフィケーションが本格化していない地区の住民も複雑な思いで見守っている。ジョンは1980年代にイースト・ニューヨークに引っ越して以来、自分の仕事の傍ら、ボランティアとして地域コミュニティ改善のために活動してきた。「コミュニティのために働かなければならない。代わりにやってくれる人はいないからね」。こうして学校を立て直したり、低家賃のマンションや高齢者向けの住宅などを建ててきた彼は、地区の変化を次のように見つめる。

外部から地区に投資されて、新しい設備ができるのは大歓迎。お金を持った新しい人たちが引っ越してくるのも歓迎です。でも気がかりなのは、その後に何が起きるかです。ウィリアムズバーグやフォート・グリーン、ブッシュウィックなどで起きたことを見てきました。だから何が進行しているかに注意を払っています。(46)

ここで注意したいのは「投資」という言葉が文脈に応じて異なる意味を持つ点である。デベロッパーなどがいう「投資」とは純粋に経済的利潤を追求するための投機的な意味を持つのに対し、住民が「地区への投資」という時には生活環境をよりよくするためにつぎ込むエネルギーや時間のことを指している。

## 文化の盗用と文化の抹消(47)

だが、住民が「剝奪感」をおぼえるのは(コミュニティで修繕した)公園などの具体的な施設や場所に関してだけではない。それは地域コミュニティの文化に関わる問題でもある。だが、それには複数の水準がある。ブッシュウィックの落書きアート、グラフィティを例にみていこう。

ブッシュウィックは19世紀より工業化が進み、製糖、精油、化学、醸造、縫製業などが発達し、今でも数は減ったものの、工業が営まれている。第二次大戦後、白人の郊外転出とラティーノの移民労働者の転

**写真 4-2**　ドーナツチェーン店の壁画

入がすすみ、2000年には黒人・ラティーノが人口の92％を占め、白人は3％のみとなった（NYU Furman Center 2001）。こうしたなか林立する工場の壁の落書きは同地区の風景の一部となってきた。

だが同地区でもジェントリフィケーションが進むと、次第に「落書き」ではなくストリート・アートとしての「グラフィティ」が描かれるようになった。特に2012年、シチリア移民の息子で地元育ちのジョーが「ブッシュウィック・コレクティヴ」を結成し、アーティストを招聘して壁画を描かせる地域振興プログラムを始めて以来、この流れは顕著になった。次第に同地区は「ストリート・アートのメッカ」として多くの人を惹きつけるようになった。

そうしたなか2016年秋、ニッカボッカ・アヴェニューとジョージ・ストリートの交差点付近に、洗車場にかわってドーナツのチェーン店がオープンした。オープンの半年後、同店の側面に大きな壁画が現れた。コーヒーのタンブラーを片手に微笑む、赤毛の若い女性の横顔とカラフルなトッピングをしたドーナツが描かれている。壁画は落書きアート、グラフィティを模倣したもの

**写真 4–3**　グラフィティの上に設置されたバーボンの広告

と一目でわかる作風だった（**写真**4－2）。ドーナツ店側は「地元の文化に配慮」してこのような作風の壁画を広告代理店に発注したという。だがライアンは、企業が地元文化を模倣して商業的宣伝に使ったり、店の壁に地元住民による「ホンモノの落書き」を書かせないために利用している、として文化の盗用（cultural appropriation）だと批判する(48)。

一方、ジェントリフィケーションが進むにつれて、壁にはグラフィティではなく、広告が増殖するようになった。明らかに広告とすぐにわかるものもあるが、前述のドーナツ店のように一瞬、落書きアートを模倣した壁画風の広告も少なくない。このような壁画風の広告を「ハンドペイントで」やることを売りにする広告代理店も出てきた。広告の増加はアートに使える壁が減ることを意味する。それだけでなく、すでに作品が描かれた壁の上に広告が設置されること――「文化の抹消」――も相次いだ（**写真**4－3）。「ブッシュウィック・コレクティブ」のジョーは苦々しく語る。

ワイコフ通りとスター通りの交差点に、ある女性の姿を描いた美しい作品があった。そのアーティストは、自分のおばあさんが昔ブルックリンに住んでいて、彼女の姿を描いた。描くのに3、4日かかった。大きな作品だった。ある日その辺りを通ったら、作品の上にクソみたいな広告看板が置かれていた。看板の後ろに作品の一部がまだ見えている。作品が広告のクソに生き埋めにされたんだ[49]！（**写真4－4**）

文化の盗用や文化の抹消が昔からの住民にどのような感情を引き起こしているかについては、2014年2月にスパイク・リーがプラット・インスティチュートで行った発言も示唆的だ。リーの講演後に、聴衆の一人が「ジェントリフィケーションのもう一つの側面」について質問し始めたところ、リーはそれを遮って述べた。

> 僕はここフォート・グリーンで、ここニューヨークで育った。街は変わった。だが、なぜ白人ニューヨーカーがサウス・ブロンクスやハーレム、ベッドスタイ、クラウンハイツに大勢引っ越してこないかぎり、街の環境は改善されないんだ？　僕がワシントン・パーク165番地に住んでいた時、ゴミは毎日回収されなかった。第20公立学校は評判が良くなかった。警察もいなかった（中略）そしてやってきたのが最悪のクリストファー・コロンブス症候群だ。この街を発見なんてできないんだよ！　俺たちは前からここにいたんだ。後からやってきて略奪するなんてゆるされない。兄弟たちが最高のアフリカン・ドラムをマウント・モーリス公園で40年以上演奏していたのに、今じゃ新住民がうるさいって言うから演奏できなくなった。父は偉大なジャズ・ミュージシャンでここに1968年に家を買ったが、昨

**写真 4-4**　生き埋めにされたグラフィティ

年新しく越してきた奴に警察を呼ばれたよ。父はエレクトリック・ベースを弾いているんじゃない、アコースティックだ！　1968年に家を買った人間に、今、2013年に警察を呼ぶのか？　ここから消え失せろ！　いや、それはないだろう。地区に移り住むなり、略奪するなんて、最悪のコロンブスみたいにネイティヴ・アメリカンを殺したり、ブラジルで先住民にしたようなことは許されない。新しい場所に来るときには敬意が必要だ。そこにはコードがあり、人間がいる。

こんなこともあった。マイケル・ジャクソンが死んで、追悼パーティーをフォート・グリーン公園で開こうとしたら、突然フォート・グリーンの白人たちは言った。「ちょっと待て！　黒人がマイケル・ジャクソンの追悼パーティーを開くことは認められない。誰が地区に来るんだ？　ゴミを大量に残すだろう」ってね（中略）我々黒人は開催場所をプロスペクト公園に変えねばならなかった！

彼らは地区に越してきたばかりだ。来たばかりでそれはないよ。俺は民主主義に賛成だし、皆が楽しめればいいと思う。でも相手に敬意を持たねばならない。何世代も受け継いできた文化があるところに、移り住んでいきなり、それはクソだから変えろなんて、それはないだろう？　消え失せろ！　ダメだよ！　（中略）俺たちはずっとここに居たんだ！（Coscarelli 2014）

問題は新しい住民が転入してくることではなく、転入してきた住民がもとからの住民の文化やコードを理解したり敬意を払わず、自分たちの基準にもとづいてそれを否定したり排除しようとすることだ――リーの言葉は、こうした状況に対する地元住民の怒りを表している(50)。

## 5　地元で「部外者」になる

本章は、ジェントリフィケーション進行地区にとどまる住民の「変化とともに生きる」経験に光を当て、ジェントリフィケーションが引き起こす変化が必ずしも昔からの住民の利益になっていないこと、不利益を生み出す場合もあることを明らかにした。

新たな住民の転入とともに生じる地区の物理的変化と象徴的変化を昔からの住民はすべて否定的に捉えているわけではない。だが同時に、自分たちの文化やコミュニティが尊重されていないと感じていることもわかった。昔からの住民がおぼえる「居心地の悪さ」について率直に話してくれたのが、ベッドフォード＝スタイヴェサントで生まれ育ったアイリーンだ。

自分の夢をもって、その夢を叶えられるのはニューヨークだと考え、ニューヨークに移り住み、夢を叶えようとする人はアメリカ中にいるでしょう。そのように行動する人を批判するつもりはありません。私が彼らでも同じようにしたでしょう。基本的に私は新しいレストランやコーヒーショップみたいなものも評価します。それ自体は不愉快ではない。ただ、こうした店に行くと、たいてい、皆白人で私がたった一人の黒人になるわけだけれど、そのことにとても怒りを覚える。この地区は彼らよりも前にまず私の地区なんだ、と思うから。でも彼らは自分たちにこそ権限があるかのように我が物顔で振る舞い、前からいた人間やこの地区が昔どうだったかということに注意を払おうともしないのです。そこに腹がたつのです(51)。

ここで起きていることとは、イギリス中部の労働者コミュニティを舞台に、昔から住んでいた「定着者」たちが、後から転入してきた住民たちを「部外者」の位置に追いやり固定化するというノルベルト・エリアスの「定着者―部外者モデル」（Elias 1965=2009）とは真逆の現象である。地区に後から転入してきた住民によって、地元住民が次第に「部外者」意識をもつようになるという「定着者―部外者モデルの逆転」が起きている。物理的な追い出しを経験せず、その場に住み続ける住民も、自分たちの存在や文化が軽視・無視されているようなマイクロアグレッションに日常的にさらされ、「その場にいながら排除される」感覚を抱かざるを得ない状況にある。このような「敵対的環境」に対する反発が生じている。

前章でみたように、マルクーゼは地域住民たちが「自分の居住地で居場所を失う」感覚を集合的に抱くという「立ち退き圧力」の存在を指摘し（Marcuse 1986）、またマイケル・チャーノフは、自分たちとは属性の異なる新住民の増加とそれに伴う変化が「自分たちも立ち退かされるかもしれない」という不安を強化することを「社会的立ち退き」と表現した（Chernoff 1980: 204）。さらにローランド・アトキンソンは、ある地域にとどまる人びとが、その場所の性格が変化するにつれて疎外感を覚えたり、地域との断絶を感じることを「ホームを失う unhoming」と呼んだ（Atkinson 2015: 375–377）。

こうした研究の系譜を参照しつつ、本章ではこのような「地元の喪失」が単なる感覚の問題ではないことを見てきた。それは同時に住民の生活を物理的に不便にしたり、住民のセーフティネットとして機能し、また文化的アイデンティティの拠り所にもなってきた「コミュニティの解体」という実質的問題を引き起こしており、こうした実質的な不利益が感覚の問題と不可分である。つまり、「地元の喪失」という認識は単なる個人の主観的なものではなく、客観的な状況や共通の経験や言論のなかに埋め込まれた集合的なものでもある。

本章は、ジェントリフィケーションが立ち退きを引き起こしたり、景観・住民構成の変化をもたらしたりするだけでなく、「他者と出会う」経験も引き起こしていることを昔からの住民の視点から考察した。だが、このような「出会い」を新たに地区に転入してきた住民はどのように経験しているのだろうか。次章では新住民や利用者の視点からジェントリフィケーション進行地域で生きるという経験を考察する。

（1）本節の記述は森（2018a）に加筆・修正を加えたものである。
（2）２０１６年４月９日のインタビュー。
（3）２章でも示したように、人口統計を検証するとセントラル・ブルックリンの立ち退きや人種構成の変化は急に生じているのではなく、一定の時間をかけて進行している。
（4）「新住民中心主義」批判としては都市再開発の批判的分析を行うポール・ワット（Watt 2014）、「立ち退き中心主義」の批判についてはオスロのジェントリフィケーションを分析したトゥーヌ・ヒュセ（Huse 2014: 21–22）を参照。
（5）Badger（2020）。だがこのような議論を示したあと、記事の後半では家賃の低下は高級マンションの家賃に関してであり、下から3分の1の低所得層の家賃はむしろ上がることが同じ研究結果で示されており、「昔からの住民の恐怖に根拠がないわけではない」とも記されている。さらに当該調査は市場価格の物件のみを対象としており、ニューヨーク市の賃貸住宅の半数近くを占める家賃規制住宅は除外したデータである。そのことからも「昔からの住民」への家賃上昇のインパクトは記事で書かれている以上だと考えられる。
（6）２０１７年９月７日のインタビュー。
（7）ジェントリフィケーションのトリクルダウン仮説については、矢作による概要の紹介を参照のこと（矢作 2020: 67）。
（8）２０１６年10月10日のインタビュー。

（9）　２０１６年９月11日のインタビュー。
（10）　農林水産省ＨＰ（https://www.maff.go.jp/j/shokusan/eat/syoku_akusesu.html　２０２１年６月22日閲覧）。
（11）　２０１６年８月９日のインタビュー。
（12）　２０１６年５月13日のフィールドノート。
（13）　２０２０年１月１日のインタビュー。
（14）　同上。
（15）　同上。
（16）　２０１７年８月30日のインタビュー。
（17）　https://sociology.yale.edu/publications/more-coffee-less-crime-influence-gentrification-neighborhood-crime-rates-chicago　２０２１年６月22日最終閲覧。
（18）　同社の「エシカル」を売りにしたビジネス展開についてはサイモン（Simon 2009=2013）と訳者宮田によるあとがきを参照のこと。
（19）　https://www.amny.com/eat-and-drink/starbucks-bed-stuy-1.17858536/　２０２１年２月21日最終閲覧。
（20）　皮肉なことに「黒人地区の支援」を謳った同店開店から２週間も立たない同年４月13日、フィラデルフィアにあるスターバックスで人を待っていた黒人男性２名が、「商品を買わずに店内にいる」との理由で店員に通報され、警察に逮捕される事件が起き、大規模な抗議運動が起きた（https://www.theguardian.com/us-news/2018/apr/16/arrest-of-two-black-men-at-starbucks-for-trespassing-sparks-protests　２０２１年２月21日最終閲覧）。
（21）　この点については本章４節のリーの引用も参照のこと。
（22）　２０１６年８月25日のインタビュー。
（23）　条例の背景にはフラットブッシュ商店街が自分たちの商売の妨害になると訴えたことがあった。しかし露天商を支援するＮＧＯ Urban Justice Center の露天商プロジェクト代表のモハメッド・アティアは「露天商の大半は同じ商品を売っておらず、競争は生じていない。露天商も同じスモール・ビジネスと認めるべきだ」と主張する。２０１７年９月３日のインタビュー。

(24) ２０１７年９月３日のフィールドノート。
(25) ２０１７年８月24日のインタビュー。
(26) ２０１７年８月30日のインタビュー。
(27) ２０１６年７月27日のインタビュー。
(28) もっとも工業社会の痕跡は即座に消えるわけではない。カーレンはウィリアムズバーグ地区には依然として製造業が多く残っていること、ただし造船などの重工業からオーダー家具や高級靴などの小規模製造業に変化したことを示し、地域工業が時代の変化に適応し、新住民のニーズに適う商品を生み、激しい競争を生き延びていることを明らかにした。またジェントリフィケーションが起きても工業が存続する条件として小規模であることと特定の客層に向けたハイエンドな製品を提供することの2点を挙げた。このような条件を満たさない、昔ながらの大規模工場は同地区で消滅したが、それらはグローバルな競争に負けた結果ではなく、デベロッパーが工場や倉庫などを買い取り、住宅や商業施設にコンバージョンした結果だと指摘した（Curran 2010: 875–879）。
(29) https://www.metropolitiques.eu/The-Hollowing-Out-of-New-York-City.html　２０１９年８月８日最終閲覧。
(30) 本節のエリザベスの言葉は２０１９年３月26日のインタビュー。
(31) 本項の記述は森（2020c）に加筆・修正を加えたものである。
(32) ２０１６年４月17日のインタビュー。
(33) ２０２０年１月１日のインタビュー。
(34) このようなマーケティング戦略は以前から存在したが、新しい点はそこにＩＴテクノロジーが組み合わさり、名称変更の影響の規模と速度が飛躍的に増大した点だろう。地区のイメージを変えるために生み出された新たな名称はグーグルマップに掲載されることで、地元住民の許可なしに「承認」され、ウーバーやエアＢ＆Ｂにも掲載されて急速に「定着」したのだった。
(35) ２０１６年９月30日のインタビュー。ニューヨーク以外の事例としては、デトロイトの事例を取り上げた以下の記事を参照（https://www.nytimes.com/2018/08/02/technology/google-maps-neighborhood-names.html　２０２０年１月５日閲覧）。

(36) もっとも、二つの法案はいずれも成立しなかった。最大の理由にニューヨーク市は市として公式な地区の名称や境界を定めていないことがあった。全米で指定されている「全国歴史区域（National Historic District）」を除き、ニューヨーク市には公式な地区名が存在しない。これまで地区名は都市計画の立案者や地域コミュニティの手に委ねられ、用いられてきた。そしてこの点こそが、ニューヨークで地区名の変更をめぐる摩擦を生む原因となっている。ブルックリン歴史協会のジュリ・ゴリアもこの点を指摘する。「行政が地区名や境界を定めている都市に比べ、それを行わないニューヨーク市では、コミュニティの住民が地区の名称に対して、かえってより大きな思い入れや愛着、意味を感じているとも考えられます。地区の名称が人種やエスニシティの対立の争点となったり、再開発を象徴するものとして受け止められやすいのです」（２０１６年９月30日のインタビュー）。

(37) ２０１６年８月９日のインタビュー。

(38) ２０１６年６月６日のインタビュー。

(39) ２０１７年９月２日のインタビュー。

(40) ２０１６年５月１日のインタビュー。

(41) 序章１節でもとりあげた、ブルックリン出身のラッパー、ノトーリアスＢ・Ｉ・Ｇのヒット曲「ジューシー」の一節、"Spread love, it's the Brooklyn way"を指した発言。

(42) ２０１６年10月10日のインタビュー。

(43) アップローズが作成した対案は以下のサイトを参照のこと（https://static1.squarespace.com/static/581b72c32e69cfaa445932df/t/5db7472a7995c832dab728e9/1572292396282/UPROSE+Response+to+Menchaca_Report.pdf　２０２１年6月21日最終閲覧）。

(44) "In Sunset Park, a call for "innovation" leads to fears of gentrification," *New York Times*, 2016/03/06.

(45) 「植民地化」の指摘は、ブルデューのアルジェリア研究を空間闘争の視点から考察した石岡が植民地が「民を植える土地」であり、そのためにもとからその地にいた人間を除去し、移動させることにこそ植民地主義の本質のひとつがあるとした分析にも通じる（石岡 2013: 3–4）。

(46) ２０１７年８月11日のインタビュー。

（47）本項の記述は森（2020d）に加筆・修正を加えたものである。
（48）2020年1月1日のインタビュー。
（49）2016年8月20日のインタビュー。
（50）リーの『ドゥー・ザ・ライト・シング』には住民間の文化をめぐる対立が随所に散りばめられている。なかでも巨大なラジカセをいつも持ち歩き、大音量でラップを聴く黒人の若者、ラジオ・ラヒームが地元でピザ屋を経営するイタリア系白人サルに「音楽がうるさい、迷惑だから消せ！」と怒鳴られたことに対して「これは俺の音楽だ！」とキレる場面は文化の抹消への怒りを象徴的に描いている。
（51）2017年9月2日のインタビュー。

# 5章 地域の新たなアクターたち
## ジェントリファイアー論再考

### 1 はじめに――「新住民」の表象と実態

前章（3節）でとりあげたルークは地元の変化に必ずしも肯定的ではなく、ときに憤慨していた。だが同じ街の変化を好意的に受け止める住民もいる。スタイヴェサント通りとマクドノー通りの交差点付近の美しいタウンハウスに住むゴーとフェルナンドは地区の変化を歓迎する。ファッション業界の広報と企画に携わる2人は30代半ばで、5年前からこの建物に住む。マンハッタンのイーストヴィレッジに住んでいたが、大家が部屋を売ることになり、家賃の安いこの街に移り住んだ。当初は近隣に店が少なく、2人は生活のほとんどを地区外で過ごしていた。ところが次第にカフェやレストラン、ワインショップ、オーガニック食料品店がオープンし、生活のほとんどが近隣で事足りるようになった。お気に入りはトラッド・ルームという名前の「日本食レストラン」だ。長年借り手が見つからないまま放置されていた場所に1年前にオープンしたその店は、濃い茶色の木を用いた落ち着いたインテリアで、食事は「アンチョビ・エダマメ」や「カルボナーラ・ラーメン」などが出されるネオジャパニーズで、2人は同店の常連だ。「この2、3年で本当に変わりました。この街にこんな店ができるとは、5年前には考えられませんでした(1)」。ハーレムと並ぶ、ニューヨーク最大の黒人街のただなかに位置するにもかかわらず、店内は客もホールスタッフにも黒人はいない。このことはニューヨーク最大の黒人街の足元で大きな変化が起きていることを物語る。変化の著しい街に新しくオープンする店の一つ一つは、単なる店という次元を超え、階級と人種が交差する地域社会の力関係を象徴する空間として住民や利用者の前にたちあらわれる。こうした変化をルークは「昔からいた住民を阻害するもの」として捉えていた。反対にゴーとフェルナンドにとっては、地区が暮らしやすくなることを意味する。

ジェントリフィケーションは、ゴーとフェルナンドのような新住民たちによって引き起こされているという説は1980年代より展開されてきた。新住民はジェントリファイアーと呼ばれ、その社会的属性や文化的嗜好は研究対象となってきた（cf. Rose 1984）。2017年ケイ・ヒモヴィッツは著書『新しいブルックリン』で「実際にジェントリフィケーションを引き起こす人」として「長年避けられてきた地区に20世紀終わり頃、突如転入するようになった人びと」をあげている（Hymowitz 2017: 50）(2)。

だが新住民がジェントリフィケーションを引き起こすとはどのような意味においてであり、この解釈はどの程度妥当なのか。本章は先行研究で示されたジェントリファイアー像をふまえつつ、2010年代後半以降のセントラル・ブルックリンにおける「新しいアクターたち」――住民だけでなく、働く人たちも含む――の実態を多角的に捉え、既存のジェントリファイアー研究を再検討する。まず、第2次大戦以降の米国社会における家族変容と都市変容をふまえ、ジェントリファイアー研究の歴史的意義を確認した後

（2節）、そこで示された「新中間階級」というカテゴリーがジェンダー、セクシュアリティ、エスニシティ面でどのような特徴をもつものとして描かれたのかを現在のブルックリンの実態と比較しながら示す（3節）。さらに「新中間階級」概念が提起する問題を検証し（4節）、最後に総括として「ジェントリファイアー」と「ジェントリフィケーション」の関係性を考察する。

## 2 「ジェントリファイアー」の誕生と郊外化政策の影響——米国の文脈の特殊性

「ヤッピー」「ヒップスター」「ボボ」——ジェントリフィケーションという現象が社会的に注目されるのにともない、そのような地区に転入する新住民は「ジェントリファイアー」以外にもさまざまな名称で呼ばれ、注目を集めてきた(3)。

1980年代よりジェントリファイアーの独自の美学や消費行動に注目する数々の研究も行われてきた(4)。代表的なものとして、地区の建築や歴史、住民の多様性など「文化的におもしろい」ことを基準に居住地を選び、「自分たちが払える金額」と「美的感覚」の間で「釣り合いをとる」ジェントリファイアーの姿を描いたズーキンの分析がある（Zukin 2016: 203）。また新住民の美意識や生活様式が都市景観にどのような変化を与えているのかを分析した研究（cf. Clerval 2013）や新住民の政治的立場についての研究も複数存在する(5)。

だが以上のジェントリファイアー像が現状に合致しているのかを問い直す必要もある。まずは「ジェントリファイアー」というカテゴリーが、戦後の米国を特徴づけた郊外化政策との関連でどのように形成されたのかを確認していこう。

## 「消費論」の起源——ポスト工業化とポスト郊外という文脈

米国におけるジェントリフィケーション研究は1970年代ニール・スミスを中心に展開され、マルクス主義の影響のもとで資本主義の展開を説明変数とした「生産サイド」論が主流だった。これに対してデヴィッド・レイやクリス・ハムネットらによる「消費サイド」論は、脱工業化による産業構造の転換を背景に、増大したホワイトカラー層が都市回帰を志向することで生まれた「需要」から都市変容を説明した。

だが米国の文脈でこの議論を理解するには、第2次大戦後の郊外化政策とそれが都市に与えた影響もふまえる必要がある。冷戦構造の下、都市機能の集中を回避する目的で連邦政府は郊外化政策を推進し、ニューヨークでも1950年代以降ホワイト・フライトと呼ばれる都市部の白人住民の郊外転出が進んだ。だが同時期のニューヨークでは、郊外ではなく都市に住もう、残ろうとする人たちも現れ、行政主導の再開発への反対運動が組織された。数多くの抗議運動が展開されたが、なかでも知られるのはジェーン・ジェイコブズが牽引したローワーマンハッタン高速建設反対運動だ。

## 新たな都市改良運動の展開

ジェイコブズが運動を通して展開したのは、建築モダニズムへの痛烈な批判だった。合理性と効率性を追求するモダニズムに対し、ジェイコブズは都市に不可欠な要素として多様性を擁護した。そして自動車優先型の開発計画ではなく徒歩優先型のまちづくりを、新しく巨大で画一的な集合住宅の建設ではなく古くて個性ある建物の改修による街の改善を主張した。また行政主導のトップダウン型再開発ではなく、住民主導のボトムアップ型のまちづくりをしようと訴えた。

ジェイコブズの思想は「郊外化」が主流だった時代に大きなインパクトをもって受け止められた（五十嵐 2018）。そして工業社会からサービス情報社会への産業構造の転換、公民権運動や女性解放運動などの活性化、コミュニティ・レベルでの都市改良運動といった複数の要因を背景に、都市で新しい生き方を探る動きが広がるなか、ジェイコブズの思想を実践に移す試みが１９６０年代のニューヨークに現れた。

その実践の場の一つとなったのが、ロバート・モーゼズによる大改造でリニューアルされたマンハッタンとは対照的に、脱投資で衰退していたブルックリンだった。なかでも重要なのが、ブラウンストーナー（Brownstoner）と自ら名乗ったブルックリンのタウンハウス保有者による改修・保全運動だ。19世紀末にブルックリン橋が完成した後、ブルックリン南部や中部にはマンハッタンで働く上位中間階級向けにブラウンストーン建築と呼ばれる赤茶色の石を張ったタウンハウスが建設された。だが戦後の脱工業化と郊外への人口流出が進むなか、ブラウンストーンは次第に遺棄され、地区は荒廃した。その対策として自分で空き家を修繕すれば居住を認めるスウェット・エクイティ制度をニューヨーク市が奨励すると、ブラウンストーンを修繕して居住する白人の若者たちが現れた。

この都市改良運動と変容を分析したのがスレイマン・オズマンの研究だ（Osman 2011）。１９６６年マンハッタンから高学歴の白人の若者たちがブルックリンに移り住み、ブラウンストーンを改修して暮らし始めた。だが同じ時期に行政が、老朽化し空き家となったブラウンストーン建築を取り壊す事業を進めようとしたため、若者たちは「ボーラム・ヒル・アソシエーション」を結成し、異なる背景をもつ近隣の住民たち――昔からの住民であるアフリカ系アメリカ人、カリブ海やラテンアメリカからのニューカマー移民――と共同戦線をはり、モダニズムの都市再開発と闘った。

## リベラルな価値観と保守主義との親和性

ところがそれから15年も経たない1980年、「ボーラム・ヒル・アソシエーション」の持ち家保有者たちは、かつて共闘した人種マイノリティの住民から「デベロッパーと結託してジェントリフィケーションを引き起こしている！」と激しく非難されるようになった（Osman 2011: 4–6）。いったい何が起きたのだろうか。

注目したいのは、1960年代の「ボーラム・ヒル・アソシエーション」の若者たちがブラウンストーンに居住することに、単なる居住以上の意味を付与していたというオズマンの指摘だ。それはジェイコブズの都市論に影響を受けた近代アーバニズムへの反発であると同時に、均質的で保守的な郊外文化への反発でもあった。

ブラウンストーニングは同一性、体制への順応、官僚主義といったものに対する文化的反抗だった。都市における官僚支配が進むなか、ボーラム・ヒルは「リアルな街」であり、近代社会で失われたオーセンティックなコミュニティの残存物だった。「多くの熱狂的なブラウンストーナーのなかでも『郊外の退屈な同質性』を逃れて最近移住したばかりの人たちは、都市で暮らすことを決断したことの社会的価値を強調する」と地域住民団体の会報『ブラウンストーナー』には書かれている。マンハッタンの都心と郊外が細胞分裂を起こすかのように大量生産されるのに対し、ボーラム・ヒルは「歴史があり」、

「多様性のある」街として映るのだ（*ibid*.: 5–6)。

オズマンの著書では、副題にもある「オーセンティシティ」の希求がブラウンストーナー運動において極めて重要だったと述べられているが、この「オーセンティシティ」は単なる（19世紀の歴史的建築を改修するという）文化や美意識にかかわる問題ではなかった。同時にデイヴィッド・リースマンやウィリアム・ホワイトなどの社会学者が批判した、第2次大戦後の大量生産・消費と合理化・画一化に特徴づけられる郊外文化への反発という意味も内包していた。それは産業構造の転換が引き起こした社会変化とその帰結としての家族の変化、さらに黒人公民権運動やフェミニズムに代表される新たな対抗文化の醸成といった複数の潮流の合流地点で生まれた。ジェントリファイアーの先駆的存在であるブラウンストーナーの誕生は、戦後の「郊外型中間階級」とは異なる指向性をもつ新たな都市型中間階級の誕生でもあった。「オーセンティシティ」概念は少なくとも当時の文脈においては単なる空虚なキーワードではなかったのである。[6]

だが同時にオズマンは、人種の面も階級の面も異なる昔からの住民と共闘する初期ジェントリファイアーにはリベラルな価値観だけではなく、ある種の保守性も見出されていたと強調する。

ブラウンストーナーと同盟者たち〔引用者註：昔からの住民たち〕は高速道路や再開発マスター・プランなど官僚が決めた計画を警戒し、住宅の改修や持ち家取得、私有化、民族的遺産、歴史、自己決定、コミュニティによる地区改良を重視した。１９７０年代の新しいローカリズムは革新的価値観と保守的価値観をあわせもっていた（中略）１９７０年代末になると、この新ローカリズム的リベラリズムは意図せぬかたちでナショナルな保守運動と接続し、政府の規制と地域レベルの都市計画に反対する立場をとった。その結果、保守と革新の両方にルーツをもつ反国家の政治が誕生した。ネオリベラリズムの誕生がオレンジカウンティや郊外ではなくパークスロープやヘイトアシュベリーで起きたと言ったら言い過ぎかもしれない。だが近年の歴史研究の多くが示すように、保守思想は思いがけない場所で出現したのである（*ibid*.: 14）。

米国においてジェントリファイアーは、戦後の郊外化政策とその過程で生まれた文化やライフスタイルとの関係性のなかで誕生した。それはオズマンが示したように、郊外の保守文化との差異化を強く求める一方、「私有化」や「国家の介入への反発」など、１９８０年代以降の新保守主義とも親和的であるという両義的な性格をもっていた。

## 3　ポスト近代家族と新中間階級論——ジェンダー・セクシュアリティ・エスニシティ

ジェントリファイアーというカテゴリーは「新中間階級」という視座から注目され、ジェントリフィケーション研究でも盛んに論じられた。これらの研究は「新中間階級」のジェンダー、セクシュアリティ、エスニシティ面での特徴に関心を寄せ、都市に流入するジェントリファイアーに白人女性と同性愛男性が多い点に注目した。分析で用いられたのは、郊外から都市に移住することで保守的な規範を逃れ、自由を獲得するというポスト近代家族の枠組みに立った解放仮説だった。本節ではこれらの研究を21世紀のブルックリンの実態に照らしながら再検討する。

## （1）「女性解放を可能にする都市」とグローバル秩序のローカルな表出

### 都市変容と女性解放

ジェントリフィケーションとジェンダーの関係を考える前提として、20世紀以降の都市理論が男性中心的に構築されてきた点があげられる。[7] 都市社会学という学問領域を切り開いたシカゴ学派の研究群はギャング（Anderson 1923）、ホーボー（Thrasher 1927）、コーナー・ボーイズとカレッジ・ボーイズ（Whyte 1943）、スラムの社会秩序（Suttles 1968）、ブルーカラー労働者（Kornblum 1974）、ストリートのコード（Anderson 2000）など男性社会を飽くことなく描き出した。女性は登場してもほとんどが脇役で、女性を中心に扱ったものは例外的だった（Presser 1980, Stack 1974, Susser 1982）。

だが１９８０年代より、ジェントリファイアー研究でも女性に焦点をあてた分析が行われるようになった（Markusen 1981, Rose 1984, Bondi 1991）。背景には１９７０年代半ばよりフェミニストによる「郊外家族の神話」の批判が重ねられ（cf. Friedan 1974）、米国社会を変容させた「郊外」が女性の就労機会や社会的モビリティを妨げたという認識の定着があった。また産業構造の転換によって女性の労働市場参入が進んだこともジェントリフィケーション研究の動向に影響を与えた。

初期のジェントリファイアー研究が依拠したのはポスト近代家族の枠組みだった。マークセンはジェントリフィケーションを家父長制世帯の崩壊と関連づけ（Markusen 1981）、マッケンジーはカナダの都市発展とジェンダー分業の過程の同時性を明らかにした。工業化によって都市が女性にとって「危険な場所」となり、職住分離と郊外居住が進んで専業主婦が生まれたが、生活コストや養育費が上昇し、女性が働きに出ざるを得なくなると、職住分離型の郊外居住では家庭と仕事の両立が難しいことから「都市回帰」の動向が強まった（Mackenzie 1988）。こうした文脈において、ジェントリフィケーションを職住近接を可能にする「解決策」と捉える研究が出てきた（cf. Warde 1991）。そして郊外から都市への移住によって女性が規範から解放される姿や、仕事と家庭を両立させていることを強調し、女性をジェントリフィケーションから恩恵を受ける存在として描きだした（Warde 1991, Smith 1996）。

その一方、女性をジェントリフィケーションの動因と捉える研究も行われた。高学歴化が進み、家庭と仕事の両立をのぞむ女性が増え、それが新たなサービス需要や、そうした資源の集中する都市への居住志向を生み出したことが示された。これらの研究は、女性をジェントリフィケーションの恩恵を受ける存在というよりも、変化を引き起こす原動力と位置づけた（Wekerle 1984, Rose 1984, Beauregard 1986, Bondi 1991, Curran 2018）。

だが、女性の社会進出を焦点化した都市解放仮説とは異なる分析もある。その一例に、デセナによる中間階級の家族の教育戦略研究がある。それによれば、都心に転入したジェントリファイアーの親は、貧困層の多い地元の学校に自分の子どもを通わせないために多様な戦略や実践を用いているが、そのような実践は共働き世帯であってもほとんど母親によって担われていた。こうしてデセナは、ジェントリフィケーション地区における女性の役割の再編を明らかにした（DeSena 2006）。

### グローバルな人種間格差のローカルな表出——ナニーの存在

先行研究で見過ごされてきた論点もある。カーランは先行研究がジェントリファイアーの女性ばかりをとりあげてきたと批判し、旧住民の女性がジェントリフィケーションで立ち退かされたり、他の影響を受けていることも研究すべきと主張する（Curran 2018: 3–6）。

だが、ジェントリフィケーションとジェンダーの関係を考える上でもう一つ重要な対象がある。先行研究は女性の労働市場への進出と都市部における新たなサービス需要の関係というメゾレベルの変化を明らかにした。このようなサービスの需要は、それを担う労働者を必要とする。そして社会進出を果たすポスト近代家族の新中間階級の女性にサービスを提供する労働の多くは低賃金労働であり、その担い手もまた女性であり、大半は移民の女性である。この移民女性の存在もジェントリフィケーション進行地区の風景に変化をもたらしている。

その一例としてブルックリン南西部のキャロル・ガーデンズ地区の事例をみよう。マンハッタン中心部から地下鉄で30分の同地区は、ブラウンストーン建築のタウンハウスが立ち並ぶ高級住宅街で、目抜き通りにはオーガニックのスーパー、ペット・ショップ、高級自転車店、ヴィーガン・レストラン、ワインショップ、ヨガ教室、洒落たブティックが並ぶ。片隅に昔ながらの定食屋や食品店、バーベキュー・レストランなどが数軒、ひっそりと建っていることだけが過去の痕跡をかろうじてとどめている。

同地区では2000年代後半より白人世帯の転入が進んだ。大半は30代の高学歴専門職で、子どもができたのを機により広いスペースを求めて転居した世帯だった。平日の昼下がりに同地区を歩くと、公園で子どもを遊ばせたり、ベビーカートを押して歩く人の姿を目にする。子どもは白人だが、連れているのはカリブ海やラテンアメリカ出身の女性たちだ(8)。天気の良くない日や寒い季節は公立図書館の子ども向けのスペースで、白人の子どもを連れた彼女たちを見かける。自分と肌の色の異なる子どもの面倒をみる保育労働者、通称ナニーの姿は同地区の風景の一部となっている。

グローバル・シティ論に代表されるように、都市の発展と富裕層の集中は低賃金サービス労働の需要を生み出し、それに従事する移民労働者を引き寄せたが（Sassen 1991, 2005, Angotti 2008）、なかでもジェントリフィケーション進行地区では、ナニーが働く母親の家庭と仕事の両立を可能にしている。重要なのは、それまでの女性の無償労働が外注化されるという「ケアの商品化」だけではない。外注化ができるだけ安い値段で行われることが、ジェントリフィケーション進行地域で新中間階級が快適な生活を送る条件となる。この点についてカーランも指摘する。

ジェントリフィケーションはワークライフバランス問題に対して、市場志向型、かつ個人化され私有化された空間的解決策を提供する（中略）だがこの私有化された解決策は労働者階級で人種マイノリティの女性たち、移民、高齢者、障害者らをより一層不利にする（中略）女性が無償で行っていた家事労働――子守や調理、清掃など――は移民による低賃金労働に置き換えられた（Curran 2018: 6）。

ニューヨークの保育労働者の95％が女性で平均年収2万2984ドル、家事労働者は84％が女性で平均年収は2万8852ドル、介護労働者の88％が女性で平均年収は2万4544ドルとなっている（Curran 2018: 45）。担い手の大半は人種マイノリティの女性で、特にニューカマー移民が多い。人種マイノリティのニューカマー移民女性がグローバル都市での女性の社会進出を支えている（森 2020a）。

ナニーは様々な困難を抱えながら就労するが、ここで注目したいのはナニーの労働と雇用するジェントリファイアーの女性の労働の関係性である。まず時間の問題を見てみよう。ナニーとして働く女性たちが「仕事で困っていること」の一つに勤務時間の不規則さがある。アニーは金融関係と非営利団体で働くカップルの家庭にフルタイム雇用され、4歳と2歳の子どもの面倒をみているが、仕事が終わる時間は決まっていないも同然だという。

一応、朝8時から夕方6時までということになっているけれど、2、30分の遅れはざらです。6時15分前に電話がかかってきて、今晩はディナーが入ったから10時ごろまで延長してくれる？　なんてこともあります。それで帰ってくるのは11時半だったり。だから仕事の後に予定を入れることはまず無理です。(9)

エルザの勤める家庭は2人とも弁護士事務所で働くが、彼女の勤務時間も不規則だ。16歳の息子を抱える彼女は、そのような労働形態にストレスを感じている。

お父さんかお母さんのどちらかが帰ってくるまでいるという約束になっています。時間は安定しません。私にも息子がいるので、時間が決まっていないことにストレスを感じるけれど、適応するしかない。終わると「あと1時間で帰る」とメッセージを送っています。だから終了時間は「あと1時間後」(10)！

ナニーの就労時間の不規則さは、雇用者である女性たちの就労時間の不規則さと直結している。現代社会では状況に応じてフレキシブルに働くことが求められる。完全に時間を予測して働くことは「クリエイティブ・クラス」のエリートにも困難だ。このような働き方を可能にするのが、フレキシブルに対応するナニーの存在だ。

時間だけでなく、ナニーを雇用する女性たちが働く場所も、ナニー自身が働く場所に影響を及ぼしている。ナニーを雇用する女性にはさまざまな事情から自宅を職場として「リモートワーク」する者がパンデミックの拡大以前から少なくなかった。彼女たちが自宅で仕事をすることはナニーが子どもを一日中外に連れ出すという条件下で可能となる。公園や図書館で子連れの彼女たちを頻繁に見かける背景には、自宅で働く女性の存在も関係している。だが長時間屋外で、しかも子どもの安全を確保しながら労働することを負担に感じるナニーは少なくない。ナルバタもその1人だ。

公園に行って、日にさらされて、風にさらされて、とてもきつい。遊びに行くのではなくて、外にいなければならない。自分がトイレに行きたくても我慢しなければならないこともしょっちゅうあります。だから膀胱炎になる。図書館が空いてない時間帯や閉まっている日はどこに行くかをいつも考えなければならない(11)。

ニューヨークのように生活コストも住宅費も高い都市で、女性が家庭と仕事を両立させ、新中間階級が快適な生活を送るには、女性が無償で担ってきた再生産労働を低賃金、かつフレキシブルな労働条件で外注することが必要となる。このような無償労働の外部化は、ランドストロームが別の文脈で指摘したように、植民地支配下で構築された権力関係の「遺産」、すなわちトランスナショナルな人種秩序と社会経済格差によって支えられ、再生産される（Lundström 2014: 8）。

以上は、渋谷望がグローバル・シティ論を参照しながら行ったジェントリフィケーション進行地区の階級再編の議論――グローバル都市の中核労働者である「新しい住民」、立ち退きの危機にさらされる「古い住民」、中核労働者が必要とする「雑務」を担う「新しい移民」で構成される――と重なるが（渋谷 2015: 16）、それはジェンダーに強く規定され、また植民地主義の影響を受けている。そして「新しい移民」は単に「雑務を担う」だけではなく、グローバル都市の再生産を支えているのである。

## （2）セクシュアル・マイノリティと都市、人種

### ゲイバーフッド論とは何か――被抑圧者の砦かジェントリフィケーションの原因か？

ジェントリファイアー研究はセクシュアル・マイノリティの存在にも光をあててきた。ジェンダーに焦点をあてた研究と同様に解放仮説に依拠した研究のほか、都市に少数者コミュニティを築くことの意味や都市空間に及ぼす影響の研究が１９８０年代以降、進められた。

初期の代表的なものにマニュエル・カステルの研究がある。カステルはサンフランシスコの「ゲイ集住地区」カストロがどのように形成されたのかを検討し、都市にゲイ・コミュニティが形成され、集まる場ができたことがゲイ解放運動の展開に大きな影響を与えたと指摘した（Castells 1983=1997）。この議論はその後多くの批判を受けてきたが[12]、ゲイ男性の空間的集中とアイデンティティ、運動の研究は活性化し、

「ゲイバーフッド研究」という分野が発展する契機となった。

カステルは、ジェンダー別賃金格差などを理由に、セクシュアル・マイノリティの空間的集中は「ゲイ男性に固有のもの」と主張したが、レズビアンの都市集住もゲイ集住に比べると数は少ないが存在する。なかでもブルックリンのパークスロープは代表的事例のひとつである（Rothenberg 1995, Gieseking 2013, Tissot 2018）。同地区では1970年代よりコミュニティ向けのサービスが提供され、1980年代初頭にはレズビアン地区として知られるようになった（Tissot 2018: 96）。[13]

一方、セクシュアリティとジェントリフィケーションの関係を扱った初期の研究には、セクシュアル・マイノリティを「マージナル・ジェントリファイアー」と捉える傾向がみられた（Rose 1984）。白人中間階級が郊外に居住し、「チョコレートの都市・バニラの郊外」が主流だった時代に、セクシュアル・マイノリティは安心できるコミュニティと安い家賃を求めて都市の一部の地域――多くの場合、貧困層の人種マイノリティが集中する衰退地域――に転入し、都市の変化を生み出した。だが、そのような動向に目をつけた上位中間階級や不動産業者が投資を行い、ジェントリフィケーションが進み、住宅市場が高騰すると、セクシュアル・マイノリティの住民は立ち退かされた。以上の理由から初期のジェントリファイアー研究は、セクシュアル・マイノリティをジェントリフィケーションの犠牲者として描いてきた（Gieseking 2013）。

だが、このような表象にも変化が生じている。セクシュアル・マイノリティのなかでも、特に白人中間階級のゲイ男性に光をあて、ジェントリフィケーションの犠牲者ではなく「パイオニア」として、被支配者ではなく支配者として描く研究が増えたのである。

その一つがラリー・ノップの分析だ。ノップは、カステルの分析では光が当てられなかった階級の役割に注目し、ジェントリフィケーションの過程に影響を与えるのはゲイ・アイデンティティだけではなく、階級の利益でもあることを指摘した（Knopp 1990, 1997）。またシルヴィー・ティソはボストンのサウスエンド地区の変容を論じた研究で、そこで暮らす富裕層のゲイ男性たちの経済力・政治力や、結婚への希求に表われるような「異性愛規範」の内面化といった保守的な傾向を明らかにした（Tissot 2011）。

だが「パワフルなゲイ」表象を決定づけたのはリチャード・フロリダの「クリエイティブ都市論」だ（Florida 2003）。脱工業化後の経済成長は創造性がキーワードになるとし、クリエイティブ・クラスの集まる都市づくりが都市間競争に勝ち抜く鍵になると提唱した議論で「同性愛」はクリエイティブ・クラスの重要な要素に位置づけられた。フロリダの議論は世界中で紹介され、自治体レベルのまちづくりにも影響を及ぼしたが、これによって経済成長を牽引する「パワフルなゲイ」の印象が強化された。

このような議論は政治空間の動向とも連動していた。なかでも1990年代前半よりクリントン政権下で社会経済格差の是正より女性やセクシュアル・マイノリティの権利擁護を重要課題に位置づける「セクシュアル・デモクラシー」が主流化し、セクシュアル・マイノリティは重要な票田と位置づけられるようになった。オバマ政権下ではより踏み込んだLGBT外交が行われるなど（川坂 2013）、「ゲイ・フレンドリー」は次第にリベラル派の「規範」となった。ティソもニューヨークとパリのジェントリフィケーションが進んだ地域を比較し、そこでは異性愛者と同性愛者の間に「ほぼ平等が達成」されていると指摘した(14)。

## 新たな周縁化と脱ゲットー化?——トランスコミュニティの事例

ジェントリフィケーションの「牽引役」としてのセクシュアル・マイノリティ表象はメディアでも描かれてきた。2003年3月にPBCで放映されたドキュメンタリー『フラッグ・ウォーズ』はオハイオ州コロンバスの黒人労働者居住地区に中間階級の同性愛者の転入が進み、黒人の立ち退きが起きる過程での緊張と対立を描いた[15]。

だが、実際にジェントリフィケーション進行地区に居住するセクシュアル・マイノリティは「白人上位中間階級のゲイ」だけではない。この点を問題化したのがシュルマンである。シュルマンは3つの問題を指摘する。第一に白人ゲイ男性が主流化する一方、レズビアンや人種マイノリティのゲイ男性が排除されてきた点である(Schulman 2013: 114)。第二に、マンハッタンのローワーイーストサイドの事例をあげながら「クィアの抵抗文化と低家賃、アートの場」がゲイ男性の中でも保守的な層によって「消費文化の場」に変えられた点である(*ibid*.: 14)。第三に、異性愛者がセクシュアル・マイノリティを「白人ブルジョワ」と偏った形で表象し、「恵まれているのだから社会運動における優先順位は低い」と位置づけた点である(*ibid*.: 113)[16]。

シュルマンの指摘をふまえつつ、「ゲイ・フレンドリー」のマスターナラティブとは対照的に周縁化されてきたセクシュアル・マイノリティの例として、人種マイノリティのクィア・トランス・コミュニティ(Queer and Trans People of Color 以下QTPOC)をとりあげる。セントラル・ブルックリンでも、セクシュアル・マイノリティの住民は地元の長期住民から「ジェントリフィケーションの兆候」として警戒される傾向がある。だが「セクシュアル・マイノリティ」カテゴリーの内部にも大きな多様性がある。なかでも人種の違いは大きな差異を生み出している。２００９年にトランスの団体をたちあげたジェネシスはこう語る[17]。

セントラル・ブルックリンに住み始めて15年以上経ちました。感じるのは、黒人で、かつ見た目がクィアでトランスの自分たちが直面した問題の多くは、ここに元からあったコミュニティの住民が抱える問題と共通しているということです。ブラック・ジェントリファイアーなどと言われると、本当に大きな葛藤を感じます。私は黒人ばかりの地区で生まれ、黒人ばかりの地区に移住しました。それなのに……。私はワシントンＤＣで生まれ、近郊のメリーランドで育ちました。そのコミュニティで若いクィア、ゲイの人間はあまり安全を感じず、自分自身を１００％表現できませんでした。だから決心してニューヨークに引っ越したのです。ここならもう少し自由になれるだろうと思って。人と出会い、知らなかったことを知れるだろうと。このコミュニティに来れば、本当の自分を出せるだろうと思ったのです。実際に来てみると、なじめないことがたくさんありました。でも自分の責任だから、とにかく溶け込んで、前線で闘おうと思いました。同じ闘いは自分の生まれた街にも存在するから。

生まれ育った保守的な環境を逃れて、大都会に居場所を求めてきた、という語りはジェントリフィケーション進行地区で暮らすセクシュアル・マイノリティに共通するが、ジェネシスの経験を特徴づけるのはセクシュアル・マイノリティであると同時に黒人であることと、同時に居場所を求めてきたはずの黒人コミュニティで「ジェントリファイアー」と他者化されること、という捻れの経験である。これは、黒人居住地区に移住する中間階級の黒人が階級を理由に地元住民から他者化される一方、白人ばかりの職場では人種を理由に他者化されるという、モニーク・テイラーの「差異のジレンマ」(Taylor 1992: 125)の議論にも通じる(18)。

だがセントラル・ブルックリンのQTPOCの語りにおいて特に強調されたのは、警察から受ける差別の経験だった。なかでもジェントリフィケーション進行地区では4章でも述べたように警察の取り締まりが強化されており、そのなかで黒人は――旧住民だろうが、旧住民から「ジェントリファイアー」呼ばわりされる新住民のQTPOCだろうが――「潜在的犯罪者」(Wacquant 1999=2008)とみなされ、リスクを負うようになった。

白人が転入して来て……彼らは守られています。たくさん警官がいて、見回りをしているから。私たちはニューヨーク市警と付き合わなければならない。色々あります。私の役割はあらゆる手段と権利を駆使して安全な空間を作り、他の人の利益になるように頑張ることです。警官は白人のことは守るけれど、POCのクィアはそうではありません(19)。

もともといたコミュニティでは身の安全を感じられなかったため、ニューヨークに移動したが、移住先でも警察の暴力などが原因でやはり身の安全を感じられない。そのような経験を共有するQTPOCにとって、安全を感じられる空間を確保することは(カステルがゲイ・コミュニティについて言ったような)政治運動の前提条件である以前に、生存のために必要である。ところがジェネシスはジェントリフィケーションによって「自分たちの空間」の維持が難しくなりつつあるという。

ジェントリフィケーションによって、人種にかかわらず抑圧された者たちの空間が壊されつつあります。話し合う機会が減り、アートも減りました。互いに語り合ったりアイデアを交換するような、変革を起こすのに必要な場が壊されつつあります。私自身も立ち退かされた経験があります。黒人の大家からです（中略）私とルームメート、ルームメートはブラック・トランスメディアの創始者でしたが、私たちは一緒に暮らしていて、今は追い出されましたが、その空間をいろんなことに使っていました。家のない人を数日間泊めて、安全な場所が見つかるまで助けたり、「トランスギヴィング」を開催したり、ブルックリン・ボイフッドのパーティーをやったり、文化イベントを色々やっていました。でもその空間はなくなりました。今は別の方法でイベントをやっていますが、結果はこの通りです。

クラウンハイツの住民で社会正義コンサルタントのエジェリスは、かつて同地区にあった黒人クィアのバーが、ジェントリフィケーションでなくなったことについて次のように述べる。

QTPOCコミュニティが世代を超えて出会える数少ない場所でした。いろんな人たちと出会い、時間を過ごし、歴史を知ることのできる場所だった。同じ地区のみんなと連帯しようとすること、そして新しいやり方で安全な場所を作ろうとすることが失われてしまいました。(20)

ブラウン＝サラシーノは米国でのジェントリファイアー調査にもとづいて、「(集住地区という) ゲットーではなく多様性のある地区に住みたい」と考えて、郊外のファミリー向けの住宅地や田舎に引っ越す中間階級のセクシュアル・マイノリティが増えていることを指摘した。背景には (かつてに比べて) セクシュアル・マイノリティの存在が社会で一定程度受け入れられるようになり、差別が減少したことが脱セグリゲーション志向を生み出している、という (Brown-Saracino 2009: 203–204)。だが、このような見解に反する形で、2010年代後半のセントラル・ブルックリンのクィア・トランス・コミュニティ当事者は、コミュニティの「物理的空間」の重要性を強調している。このようなズレは「セクシュアル・マイノリティ」カテゴリー内部で人種、階級、ジェンダーなど複数の要素が交差し、分極化が起きていることを映し出しているといえる。「LGBTQフレンドリー」が謳われる時代であっても、人種マイノリティのトランス・クィアのコミュニティが経験する現実は「フレンドリー」という言葉とはかなり異なる。「勝ち組」のアッパー中間階級・白人ゲイ男性の個人主義化が進む一方、人種マイノリティ、かつカテゴリー内部で周縁化されたQTPOCにとって、空間の共有はコミュニティの死活問題である。「セクシュアル・マイノリティ」カテゴリー内部にある大きな差異や多様性は、これまでのゲイバーフッド論に新たな展望を切り開く必要性を示している。

セクシュアル・マイノリティ内部の格差が不可視化され、一枚岩的な「セクシュアル・マイノリティ」像――ゲイバーフッド研究において主流になってきた「強者」としてのセクシュアル・マイノリティ――にもとづいて黒人QTPOCが地元コミュニティで「ジェントリファイアー」と他者化されることをジェネシスは次のように見る。

ジェントリファイアーと同列に扱われるのはとても残念です。私たちはジェントリファイアーではない。思うに、大事なことが忘れられています。それはシステムというものが本当に巧妙にできていて、私たちを互いに激しく戦わせることです。

オードリー・ロードは分断を引き起こす要因の一つとして、差異が不適切な名称で呼ばれる（mis-name）ことを指摘し、「正しく名づける」ことの必要性を主張するが（Lorde 1979）[21]、「ジェントリファイアー」についてジェネシスが述べることにも同じ問題が指摘できる。

## 4 「中間階級」の細分化と差異化、分断

「新住民」にもジェンダーやセクシュアリティ、人種などの属性に応じて大きな多様性がみられ、ジェントリフィケーションに果たす役割や受ける影響も異なる。だが階級に関しては――「中間階級」「中間層」「ミドルクラス」など呼び名はさまざまであっても――一定の均質性が従来のジェントリファイアー研究では前提とされてきた。

だが産業構造の変化や社会経済格差の拡大が指摘されるなか「中間階級」にも変化が生じているのではないか。本節はこの問いを「白人ジェントリファイアー」の事例にもとづいて考える。単にカテゴリー内の多様性を指摘するだけでなく、多様性が何を意味するのかを社会構造との関連において分析する。

## 「白人ジェントリファイアー」内部の多様性

ジェントリファイアー研究は英米圏では1980年代より消費サイドの研究として進められてきたのに対し（cf. Rose 1984, Ley 1987）、フランスでは2010年代よりジェントリファイアーの実践・戦略の批判的分析（cf. Tissot 2011, Clerval 2013, Collet 2015）が行われるなど、地域や文脈によって異なる展開をみせてきた。だがジェントリファイアーを階級（中間階級）、学歴（大卒以上の高学歴）、政治的傾向（「リベラル」）、社会の多数派（米国の場合は「白人」）と捉える点では一致している。

その一方、単純化された「ジェントリファイアー」表象を問題化し、補助線を引く作業も進められた。アンヌ・クレルヴァルは、新住民のなかに「持ち家保有者—借家人」という区分を設けて、両者の影響力の違いを検討し、「ジェントリファイアー＝持ち家保有者の新住民」に限定するべきだと主張する。

下町を変化させる新住民を名指すのに、私が「ジェントリファイアー」という言葉を用いるのは、ある集団を空間への行為・活動によって定義できる利点があるからです。私がこの単語を用いるのは、主に持ち家を購入して改修して自分で住んだり、貸したりする人たちをさす時です。借家人にはジェントリフィケーションを引き起こす直接的な役割はないと考えます。その一方、広義のジェントリファイアーには、ジェントリフィケーションを牽引するアクターという意味で、公権力やデベロッパー、銀行も含まれます（Authier *et al.* 2018: 184）。

それに対してロネーは、新住民のなかにも地区に対する考え方や旧住民との関係に大きな違いがあることに注目し、このような地区に対する態度の違いこそが、ジェントリフィケーションに及ぼす影響の違いを生み出すと考える。

新たに移り住んだ地区の価値観を多少なりとも共有したり、転入前からその地区と関わっていた住民たちがいます。これらの住民はとりわけ階級や民族の多様性という価値観を重視し、地区の多様性が転入を決めた理由の一つになっています。このような人たちを私は「ジェントリファイアー」と分類することが多いです。しかし他方で、中間階級の住民の中には住んでいる地区と関わろうとしない人たちもいます。経済的理由でその地区に越してきただけで、住みたかったわけではない（中略）そこにいるのはどうしようもないからであって、選んだわけではない（中略）民族的マイノリティの側で暮らしたかったわけではない。その地区を離れると快適な住宅に住めなくなるから、社会住宅の居住者であれば市場価格より安い住宅に住めなくなるから、あるいはパリを離れて郊外に住むのが嫌だからに他なりません。したがって「ジェントリファイアー」という言葉を使うときに考慮する必要があるのは、対象とする人びとがその土地や住民とどのような関係を持っているかです。彼らを一つのカテゴリーに閉じ込め、極めて異なる社会的現実や社会関係を均質化しないようにすることなのです（*ibid*.: 188–189）。

これに対して、ブラウン＝サラシーノはジェントリファイアーを「社会保存」と「オーセンティシティ」という観点から捉え、「開拓者（Pioneer）」とは異なる「社会的入植者（Social Homesteader）」や「社会保存派（Social Preservationist）」という分類を生み出した。米国のジェントリファイアー像は「西部開拓」の歴史——先住民から土地を奪い、そこに新しい文化を築き、富を抽出する——に影響を受け、開拓者のイメージが定着してきた（cf. Smith 1996=2014: i–viii）。そのことをふまえつつ、ブラウン＝サラシーノは従来のジェントリファイアー像に合致しない新住民が先行研究で見落とされてきたと指摘する。そして、均質化を推し進めるジェントリフィケーションに反対し、「オーセンティシティ」を守ろうとする住民に光をあてる。

だが「オーセンティシティ」の解釈は人によって異なる。自分が暮らす空間の特色（建築や自然など）を保全したい人たち（社会的入植者）と、昔からの住民を保護し、その文化を保全したい人たち（社会保全派）がいて、後者は昔からの住民の立ち退きを抑制しようと積極的に活動する。ブラウン＝サラシーノは社会保全派による文化保全活動は、文化を政治経済の利益になる「資本」としてではなく、自分の立場や信条、嗜好にもとづいて文化を擁護する「文化的選択」と捉えるべきと主張する（Brown-Saracino 2009: 250–257）。

ブラウン＝サラシーノの議論は、新住民の多様性を、移住先の住民との関係から考察した点でロネーの議論と共通する。その一方、ジェントリフィケーションが地域住民や文化に与える影響を、新住民がどのように考え、行動するかに注目し、そのような行動が及ぼす影響——ジェントリフィケーションに伴う旧住民の立ち退きをある程度制御する——を考察し、新たな見地を切り開いた（*ibid.*: 13）。

ロネーやブラウン＝サラシーノの議論は、従来の「ジェントリファイアー」概念に見直しを迫るだけでなく、階層の異なる住民の空間的共存の議論（cf. Chamboredon and Lemaire 1970）にも再考を促す。序章（4節）でもみたようにブルデューは「社会的に離れている人々どうしの空間的接近は、雑居状態として体験され、それ以上に耐えがたいことはない」(Bourdieu, ed. 1993=2019)と述べた。だがロネーやブラウン＝サラシーノの議論は、接近を経験した新住民の態度には多様性があり、一概に「耐えがたい」と経験する人ばかりではないことを示した。ジェントリファイアーにも地区の価値観を共有したり、住民の保護に責任を感じる人がいる。そのような人たちは地区の変化に看過できない影響——より正確には地区の変化を食い止めたり遅らせたりすること——を及ぼしており、一概に「偽善」や「経済的戦略の偽装」などと切り捨てることはできない(22)。

## 「リベラル派」の困惑——教育、治安、居場所

ロネーの「多様性支持派」もブラウン＝サラシーノの「社会保存派」も移り住んだ地区に愛着をもち、昔からの住民と積極的にかかわる新住民の下位カテゴリーとして描かれてきた。このような住民はセントラル・ブルックリンにも存在し、その大半が政治的にリベラルな傾向を示す。

だが「リベラルな新住民」は様々な葛藤を抱えることもある。一例として学校の事例を見てみよう。先行研究では、地元住民にオープンな姿勢をとる新住民でも、教育に関しては地元の学校を避ける傾向が指摘されてきた(cf. Clerval 2013, Curran 2018)。セントラル・ブルックリンの公立学校でもそのような現象が存在する。

前章でも見たように、2018年夏、ニューヨーク市長デブラシオは教育現場の人種分離を解消するための新制度を導入し、パークスロープの学校に市の教育担当局長がきて保護者に説明を行った。だが説明会に参加したチャックは政策に強い不満をもつ。

説明会といっても、「この素晴らしい計画に反対したらレイシストだ」と言わんばかりの雰囲気で議論ができませんでした。イランの大統領選と同じです。あなたが何を言おうと考えようと重要ではないのです。非常につらいです。自分の子どもの教育を決める権利を奪われたようなものです（中略）ダイバーシティ推進には賛成です。でもこの国にはあまりに根深いセグリゲーションが存在する。一カ所だけ変えて改善される問題ではありません。新制度はどの子どもにとっても悪影響を及ぼすと思います。[23]

チャックの言葉は「リベラルな白人の親たち」が感じる「葛藤」と「居心地の悪さ」を表現している。そこには「リベラル」という価値観の重視と、それに起因する葛藤や矛盾が浮かび上がる。[24]

新住民が抱えるもう一つの葛藤は治安に関わる。地域の治安を何らかのかたちで問題視する新住民は少なくない。多くの場合、自分が被害にあったという話ではなく、[25]「安全を感じない」という「体感治安」の問題だった。だが「体感治安」は非常に曖昧な概念である。そのような感覚は犯罪件数などの客観的データとは必ずしも対応関係になく、新住民自身が抱える感情や葛藤――自分たちと旧住民たちとの経済格差や、自分たちの存在が昔からの住民に悪い影響を与えているのではないかという居心地の悪さや苦しさ――など、現実の治安と直接関係のない要素にも影響を受けるからである。

またリベラルな考え方をもちつつも、ローカル・コミュニティには近づかない、あるいは近づけないと考える新住民も存在し、コミュニティに自分の居場所はあるのか、自問する人もいる。サラは8年前に夫とクラウンハイツに3ベッドルームのアパートを30万ドルで購入した。その後同地区でも地価が急騰し、

4年後には評価額は2倍となった。いい買い物をしたと満足感を覚えると同時に、地価高騰によって地域コミュニティが激変し、昔からの住民の立ち退きが起きていることには複雑な気持ちを抱く。[26]

複雑で悲しいきもちです。アパートから向かいの側の建物がよく見えるのですが、窓ガラスは割れて、しばらく壊れたままでした。でもある時、窓が綺麗に直され、真新しいブラインドがつけられました。綺麗になってよかった、と思いましたが、すぐに、住んでいる人は同じではない、前の人はどこに行ったのだろう、という考えが頭に浮かびました。

サラによれば、この街でも「ジェントリファイアー」とみなされることにコンプレックスを感じる新住民は少なくない。自分が転入したことが、昔からの住民の立ち退きにつながっているのではないか、自分たちも問題の一部ではないか、というのである。だがサラ自身は、このような態度は非生産的だと考える。

ジェントリファイアーとみられるのを嫌がる人がいます。この街に住むことに罪悪感を感じている。でも、それは無意味で自己中心的な反応です。自分を悲劇の主人公に仕立て上げている。大切なのは周りをしっかりみて、住民に話しかけ、地区にかかわることです。そうすることで自分も成長する。新しくきた人間は昔からいた人間に学ぶべきです。地区の歴史を勉強したり、公立学校の運営がどんな困難にぶつかっているのかを学び、他の人に話を聞きに行って、どのように改善できるのかを考えたりするべきです。

このようにリベラルな新住民の中にも、教育や治安、コミュニティ内部の居場所などの面で葛藤が存在し、ロネーがパリの研究で示した2つの分類におさまらない多様性がみられる。

### 貧しき「白人移民」？——借家人が直面する新たな立ち退きの兆し

一方、ジェントリファイアーを考察する際に、借家人の存在も考慮する必要がある。第一に、セントラル・ブルックリンの新住民に占める割合を見ると、借家人はどの地区でも圧倒的多数を占める[27]。第二に、借家人か持ち家保有者であるかを問わず、新住民の存在は新たな商業施設やその他のサービス需要を生み出す。第三に、クレルヴァルが言うような意味での（古い建物の改修など）景観の変化への直接的な関与は少ないとはいえ、借家人は安い家賃で借りた物件を修復して居住することもある。

従来の研究では、借家人は持ち家保有者と区別せずに「中間階級の白人」として捉えられ、新しい価値観や文化、ライフスタイルを生む存在として注目され、昔からの住民を追い出す存在として表象されてきた。だが実際にセントラル・ブルックリンに転入する「中間階級の白人」の実態は「ヒップスター」のような戯画化されたイメージとは異なり一枚岩的ではない[28]。住宅費の高騰によって、住宅問題はもはや貧困層だけではなくそれ以外の層にも——問題の質や程度には差があることも忘れてはならないが——広がっている。

ニューヨーク市では所得の上昇を大きく上回る住宅価格の高騰によって、「中間階級」の白人学生や若者でも1人で住宅を借りることは難しくなり、数人で家をシェアするケースが多く、20代平均で収入の

45％を家賃につぎ込むなど住居費の負担は重くのしかかる。親元で暮らす若者も増加し、2016年全米で3人に1人、ニューヨーク州では41％に上った。このような状況のなか、セントラル・ブルックリンの人種マイノリティ居住地区に転入する白人の若者は「ライフスタイル・マイグレーション」の議論が喚起するどこか気楽なイメージ――「よりよい生活の質を求めて」移動する、おしゃれな「ヒップスター」――に合致する者ばかりではない。経済的理由で、他に選択肢がないからこそ、相対的に家賃の安い地区に引っ越してくる。この点についてズーキンも、自分の学生の例をあげながら次のように述べる。

学生たち――このなかには私のもとで学ぶ大学院生も含まれます――の多くが、低所得層の多い地区に転入してきます。彼らは自分たちの将来のためにニューヨークのような都市にやってきます。でも彼らが低所得層の居住地区に移り住むのは、他に住める場所が――家賃が高騰するなかで――ないからなのです。(29)

リーマンショック後の経済停滞を経て、学生や若い世代の経済格差は一層拡大し、経済的負担も増えた。米国では大学進学のための費用が上昇を続け、多くの学生が多額の負債を抱えながら大学に通い、卒業する。学生ローン返済を続ける若い世帯は1989年に17％だったのが、2013年には41％に増加した（Vespa 2017）。ジェントリファイアーとよばれる若者にはこのような重荷を背負い、将来に不安を抱えながら転入する者も少なくない。(30)

もちろん学生を含む「マージナル・ジェントリファイアー」の若者たちと、立ち退きに直面する低所得の人種マイノリティの状況が同じというわけではなく、両者の間に大きな違いがあることには十分注意しなければならない。だが「白人ジェントリファイアー＝新住民」と「人種マイノリティでジェントリファイされる人びと＝旧住民」というカテゴリーはいずれも一枚岩的ではなく細分化されており、二元論的には捉えられない。

両カテゴリー間に存在する多様な状況はグラデーションとして捉える必要もある。たとえば前節ではジェントリファイアーの家庭で働くナニーの存在について述べた。ところが「ジェントリファイアー」に分類される者のなかには、学生時代にナニーの仕事を経験した者も——本調査でそう答えた人のすべてが女性だった——存在する。たとえばヴィクトリアは3年前に知人とヨガスタジオを開設し、インストラクター兼オーナーとして働くが、学生時代にはキャロル・ガーデンズの家庭で子守のアルバイトで生計を立てていた。[31] このことは大都市ニューヨークの底辺労働の一部がマージナル・ジェントリファイアーと移民労働者のコンタクト・ゾーンになっていることを示唆する。だが同時に、学歴インフレが進むなかで、両者の競合——しかし所有する資本が非対的称な「競合」——が起きているとの見方もある。カーレンは後者の立場から次のように述べる。

高技能労働者が社会上昇のハシゴを降りるかたちで、従来、低技能労働者のものとされていた職に就くようになり、そこに従事していた低技能労働者をさらに低賃金の仕事に追いやっていく。ある大卒者は次のように述べた。「大卒の資格は高収入の経営・技術系の仕事に就くためというよりも、学歴の低い労働者からバリスタや事務員の仕事を奪い取るためのものだ」(Curran 2018: 41)。

このことは、マージナル・ジェントリファイアーが直面する住宅難が、単に学生の時期に限定された一過性のものではないことを意味する。エミリーは、ニューヨーク市立大学でジャーナリズムを学び、現在では非営利セクターで働くが、未だに2人のルームメートと生活することを余儀なくされている。彼女は30歳を過ぎた現在も一人暮らしが叶わないことなどを理由に、別の都市への移住を検討している。

もともとニューヨークで可能な限り家賃の安いところに住んできました。便利な場所は家賃が高いので、22歳のころに都心から離れた地区に引っ越しました。誰も住みたくないような場所でした。引っ越して、すぐに強盗にあいました。それで借金してでも高い家賃を払うほうが安全、かつ幸せな選択肢だと思いました。その後9年間はだいたい毎月700ドルから1600ドルを家賃に当てています。もちろんルームメートがいてこの値段です。必死に働いて、前に進んで、毎月の給料で綱渡りする生活から脱出しようとしています。9年間で給与は3倍近くになりました。でもまだ十分じゃない。(32)

このような状況のなか、借家人のジェントリファイアーもジェントリフィケーションの脅威にさらされている。ブランデンはチャーター・スクールの中学校で教員として働く。11年前に今のアパートに入居した時、部屋はひどい状態だったが、安い家賃の代わりに「改装可能」ということで大きく内装に手を加え、部屋はすっかり変わった。しかし最近まわりの建物で昔の住民が追い出されているのを見て、自分もいつかそうなるのではないかと不安を感じている。

アパートの床や壁の穴を塞いで、壁もすべて塗り替えました。非常階段も掃除して植物をおいて、メンテナンスもしてきました。このアパートは私が来た時よりずっといい状態になっている。そう考えると、私は自分のアパートを綺麗にすることによって自分自身をジェントリファイし、自分の建物から追い出しているようなものです[33]。

ブランデンのケースが例外でないことは、セントラル・ブルックリンのジェントリフィケーション進行地区の「テナント・ユニオン」の参加者に若い白人が増加していることにも表れている（7章参照）。これまで低所得層マイノリティ居住地区に転入する白人は持ち家を保有する「開拓者」として描かれてきたが、住宅費の高騰と労働市場の流動化は白人中間階級の解体と細分化を引き起こし、より安い家賃を求めて移動する「貧しい国内移民」も増加している[34]。そのなかには立ち退きのリスクに直面する者も少なくない。

## 5 グローバル資本主義の進化と地区変容の担い手論の限界

本章はセントラル・ブルックリンに転入する人びとを、従来の「ジェントリファイアー」論に照らして考察した。先行研究でジェントリファイアーの存在は、第2次大戦後の郊外化に反発し、都市に移住する新中間階級――その多くを白人女性・セクシュアル・マイノリティが占めた――とそれが引き起こす都市・社会・文化変容として理解されてきた。だが本章ではジェントリファイアーの実態が多様化、分極化していることを明らかにした。「女性」「セクシュアル・マイノリティ」カテゴリーの内部には人種、階級間の格差拡大が見られ、また「中間階級」の内部にも細分化・分極化が生じている。

本章の考察をふまえて、三つの指摘を行いたい。第一にジェントリフィケーション研究で重要な位置を占めてきた「中間階級」概念の見直しの必要性である。フランスでは「中間階級」に代わり、「知的小ブルジョワジー」(Clerval 2013)、「小中間階級」(Authier *et al.* 2018)、「新小ブルジョワ」(Bourdieu 1979) などの概念が提案された。経済資本に加え、社会職業カテゴリー、文化的嗜好、政治的傾向などの差異を正確に反映する新たな概念が求められる。

第二に、ジェントリフィケーションはジェントリファイアーが引き起こすという解読格子の見直しである。1980年代以降、消費サイド理論にたった解釈が主流となり、近年でも根強い (Hymowitz 2017)。しかし中間階級の粉砕と、不動産市場のグローバル化、さらに都市行政の再開発推進などにより、ジェントリフィケーションは特定の集団によってではなく、ローカルからグローバルまで複数のスケールで展開される力学を背景とした官民の協働によって牽引されている。1章では、住宅金融商品化のもとで都市住民の手から離れていく状況を指摘したが (町村 2017)、セントラル・ブルックリンでもそのような感覚が「旧住民」だけでなく多くの「新住民」にも共有されている。4章では、都市の急激な変化に直面した昔からの住民たちが「ここにまだ自分の居場所はあるのか」と自問する姿を描いたが、これは借家人をはじめとする多くの新住民も程度の差こそあれ、直面する問いでもある[35]。

第三に、セントラル・ブルックリンのコミュニティの変化を旧住民 vs 新住民と二元論的に捉えることの限界である。旧住民だけでなく新住民の多くもアンゴッティのいう「ジェントリフィケーションの圧力」

（Angotti 2008: 31）に異なる形でさらされている。だからといって、全ての住民が同じように圧力を受けるわけではない。そのような「非対称な関係性」とは具体的にどのようなものなのか。それはコミュニティにどのような帰結を生み出しているのか。これらの問いを次章で考察する。

（1）　２０１９年12月21日のインタビュー。

（2）　その他の例として以下の記事も参照。https://www.citylab.com/equity/2019/07/gentrification-displacement-link-children-nyc-medicaid-data/594250/（２０２１年3月30日最終閲覧）。

（3）　米国で２０１０年頃から頻繁に用いられるようになったヒップスター（hipster）については以下の記事（https://www.nytimes.com/2010/11/14/books/review/Greif-t.html）、また批判的な論調としては以下を参照（https://www.theguardian.com/fashion/2014/jun/22/end-of-the-hipster-flat-caps-and-beards）。さらにフランスで用いられる「ボボ（bobo）」概念は Authier *et al.*（2018）を参照。

（4）　ジェントリファイアーの美学や嗜好については数多くの先行研究がある。なかでもブルデューのハビトゥス概念に基づき、ジェントリファイアーのハビトゥスが旧住民のハビトゥスや好みに与える影響を検証したブリッジ（Bridge 2002, 2006）、ウェバー（Webber 2007）の論文を参照。

（5）　同研究においては相反する解釈が示されてきた。フランスでは「ヒップスター」「ボボ」は「お気楽左翼」という意味で批判的に用いられることが多い（Authier *et al.* 2018）。一方、本章註（6）にもあるように「ジェントリファイアーは保守的、反動的だ」という解釈も存在する。

（6）　ジェントリファイアーが都市に郊外的保守性を持ち込んだという批判もある。たとえばシュルマンは次のように述べる。「１９７０～90年代のジェントリフィケーションは都会生活を60～80年代の郊外の価値観に置き換えた。つまり郊外の均質的な人種・階級・消費形態や大量生産の美学、家族的私有化といったものが大きなビルやタウンハウス、アパートに入りこんでいった。こうして都市は蝕まれ、ポジティヴな変革を扇動する場から、服従の中心地に作り変えられた」（Schulman 2013: 27–28）。

（7）これは都市社会学に限ったことではないが、都市社会学ではわかりやすい形で現れた。

（8）同地区では黒人とラティーナのナニーが多く見られるが、アジア系や東欧系の移住女性も保育労働市場に参入している。そしてこの労働分業に表れる人種化された秩序はジェンダー、国籍、階級と交差しながらケア労働やその消費に影響を与える。東欧の家事労働者は知的、フィリピン人は掃除上手、というようなステレオタイプ的理解は多くの雇用者の間で共有され、ナニーも内面化している場合が少なくない。このような序列の下、ブルックリンで働くカリブ海出身のナニーは自分たちが労働市場の底辺にいると感じ、それゆえ契約にある以上の仕事を引き受けてしまう傾向が報告されている。2017年9月6日のインタビュー。

（9）2017年8月25日のインタビュー。

（10）2017年3月11日のインタビュー。

（11）2017年8月6日のインタビュー。

（12）カステル批判の主要なものとして Binnie and Valentine（1999）を参照。

（13）ただし、カストロのようなゲイ・コミュニティと比べ、空間のあり方に違いが認められる。パークスロープでは「レズビアン・コミュニティ」を前面に出す空間は少なく、フェミニズム運動と接続しながら空間が作られた。同地区で「レズビアン」に限定された空間は五番街のレズビアン・バー「ジンジャー」など限定的で、あとは女性向けベジタリアン・レストランやフェミニスト系書店、反性暴力教育センターなどフェミニズムや女性に配慮した空間だった。

（14）もっともティソの議論は、この「ほぼ」、つまり「完全ではない」点に重要な問題があるとしており、「ほぼ平等だから良い」という主張とは真逆であること、この部分にこそティソが批判の目を向けていることに注意する必要がある。

（15）Linda Goode Bryant and Laura Poitras, *Flag Wars*, 2003.

（16）シュルマンによれば、このような傾向は全米がオバマ当選に湧いた2008年にすでに顕著だった。「オバマ当選から数週間も経たないうちに奇妙な形で明らかになったのは、我々が30年以上前のメンタリティに戻ってしまったことだった。それは異性愛者たち——黒人も白人もラティーノも、リベラルも反動も——が揃って、ゲイとレズビアンは白人でブルジョワ、特権的であり、したがって『より重要な善』のために犠牲になっても仕方ない、と突然確信したのだった」(Schulman 2013: 113)。

（17）本節のジェネシスの語りはすべて２０１６年8月25日のインタビュー。

（18）ジェンダー・クィア・コミュニティ・オーガナイザーのジーベルも同じような指摘をする。「（セクシュアル・マイノリティが）ジェントリファイアーだと考える人が地元にたくさんいることはわかっています。でも自分のことを積極的に『ジェントリファイアーだ』と呼ぶのにはすごく抵抗を感じます。クラウンハイツ生まれではないけれど、同じような地区で育った。だからこそ、この街に移り住んだのです」。

（19）２０１６年6月にフロリダ州オーランドのゲイナイトクラブで起きた銃乱射事件は被害者のほとんどが黒人やラティーノの若者であり、ブルックリンＱＴＰＯＣは大きなショックに包まれた。抗議デモが開催されることになったが、そこにニューヨーク市警が「安全を守るために」警備として介入すると発表したことは「安全を守るというけれど、誰の安全のことなのか」とコミュニティ内で大きな怒りの声があがったという。２０１６年8月25日のインタビュー。

（20）２０１６年9月1日のインタビュー。

（21）ロードは１９７９年の講演（「支配者の道具では支配者の家を決して解体できない」）で差異は人びとを隔てるものではなく結び目である、という重要な視点を提示し、その後のマイノリティ運動にも大きな影響を与えている。この点は8章で詳しく論じる。

（22）もっとも偽善的な事例も存在する。オズマン（Osman 2011）のブラウンストーナー研究はそのような角度から「オーセンティシティ」の追求を批判的に検討した。またレイモンド・ウィリアムズが『田舎と都会』（Williams 1973=1985）で示したような形で「文化保全」が消費されるリスクも存在する。

（23）２０１９年3月27日のインタビュー。

（24）関連する問題を扱ったものとしてニューヨークタイムズのポッドキャスト“Nice White Parents”も参照のこと（https://www.nytimes.com/2020/07/23/podcasts/nice-white-parents-serial.html）。

（25）その他にもアジア系新住民からは、スーパーから出たところで罵倒され、唾を吐かれたという経験も語られた。それがどの程度ほかの新住民にも共通するのか、あるいは新住民の人種によって向けられる敵意の度合いや表出の形は異なるのかは今後の課題としたい。

（26）本節のサラの語りは２０１７年8月13日のインタビュー。

（27）　本書2章3節で「ジェントリフィケーション進行地区」に分類したCD3、4、8、9をみると、2017年の持ち家保有者率は3・8％、12・9％、19・8％、17・3％となっておりブルックリン全体の30・4％を下回る（NYU Furman Center 2018）。しかもほとんどの地区では白人比率の高まりと比例する形で持ち家保有者率が下がっていることから、新住民のみをみると借家人比率はそれ以上に高いことが推察される。

（28）　ジェントリファイアーの多様性については1980年代半ばからマージナル・ジェントリファイアーの枠組みで女性、（前衛的）アーティスト、セクシュアル・マイノリティの存在が指摘されてきた。しかし本章では、白人カテゴリー内でこれまでマージナルとされてきた存在のみならず、より広い層に圧力がかかっていることに注目する点でマージナル・ジェントリファイアー論とは異なる。

（29）　"Density, Diversity and Neighborhoods," The Municipal Art Society of NY, 2014/12/17（https://www.youtube.com/watch?v=h-bn74EGZYk　2021年6月22日最終閲覧）。

（30）　重要なのは、旧住民との比較を通して「困難さ」に序列をつけることよりも、固有の苦しさを抱えているという点に留意することだろう。

（31）　2016年7月30日のフィールドノート。

（32）　2017年8月17日のインタビュー。

（33）　2017年3月14日のインタビュー。

（34）　たとえばフランスでは地価の高騰したパリを離れ、物価の安い南仏マルセイユなどの地方都市に移動する文化関係者が増加したが、このような現象を「国内移民」と捉える若手研究者の議論もある。また同じような観点からチャーラルとグリック＝シラーは（国外）移民と非移民という区分を絶対視することを批判する（Çağlar and Glick=Schiller 2018）。

（35）　また持ち家保有者も立ち退きリスクを回避できるわけではない。地価の高騰が固定資産税の高騰を招き、持ち家の維持に困難をおぼえるのは前章でみたような旧住民の持ち家保有者だけではなく、新住民の中でも聞かれる問題である。

# 6章 空間にひもづけられた「差異のるつぼ」
## ミクロな差異の可視化と空間的共存の帰結

### 1 「多様性」を問い直す——カテゴリーの間と内部の差異を考える

前章ではセントラル・ブルックリンの新住民の実態が多様化していること——具体的には「女性」「セクシュアル・マイノリティ」「中間階級」といったカテゴリー内部で細分化、分極化が進んでいること——を確認した。だが、それは新住民にかぎった話ではない。セントラル・ブルックリンのコミュニティの実態は新住民—旧住民、白人—黒人のような単純な二元論では捉えられない、多様かつ複雑なものである。ここでの多様性とは人種や階級、ジェンダー、セクシュアリティなどのカテゴリーが多様というだけでも、それらの変数が複合的に「交差」しているだけでもない。カテゴリーの間とカテゴリーの内部の差異がそれぞれ空間と結びつき、さらに差異を可視化させるような性質をもつ。本章の第一の目的は、複雑な多様性の実態をカテゴリー間とカテゴリー内という二つの位相から捉え、「差異の坩堝《るつぼ》」を描き出すことである（2節、3節）。

ジェントリフィケーション進行地区の住民がきわめて多様であるという事実は、ジェントリフィケーションが単に立ち退きや住民に入れ替えを引き起こすだけでなく、日常的に「他者と出会う」経験を生み出すことも示している。このような側面について、シャブロールもフランスの事例をもとに次のように指摘する。

共存をめぐる問題は、ジェントリフィケーション進行地区で顕在化する。さまざまな世代の、年齢も居住歴も社会職業カテゴリーもライフスタイルも異なる住民が交わるのだ（Chabrol *et al.* 2016: 305）。

だがシャブロールが指摘する多様な住民たちの共存は単なる物理的なものではない。それは新たな関係性を生み出し、コミュニティや個人に影響を及ぼす。このような差異の共存の帰結は、相互理解をもたらすとする接触仮説と、摩擦や排除を引き起こすとする集団脅威仮説という主に二つの観点から検討が行われてきた。接触の条件、行政や第三者による「介入」、時間などの変数をふまえつつ、接触を相対的に評価する議論がある一方、共存がもたらす否定的な帰結も検討されてきた（序章4節参照）。デレック・ハイラはワシントンDCの黒人居住地域の変容についての研究で、異なる人種の住民が隣に住んではいるが交流のない状況を「ダイバーシティ・セグリゲーション」と呼んだ（Hyra 2017: 9–11）。このような研究をふまえつつ、本章はセントラル・ブルックリンの「差異の坩堝」で生じている共存を複数の角度から検討し、それがどのような社会・空間的影響を与えているのかを検討する（4節、5節）。

## 2　カテゴリー間の多様な差異と共存――「白人vs黒人」だけではない

人種という変数は米国のジェントリフィケーションのあり方に大きく影響している。白人・黒人比率はジェントリフィケーションを測る指標の一つとされ、立ち退き研究でも白人住民の転入と黒人住民の立ち退きが対象化されるなど[1]、人種間格差は研究で重要な位置を占めてきた。ブルックリンでもレッドライニングやブロックバスティング、略奪的融資といった居住空間にかかわる差別的実践が人種マイノリティに対して行われた歴史があり、そのような歴史が現在でも新住民の多数派を占める白人中間階級と旧住民の黒人を中心とする人種マイノリティの関係に大きな影響を与えていることはこれまでの章で確認した。

だが人種間格差や分断は白人と黒人の間だけにあるのではない。それ以外にも複数の境界線がコミュニティに走っている。なかでも地域コミュニティに大きく影響するものとして、以下では黒人とユダヤ人、黒人とアジア人という二つの関係性に光をあてる。

### （1）黒人・ユダヤ人の歴史的分断――不動産をめぐる非対称的な力関係

ニューヨーク市のユダヤ人コミュニティ[2]は全米最大の規模を誇るが、ユダヤ人コミュニティといっても一枚岩的ではない。リベラルから保守まで多様な立場が存在する。クラウンハイツで一大勢力となっているのは超正統派ハシド派の一部であるルバヴィッチ派だ。１９４０年代よりホロコーストを逃れて東欧から移住した人たちが形成したコミュニティで、現在では同派の世界的拠点となっている。戒律を重んじ、世俗を避け、宗教的世界に生きるルバヴィッチ派住民の暮らしは厳格なルールに規定されている。男性は長い髭と黒い帽子に黒いスーツ、女性も地味な色のスカートにセミロングのかつらで、子どもたちは宗教学校に通い、食事のルールも厳格だ。コミュニティ・ビジネスに携わる人がほとんどで、生活はコミュニティ内で完結し、外部と関わりをもたない閉鎖性が指摘されてきた[3]。

1970年代以降、クラウンハイツでもホワイトフライトが加速し、黒人が住民の多数派となったが、ルバヴィッチ派は地域に留まり、この時から超正統派ユダヤ人と黒人の「共存」が続いてきた。1991年、住民15万人の約8割は黒人（カリブ海系60％、アフリカ系アメリカ人17％）で、ルバヴィッチ派は23％だった（村田 2012: 107）。だがコミュニティの結束が強く、ローカル政治にも太いパイプを持つルバヴィッチ派は不動産業を営み、地域の不動産の取得を進め、同地区では多くの黒人住民がユダヤ人に住宅を借りている。そのことは両コミュニティの関係を考える上できわめて重要だ。黒人・ユダヤ人の人種間関係は大家と借家人という住宅をめぐる力関係と「交差」し、両コミュニティの関係を大きく規定してきた。

## 分断の起爆剤としての人種蜂起

1991年夏に起きた人種蜂起は両コミュニティ間の緊張を先鋭化させ、その後の地域や政治にも大きな影響を及ぼした。始まりは8月19日、ルバヴィッチ派の最高指導者をエスコートしていた車両が事故を起こして路上に乗り上げ、7歳の黒人少年が死亡した事件だった。それを機に両コミュニティが激しく対立し、怒った黒人の若者がオーストラリア出身のユダヤ人青年を殺害した。事態は人種蜂起に発展し、車両がひっくり返され、商店は略奪され、暴力行為が横行した。警察が大規模な介入を行って鎮静化を図ったが、その後も両コミュニティの怒りは鎮まらず、禍根を残した（村田 2012: 102–137）。

この事件は同地区の人種間対立を悪化させた出来事として記憶され、2008年に両コミュニティが再び対立した時も、2013年黒人によるユダヤ人襲撃事件が生じた時も「対立の原点」として参照された。(4)だが事件の解釈は両コミュニティで大きく異なる。黒人住民は「人種間の不平等の発露」として理解しているが、ルバヴィッチ派住民は「ユダヤへの宗教的差別」と捉えている。コミュニティ間の人種と宗教をめぐる認識の相違も両者の関係に深く影を落としている（Goldschmidt 2006: 59–72）。(5)

その一方、人種蜂起後に対立を解消するための様々な取り組みが行われてきた。地域コミュニティ組織（以下CBO）クラウンハイツ・ユース・コレクティヴの代表リチャードは、人種蜂起の背景には両コミュニティ間に交流がなく、問題が起きるたびに根拠なき噂が広まることが影響していたと述べる。そこで「うわさ対策」(6)としてユダヤ人コミュニティの代表者と協力し、両コミュニティ間に問題が発生した際には共同で正確な情報を発信し、住民に理解を求める仕組みを作った。2014年ルバヴィッチ派のシナゴーグに黒人男性がナイフを持って侵入した際も、両コミュニティ代表が住民を集めて緊急会合を開き、犯人が精神疾患を抱えていたことを説明し、コミュニティへの攻撃ではないので冷静になるよう呼びかけた。

人種蜂起から25年後の2016年8月21日には両コミュニティ共同で「ワン・クラウンハイツ・フェスティバル」が開催された。分断されたコミュニティを「ひとつのクラウンハイツ」に結束させることを目的に、午前11時から人種蜂起犠牲者の追悼式典が行われ、20を超える地元のCBO関係者やブルックリン区長をはじめとする政治家、宗教代表者が参列した。午後には強い日差しの照りつけるなか、数ブロック先のブラワー公園で祭りが催された。仮設ステージが設置され、音楽の演奏――ミュージシャンの半数は黒人、半数はユダヤ系と人数も配慮された――が行われた。また食べ物や飲み物が振舞われ、公園前の通りは車両通行止めになり、記念品などを売る出店や、赤・青・黄色の原色で彩られ、小型のトンネルやトランポリンを備えたビニール製の大型遊具が設置された。

## クラウンハイツは一つになったのか?——25周年記念イベントの評価

その日、筆者はブラワー公園でリチャードに再会した。彼の率いるCBOは「ワン・クラウンハイツ・フェスティバル」の実行委員会project care 28のメンバーだった。同委員会は28の団体と個人で構成されており、個人にはブルックリン区長や地元選出の連邦議会議員や市議、団体にはCBO、両コミュニティを代表する宗教団体、ニューヨーク市議会議員団、ブルックリン商工会議所、そしてニューヨーク市警が名を連ねた。リチャードはイベントが成功したと述べ、「両コミュニティのリーダーの連携が進んだことは人種蜂起のポジティヴな遺産」と語った。

筆者はリチャードの話に納得しつつも、同時に若干の違和感をおぼえた。祭りにはユダヤ系住民の姿——クラウンハイツのユダヤ系住民の多くは超正統派であるため、服装などの見た目で存在が認識しやすい——がほとんど見当たらない。公園内で目にしたのは対話推進派として地元でよく知られ、今回のイベントの立役者ともなったラビのエリー・コーエンと数名の関係者、その家族らしき女性と小さな子どもが2組だけだった(7)。

ステージでは黒人の歌手とキーボード、ベース奏者の3人が演奏していたが、観客は10人程度だった。黒人が7人、キッパを被ったユダヤ系——写真を撮りに来ていたCBO関係者だった——、残り3人は若い白人の若者だった。実際、祭りではユダヤ系住民よりも若い白人の新住民のほうが目立っていた。リュックを背負い、キックボードに乗って、たまたま通りかかったという白人の若者もいた。公園の出入り口に設置された眩しいコバルトブルーのスタンドでは、イベントを記念したTシャツ――黄色い地に紫の文字で「ひとつのクラウンハイツ」と書かれていた――が無料配布されていたが、会が終わりに近づいた4時近くになっても、黄色いTシャツは山積みだった。そのスタンドには黒人区長でニューヨーク市長選挙への出馬が噂されるエリック・アダムス（2021年の選挙で当選）の名前が刻まれ、彼を応援するパンフレットが置かれていた。

黒人が数の上では一番多かったが関係者らしき人たちも多く、そのほかにはダブルダッチ（2本の縄を使って跳ぶ縄跳び）に興じる黒人の少女たちが2組と、前述のカラフルなビニール玩具で子どもを遊ばせながら話している母親たち、高齢男性の姿はあった。だが25年前の人種蜂起でも今日の対立でも中心になっている若い男性の姿は関係者をのぞいてはあまりみられなかった。

盛り上がっているとはお世辞にもいえない雰囲気で、公園にいる人は100人あまり、そのなかには関係者も含まれていた。その2週間後に同じ公園から10分もしないイースタンパークウエイで行われたカリビアン・パレードでは、身動きがとれないほど多くの人が駆けつけ、熱狂していたことと比べても――もちろんイベントの性質が全く異なることはふまえなければならないが――住民の参加は多くなかったことがわかる。

## 交流なき共存

しかも、このような行事をのぞけば両コミュニティ間には交流がなく、相互不信が改善されたとは言いがたい、との声もある。クラウンハイツで生まれ育ち、2011年よりCBO「ブルックリン・ムーヴメント・センター」を運営するマークはその1人だ(8)。

記念行事をのぞけば、25年前に比べてコミュニティ間の交流や関係が増えたとは言えません。当初は「さあ、手を握りあおう!」と取り組みが行われましたが、あまりに表面的でした。人びとが心の奥底に抱える不安と向き合わなければ、問題は解決できないことがわかったのです。いま行われている取り組みが、昔に比べてより深い文化相互理解を探っているかというと、そうでもありません(中略)二つのコミュニティの間には基本的に何も交流がない。例外はなにか問題が起きた時だけです。ユダヤ人が黒人について唯一知っているのは読んだことで、それも読んだ記事が暴力事件のようなものだけだとすれば、「黒人は危険」ということだけが記憶に残ります。問題はここにあります。冷戦と同じです。分断しています。このような分断から恐怖が生まれるのです。

同地区の別のCBOで働くエロールも、交流の不在がコミュニティ間の相互不信を強めていると述べる。エロールは近距離にいる相手と接触なしで暮らすことを「ゲットーのメンタリティ」と呼び、そこから「パラノイア」が生まれると説明する。

住民の多くは、相手のコミュニティと同じ地区で共存することを喜んでいるとは思えません。大抵は平和に共存していますが、見えない緊張が走っている。特に若い男性たちの間ではそれが顕著です。今はだいぶ改善されたものの、通りでは相手を侮辱するような言葉が双方向で聞こえてきました。私の考えでは、原因は「ゲットーのメンタリティ」と呼ぶものにあります。黒人ゲットーもユダヤ人ゲットーも同じです。パラノイアがはびこっている。何か予想していなかったことが起きると、悪い企みがあるに違いない、コミュニティが攻撃されるだろう、などと思い込んでしまうのです。偏狭な考え方ですが、黒人もユダヤ人も同じように強くそう思っていて、消し去るのはとても難しい。(9)

一方、緊張をはらみ続けてきたコミュニティに新たな変化もみられる。ジェントリフィケーションの進行による変化だ。クラウンハイツでも2000年代後半以降、黒人の借家人の立ち退きが増加し、高学歴高収入の若い白人ジェントリファイヤーの転入が進んだ。クラウンハイツ北部を含むCD8では黒人比率は2000―2017年で約78%から56%に減少し、ルバヴィッチ派を含む白人は約7%から約24%に増加した。こうしたなか従来の「黒人vsユダヤ人」という構図にも変化が生じている。この点についてマークはこう語る。

住民たちが抱く「コミュニティに侵入してくる人間」像に変化が生じています。もはやルバヴィッチ派のユダヤ人だけではない。対立は二方向ではなくなっています。

だが新たな住民の転入と、そうした住民向けの商店が増えるなど景観変容が進むなか、両コミュニティが接近するようになったか、といえばそうではない。ジェントリフィケーションはクラウンハイツ全体の地価を押し上げているが、両コミュニティへの影響は同じではない。まず借家人率は黒人コミュニティにおいて圧倒的に高い。またユダヤ系コミュニティは借家人であっても結束の強いコミュニティ内部での賃貸契約であるのに対し、黒人借家人の場合にはオーナーがユダヤ系であることも少なくない。さらにコミュニティが所有する資源や結束もルバヴィッチ派に比べると脆弱である。以上の理由から黒人住民のほうがジェントリフィケーションによる立ち退きに脆弱と言えるだろう。立ち退きの圧力が強まり、住民の不安が高まるなか、立ち退きリスクの格差もコミュニティ間の緊張を悪化させている。

## (2) 黒人・アジア系の分断

もうひとつの分断線は黒人とアジア系[10]住民の間にある。両者の複雑な関係は新しい問題ではない。1991年、ロサンゼルスで黒人少女ラターシャ・ハーリンズがコリアン商店主に射殺された事件は黒人コミュニティ内の反アジア人感情を強めたと言われるが[11]、その1年前の1990年1月にブルックリンでは別の事件が起きていた。カリブ海系移民地区フラットブッシュでコリア系移民の経営する食料品店「ファミリー・レッド・アップル」のボイコットが始まり、18カ月後にオーナーが店を売って出ていくまで続いた。同様のボイコットが数カ月後に黒人街ブラウンズヴィルでも起きるなど、騒動はブルックリンの他地区にも飛び火した[12]。

だがアジア系住民と黒人住民は常に対立していたわけでもない。両コミュニティの複雑な関係を垣間見るため、1980年代よりニューヨークを中心に汎アジア人支援運動を展開してきたCAAVのディレクター、キャシーの語りをみていこう[13]。彼女の両親は1980年代にベトナムから難民として米国に移住した。そして1980〜1990年代には当時ブルックリンの黒人街だったダウンタウンブルックリンでネイルサロンを経営した。子どもの頃から店で家族を手伝っていたキャシーは、そこで複雑な人種間関係を見て育った。

1980〜1990年代のダウンタウンブルックリンは、客のほとんどがアフリカ系アメリカ人とアフロ・カリビアンで、ラティンクス、プエルト・リコ系はほとんどいませんでした。建物のオーナーはユダヤ人でした。労働者のほとんどは中国人、中国系マレー人、ベトナム人でした。一人だけドミニカ人がいましたが（中略）お客さんとの関係は総じて友好的でした。母が通りで昔の客に出くわすと「リンダ！」と声をかけられるくらいです。ただ7歳か8歳の時、よく覚えているのですが、店の裏にいたら叫び声が聞こえてきました。客の1人が何かを盗んだというのです。表に行くと、母はドアのところに立って、すごい形相で、客に、返せ、返せ、と怒鳴りつけていました（中略）母はあのようなことを絶対に白人の客にはしなかったと思います。母は白人のところでも働いていましたが、常に白人への恐怖があって、いつも「はい、マダム、左様でございますか」と言っていました。白人のお客さんには必ず「サンキュー」と「プリーズ」を言っていました。

この語りには二つのことが示されている。まず彼女の母にとって黒人は客であり、日常的に接触し、総じて友好的な関係をもっていたこと、しかし問題が起きた時には黒人に対して白人には絶対に取らない態度をとったこと。一見、矛盾するような態度が同じ母のなかに並存していた。

それに対して2018年8月セントラル・ブルックリンで起きた事件は、キャシーが子ども時代に見た母と黒人客の事件と似ているようで、複数の点で異なっていた。事件はイースト・フラットブッシュ地区でコリア系アメリカ人が経営するネイルサロン「レッド・アップル・ネイルズ」——奇しくも1990年のボイコット運動が起きた食料品店と同じ「レッド・アップル」という店名だった——で起きた。発端はアイブローがきちんとされなかったと抗議した黒人客が支払いを拒否したことだった。するとオーナーは警察に通報し、すぐに到着した警察に客は逮捕された。警察が到着するまでの間、コリア系の従業員は「客が逃げないように」店のドアを閉め、抗議する黒人客を清掃用のモップや椅子で何度も叩いた。その様子がスマホで撮影され、ソーシャル・メディアに拡散されて広く知られることになった。翌日から店の前で黒人住民の抗議活動が始まった。集まった人びとは「黒人の命は重要だ（black lives matter）」をもじった「黒人のお金は重要だ（black $$$ matter）」や「黒人を愛せなければ、黒人のお金も愛せない」など、黒人コミュニティで商売するアジア人への抗議の言葉を書いた紙を掲げてシュプレヒコールを行い、警察が出動するなどの騒動に発展した(14)。キャシーは「従業員を制御せず、騒ぎを大きくしたオーナーの責任が大きい」と述べた後、セントラル・ブルックリンにおける黒人・アジア人の対立が人種だけでなく、階級の問題にも影響を受けていると指摘する。

「レッド・アップル・ネイルズ」での衝突の背後には、黒人地区で、しかも労働者階級住民の居住区でビジネスをすることにかかわる問題があります。問題は人種だけでなく階級の問題でもあるのです。アジア系コミュニティは大きく変化しています。私が子どもの頃に見た1980～1990年代のブル

ックリンではアジア系住民は皆労働者で、近隣の黒人労働者の住民と違いはありませんでした。いま起きているのは、アジア系、中国系とインド系の中間階級住民の急増です。中間階級で政治的にとても保守化した層です。

アジア系中間階級住民の増加はジェントリフィケーションの進行する地区ではより顕著だ。近年では「白人・黒人」ではなく、アジア系移民が黒人貧困地区に転入することでもたらす地区変容についても研究が進むようになった（cf. Hwang 2016a）。このような地区で黒人・アジア人の関係は人種をめぐる差異が階級格差と結び付いて強く意識されるだけでなく、ジェントリフィケーションが引き起こす空間闘争の影響も強く受けている。一例として、トリニダード・トバゴから4歳で米国に移住して以来35年にわたってセントラル・ブルックリンに住むコリーンが、友だちとジェントリフィケーションについて話している際に言った言葉をみてみよう。

いいか、占領なんだ、支配なんだ。外の奴らがどんどん買い占めて、もとからいた人間が追い出されるんだよ、絶対に。（友達に対して）でも言いたいこともわかる、人種問題じゃないって言いたいんだろ？　そう人種じゃないよ。階級なんだよ、階級。ここで買い取って、追い出してるのは中国人たちだから。[15]

この語りにはコリーンが中国人に代表されるアジア系と黒人の違いを人種ではなく「階級の違い」と理

解していることが表れているだけでなく、他者に自分たちの空間を奪われるという意識（「占領なんだ、支配なんだ。外の奴らがどんどん買い占めて、もともといた人間が追い出されるんだよ」）と結び付いていることが浮かびあがる。そうした文脈においてジェントリフィケーションへの対抗言説は、自分たちの空間から「他者」を除去しようという形をとることも少なくない。この点についてマークも次のように話す[16]。

アジア系コミュニティのなかに反黒人レイシズムがあるのは、その通りだと思います。でも問題にはもう一つの側面があります。私は一連の（黒人住民による）抗議活動を見てきましたが（中略）毎回とても居心地が悪くなります。というのも、こうした抗議活動は不可避的に（中略）反アジア人感情と結びついているからです。それは排外主義とも結びついています。抗議活動というと、必ず「店を閉めろ、こいつらの店を閉めろ、ここから出て行け」となります。私は移民の子どもなので、なおさらこの問題が気にかかります。

このようにセントラル・ブルックリンにおける人種間の分断は白人・黒人間だけでなくユダヤ人・黒人、黒人・アジア人の間でも見られる。ただし分断は人種という変数のみに起因するのではなく、ジェントリフィケーションが引き起こす社会経済的格差の拡大や空間闘争の激化と複雑に絡み合いながら広がっている。

## 3 カテゴリー内部の分断と共生――「黒人中間階級」の事例

だが、分断は異なる人種の「間」だけではない。同一人種カテゴリーの内部にも大きな多様性があり、そこにも分断がみられることもふまえる必要がある。たとえば「白人」が決して一枚岩でないことは5章でも見たが、階層格差だけでなくエスニシティ面での多様性と序列化も看過できない[17]。前節で見たクラウンハイツのコミュニティ間対立も一見、白人・黒人間の対立のように見えるが、実際には支配者として描かれる「白人」が「ホワイト・エスニック」として「白人」カテゴリーの内部で被支配者となっているという全体像を捉えなければ正確には理解できないだろう。このような構図は白人・黒人の支配・被支配者関係という二元論的な図式に見直しを迫る。

人種カテゴリー内部の多様性と力関係は「黒人」カテゴリー内部にも存在する[18]。村田は、ニューヨークのカリブ海系移民とアフリカ系アメリカ人の間に見られるエスニシティと（それに付随する）歴史をめぐる大きな差異が両者の共闘を困難にしてきた過程を明らかにした（村田 2012）。だがセントラル・ブルックリンで観察された人種カテゴリー内部の多様性は、エスニシティの違いの他にも複数の差異がからみあっていた。

## ブラック・ジェントリファイアー？——細分化する「黒人中間階級」の実態

階級の違いも黒人コミュニティ内部に大きな差異をうみだしている。黒人中間階級の存在はすでに「ブラック・ブルジョワジー」論でも展開されてきた（cf. Frazier 1997）。テイラーは労働者階級が大半を占める黒人社会にも、白人が大半を占める主流社会にも馴染めず、両方で周縁化される黒人中間階級の状況を「差異のジレンマ[19]」と表現した（Taylor 1992, Lees *et al.* 2008）。黒人街ハーレムに住みながら、同僚は白人しかいないマンハッタンの建築事務所で働く『ジャングル・フィーバー』（スパイク・リー監督）の主人公はまさにこの「差異のジレンマ」を体現していた。

ジェントリフィケーション進行地区において、黒人中間階級は「ブラック・ジェントリファイアー」と呼ばれることもある。[20] だが詳細に観察すると、中間階級という切り口だけでは整理できない複雑な現実がたちあらわれる。5章では「白人中間階級」の分極化と断片化を確認し、同カテゴリーが意味を失いつつあると指摘した。同じことが程度の差こそあれ黒人中間階級にも言える。一見、同じ「黒人中間階級」の中にも看過できない差異が存在し、それがジェントリフィケーション進行地区の社会関係に影響している。

なかでも持ち家所有者と借家人の違いは、居住する地区との関係を大きく左右する点で収入や学歴以上に重要な要素となっている。イマーニは両親がジャマイカから移住し、1970年にボストンで生まれ、ボストン大学で演劇を学んだ後、ニューヨークに移住して28年がたつ。大卒でクィアのイマーニは、ライフスタイルの観点からみても中間階級と言えるだろう。だが彼はニューヨークで暮らした30年近くの間に10回以上の引越しを余儀なくされてきた。持ち家がないからだ。立ち退きの経緯はさまざまだが、家賃の上昇が最大の理由で、大家とのトラブルも何度も経験した。追い出した大家のなかには黒人もいたという。[21]

地区での居住年数の浅さやライフスタイルの違いなどから地元の長期住民に「ブラック・ジェントリファイアー」と呼ばれる黒人借家人のなかには、ジェントリフィケーションによる立ち退きの脅威と隣り合わせで暮らす者も少なくなく、テイラーが言ったのとは異なる次元で「差異のジレンマ」を経験している。5章で論じたジェネシスは典型的な事例だ。ジェネシスは自認（セントラル・ブルックリンと似たような地区で生まれ育ち、地元の人たちと同じような背景をもった黒人）と地元住民に自分がどう見られているか

（ブラック・ジェントリファイアー呼ばわりされる）のギャップに葛藤を覚えるという。ここでもう一度ジェネシスの言葉をふりかえってみよう。

セントラル・ブルックリンに住み始めて15年以上経ちました（中略）黒人で、かつ見た目がクィアでトランスの自分たちが直面した問題の多くは、ここに元からあったコミュニティの住民が抱える問題と共通しています。ブラック・ジェントリファイアーだ、などと言われると、本当に大きな葛藤を感じます。私は黒人ばかりの地区で生まれ、黒人ばかりの地区に移住しました。それなのに（中略）私自身も立ち退かされた経験があります。黒人の大家からです。[22]

ジェネシスは、地元住民との間の溝を埋める手がかりとして、同じ借家人としての困難や「立ち退き」の経験をあげる。そして、このような経験の背後に「借家人―大家」という非対称的な力関係があり、それは必ずしも白人大家vs人種マイノリティの借家人だけではなく、同じ黒人コミュニティ内部を切り裂く力関係でもあることを強調する。

見方を変えれば、ジェントリフィケーションという空間闘争の激化が住民の居住を脅かし、不安が高まるなか、住民の差異に対する意識は鋭敏になり、また差異への警戒心も強まっている。その点でジェントリフィケーションは微細な差異を可視化させ、新たな分断をうみだす契機にもなっている。

## 黒人コミュニティ内の受益圏——持ち家保有者、ビジネスオーナー

借家人にとってはジェントリフィケーションは脅威に他ならないが、持ち家所有者にとっては3章でみたように圧力を受けて脅威を感じる者もいる一方、必ずしも脅威とは考えない者、考えずにすむ者もいる。ケヴィンはジェントリフィケーションによって近隣の人間関係が変質したことを嘆く一方、治安の改善が子育てにもたらす好影響など、変化した空間から得られる利益を認めている。

祖父の代からクラウンハイツに住んでいます。自分は持ち家だから変わりはないけれど、近所の人はジェントリフィケーションに影響を受けています。30年以上住んでいたアパートを失った人たちもいます。乗っ取られたというより、取り上げられたという方が正確です。この辺りでは借家人が多い、持ち家でなければ、簡単に取り上げられてしまう（中略）この界隈を自分のコミュニティとはもはや感じられなくなりました。5年前までは家を出て歩くと、すれ違うのはみんな知り合いでした。今は歩いていてもよそ者です。自分の住む通りでよそ者になったのです（中略）この数年、家を売ってくれと大量のオファーが来ますが、売るつもりはありません。家は資産で、これからも価値は上がるし、（家を売った後）家賃を払ってお金を無駄にしたくない。それにジェントリフィケーションでコミュニティが失われた一方、この地区は5人の子どもを育てるにはいい場所になりました。自分が子どもの頃、フランクリン通りは行きたい場所ではありませんでした。麻薬のディーラーがたくさんいて、放置された建物が並んでいました。今は一掃されました。(23)

また編集者のキーナも地区の空間の変化から利益を引き出したことを認める。彼女も自分が育った、家族の所有する家に住んでおり、両親が退職後にヴァージン諸島に引っ越したのを機に、親の住宅ローンを引き継いだ。彼女は地区の変化についてハローウィンを例に説明する。以前、この界隈はハローウィンの時に子どもを連れて気軽に近所の家を訪ねられる状態ではなかったので、毎年パークスロープ地区まで子どもを連れて行っていた。ところが近年は近隣でハローウィンを楽しめるようになったと彼女は話す。興味深いのは、彼女がそのような変化を「白人住民の増加」と結びつけている点だ。

2、3年前のハローウィンの時から、近隣が白人女性とその子どもでいっぱいだということに気づきました。一体、この人たちはどこから来たのかしら？　地区は上向きになって来たのね、と思いました（中略）白人がいなかった頃、この地区はないものだらけでした。だからハローウィンのたびに、わざわざ別の地区に出向いていました。いまは目の前の通りで楽しめるのです(24)。

もっともジェントリフィケーションによって変容する空間から利益を得るのは持ち家保有者だけではない。地区でビジネスをする黒人の中に立ち退きを迫られる人がいる一方、ジェントリフィケーションから利益を引き出す人たちもいる。その一例として（結果的には閉店に追い込まれた）クラウンハイツにあったバーのオーナー、デリッサの言葉をとりあげたい。彼女の言葉には、地区を改善してきたという自負があり、だからこそ自分には空間から利益を得る権利がある、という考えが表れている。

ここに移ってきたときは、誰も訪ねてこないような場所でした。近くの通りではピザなどのデリバリーの注文ができなかった。配達の人が襲われるからって（中略）この地区は本当に文化的にも社会的にも経済的にも多様でした。アーティストも俳優もいて、カリブ海系もアフリカ系アメリカ人も白人もいた。お客さんの間に垣根はなかった。その後随分変わりましたが、ほとんどの時期、客は23歳から91歳にまたがり、混ざり合っていました。地区の人口が変わってきたと気づくようになり、私は変化をただ傍観したくはない、取り残されたくないと思いました。地区の変化から除け者にされたくなかった。近所の人たちと一緒に活気のなかったこの一角を改善してきました。全国で最悪と言われた地区の一つを、他の人が来たくなるような場所にしたのです。今では最高の地区になった。そこから利益を得て何が悪いのでしょう？　他の人は利益を得ているのに？　これは所有権の問題であり、誰がふさわしいかという問題なのです。(25)

同様の考え方はクレッグの言葉にも浮かび上がる。クレッグはブルックリンで生まれ育ち、大学卒業後に調理人の資格を取った。ペンシルバニア、パリ、マイアミなどで働いた後、ブルックリンに戻り、南部料理のレストランを4カ所で経営する。どのレストランもジェントリフィケーション進行地区にある。いわゆる「ソウルフード」と呼ばれる黒人伝統料理を出すが、単価が高く「黒人のくせにジェントリフィケーションに加担しているのではないか」と非難されることもある。彼はそのような見方は不当だと考える。(26)

かつてハーレムやベッドｰスタイはレストランがあるような場所ではなかったと言いますが、老舗の店がいくつもあります。シルヴィアズに週末に行くと日本人観光客で満員です。彼らはジェントリフィケーションを引き起こしているのか。それとも文化的な名所であって、当初想定していたのとは違う客にも親しまれるようになったと考えるのか。この問いをしっかり考える必要があります。

住民にも実業家にも、ジェントリフィケーションによって変容する空間から利益を引き出す者と、不利益を被る者がいる。ジェントリフィケーションが進行する地区での受益圏・受苦圏は必ずしも白人と黒人、あるいは2節で見たような「黒人vsその他」というかたちで存在するのではない。黒人コミュニティの内部でも空間闘争がもたらす利害が分断を引き起こしている。ただし分断線がどこにあるかという認識は階級や居住のテニュアなどの変数によって規定される。昔からの住民で労働者階級の借家人にとって、分断線は地区における居住年数であることが多いが、「中間階級」とされる借家人にとっては「借家人か大家か」である。

## 地区居住歴という保証と差異化された空間

だが、持ち家やビジネスを通してジェントリフィケーションから利益を引き出す黒人たちを「ジェントリファイアー」と分類するのは適切だろうか。この問いを考えるために、ウォルストンの言葉を見ていこう。ウォルストンは小学生の時にガイアナから家族と米国に移住し、以来ベッドフォード＝スタイヴェサントに住み続ける。妻のクリステルは祖母の代から同地区で暮らす昔からの住民だ。二人は１９９５年、同地区にブラウンストーン建築の小さな3階建の家を15万ドルで購入した。そして２００４年には19世紀の南北戦争期に建てられた約370平方メートルもあるが、傷みの激しい邸宅を54万ドルで買い替えた。そしてウォルストンは毎晩、仕事から戻ると、自分で家の改修作業に取り組んだ。最初はアンティーク・ショップを営んでいたが、2000年代前半に不動産業に鞍替えした。新しい仕事はうまくいっているが、彼のビジネスが地区を変えてしまったと非難する住民もいるという。それに対してウォルストンは次のように述べる。

ジェントリフィケーションという言葉を使いたいのならどうぞ。私はなんの葛藤も感じません。1995年に妻と家を買った時から私たちはジェントリファイアー同様でした（中略）街の変化は大歓迎です。街を変えたいのです。残念なことに変化の蛇口を一度開けたら再び閉めることはできない。水のようにただ流れ出るのです。それも全開の勢いで。それはベッド＝スタイがもはや黒人中心の街ではなくなることを意味します。[27]

もっとも、ジェントリフィケーション進行地区の持ち家保有者と言っても、白人と黒人の間には違いも見られる。白人の多くは地区外から転入してきたのに対し、黒人は昔からの住民が多い。新しく移り住んできた者と家族が所有した家を引き継いできた者では、同じ地区の持ち家保有者といっても、地区の空間との関係も社会経済的な条件も大きく異なる。そして昔からこの土地にいたという事実は（挑発的に自らを「ジェントリファイアー」と称したウォルストンのような場合を除き）ジェントリファイアーという批判を回避し、地区における正当性を黒人コミュニティ内部で示すための論拠に用いられる。[28]前述のクレッグがジェントリフィケーションについての質問に対し、防衛的に述べた言葉は典型的である。

ここ出身の自分が（ジェントリファイアーだと）批判を受けるのはおかしなものです。私はほぼ半世紀ここに住んできました。ずっと昔から住んでいる。いまビジネスをしている場所から地下鉄C線で2駅しか離れていない場所にある家で私は生まれました。そしていま住んでいるのは反対方向に15分歩いたところです。

その一方、黒人の持ち家保有者全員が同じように考え、行動するわけではない。自分の状況を肯定的に認める点では同じでも、地区コミュニティや空間との関わり方については、クレッグやウォルストンのように防衛的な反応を示す者もいれば、そうでない者もいる。マークはクラウンハイツでかつて祖母が所有していた家に妻と子どもと暮らす。祖母は姉妹と一緒にジャマイカからニューヨークのハーレムに渡り、裁縫労働者として働き、1950年代初めにクラウンハイツに引っ越した。そのような彼女が持ち家を所有できたのはある幸運からだった、とマークは述べる(29)。

私の理解では、祖母たちがここに住む前、家を所有していたのはユダヤ人女性でした。その女性が家のローンを開いてくれました。その女性が銀行となったのです。とても驚くべきことです。祖母が越して来た時代、このあたりの黒人は銀行でローンを組むことができなかった。だからこそ、家の所有者だった女性自身が銀行を通さずに月賦での返済を認めてくれたことは本当に貴重でした。祖母が病気になり、家は父に託され、その後、私が父から家を頭金なしで買い取りました。そうでなかったら無理だった。多くの人たちが家を手に入れるために騙されたり、差別されたりしますが、私はそのような試練を経験せずに済んだのです。

マークは黒人が金融業者に狙い撃ちされるのを防止するため、「金融の公正」の領域で活動を始め「セントラル・ブルックリン金融組合」を立ち上げた。また社会正義とジェントリフィケーションによる立ち退きのためにも活動を行っている。

私は自分の……ほとんど責任と言ってもよいものを自覚しています。次世代の黒人と同胞の未来に対して負っている責任です。

マークが地区における自分の立場を「責任」という言葉で表現した背景には、自分の置かれた状況が単なる能力主義の帰結ではなく、ある種の偶然によってもたらされた幸運だとの認識がある。つまり、自分の家を保有しているか否かという「大きな差異」は偶然性という「微細な差異」に起因しているのであり、他の者たちも同じものを手に入れることもできたはずなのだ、という不平等の認識がある。そこから彼は自分の幸運をコミュニティに還元する責任があると考える。

いまセントラル・ブルックリンで家を持っている人は大富豪です。私たちは運が良かっただけです。

私や妻が職を失ったり、何かが起きないとも限りません（中略）いま富を持っている人はそれに値すると思います。でもだからと言って、その人たちが他の人より多く働いたわけではない。まだ家を買うことが可能だったちょうどいい時代に、たまたまそこにいただけなのです。この状況は、今日の中間階級の黒人たちにとってフェアではありません。

同じ地区の、同じ黒人持ち家保有者であっても「もはや蛇口は閉まらない」と運命論に身を委ねるウォルストンの個人主義の論理と、コミュニティへの責任を語る（そして社会運動や地域支援に関わることでそれを実践する）マークの論理は大きく異なる。持ち家保有者がジェントリフィケーションによる空間の変容から利益を引き出しているとしても、そのことをどのように考え、行動するかについても大きな違いが見られる。

このように「黒人」カテゴリー内部には階級やエスニシティにもとづく差異だけでなく、職業、居住のテニュア、居住履歴、ライフヒストリーなど様々な変数が交差するかたちで多様な差異を生み、居住空間との関係や地域コミュニティとの関わり方にも影響を及ぼしている。

## 4　相互不信とコンフリクトを強化する構造

セントラル・ブルックリンでは多様な差異を抱えた人びとが共存しているが、その間には複数の境界線が走っていることを見てきた。本節ではこのような「共存」がコミュニティにどのような影響を及ぼしているのかをみていく。この点について、2節で引用したユダヤ人・黒人間についてのマークの言葉をもう一度ふりかえってみよう。

二つのコミュニティの間には基本的に何も交流がない。例外はなにか問題が起きた時だけです。ユダヤ人が黒人について唯一知っているのは読んだことで、それも読んだ記事が暴力事件のようなものだけだとすれば、「黒人は危険」ということだけが記憶に残ります。問題はここにあります。冷戦と同じです。分断している。このような分断から恐怖が生まれるのです。

交流がないため身近な他者への理解は深まらず、メディアで得られる断片的な知識がかえって恐怖心を強めるという指摘は集団脅威仮説と重なる。しかも身近な他者への恐怖心は住民の日常的な実践にも影響する。ある現実は、住民が内面化した「物の見方の原理」(Bourdieu, ed. 1993=2019) に基づいて解釈され、意味づけが行われるからである。この点について、地域の若者支援にたずさわるエイミーの言葉を例にみていこう[30]。

文化面での誤解も続いています。ユダヤ人と黒人――大半はカリブ海出身です――は文化面で共通点がほとんどありません。自分たちが軽視されていると感じたとき、たとえばユダヤ人の歩行者が黒人に間違ってぶつかり、謝らずにそのまま行ってしまったとしましょう。文脈が異なれば、取るに足らないものと受け止められるような行為ですが、それが消えない怒りを生みます。黒人は自分たちの存在がユダヤ人の眼中にはないと感じています。ルバヴィッチ派の店員は、聖典にならって異性の客にはお釣りを直接手渡ししません。カウンターの上に置きます。それを黒人の客に対してやると「彼らは私に触りたくないのだ、それは私が黒人だからだ、私を汚いと思っているのだ」と思ってしまうのです。

ここで注目したいのは、それがエイミーの言うように黒人住民の「誤解」なのか、それともマイクロアグレッションであるのか、についてではない。黒人住民がこのように反射的に考えるとすれば、エイミーが言うような「文化の違い」だけでなく、黒人差別の長い歴史や、差別と闘って一定の権利を獲得した黒人運動の歴史を通して形成された「物の見方の原理」に規定されてもいる点である。クラウンハイツのコミュニティの関係性は、このような集合的に獲得された認知のフレームにもとづいて解釈されている。だからこそ日常のちょっとしたやり取りにも意味が付与される。

だが日常の解釈を規定する認知のフレームは、歴史的経験の積み重ねのみで形成されるわけでもない。そこには同時に行政や警察などの公権力が及ぼす影響、より具体的には公権力が与える承認も影響を及ぼしている。マークは、行政による助成金が地区の少数派であるユダヤ人コミュニティに対して多く配分されるなどの扱いが黒人住民の反感を強めていると指摘する(31)。

ユダヤ人はクラウンハイツではマイノリティで、クラウンハイツ・ユダヤ・コミュニティ評議会のコーエンによれば、ユダヤ人はこのエリア住民10万人の20―25%ですが、その割合以上に大きな影響力を持っています。印象面でもそうですが、実態も同じです。少数のグループが地元の政治家や警察と密接な関係をもち、公的資金も最大限利用しています。そういうこともあって、クラウンハイツの黒人住民のなかにはユダヤ人に恨みを抱く者もいます。

エイミーも同様の指摘をする。もともとある黒人・ユダヤ人間の経済格差に加え「行政がえこひいきしている」という認識が黒人住民の間で共有されており、このような認知のフレームであらゆる出来事が解釈され、結果的にユダヤ人コミュニティへの反感が増幅されているという。

黒人住民はユダヤ人自警団パトロールの車を見ると、それが警察の車によく似ているので、こんな風に考えます。「どうやって彼らは警察の車を手に入れることができたのだろう？　どうやってこれほど多くの資源を手に入れることができたのだろう？」ユダヤ人自警団が市の信用を獲得し、公的援助を受けるようになったということに、黒人住民はとても苛立っているのです。

## 警察への通報の増加とその帰結――コーナーストア・キャロライン事件

文化的差異や歴史的要因に加え、行政の対応が住民間の相互不信を強め、摩擦を悪化させていることを見てきたが、公権力のなかでも警察の存在はコミュニティ内部の対立をより複雑にしている。それを如実に表したのが、「レッド・アップル・ネイルズ」事件から2カ月もたたない2018年10月にフラットブッシュで起きた「コーナーストア・キャロライン事件」である[32]。

発端は、食料品店で買い物をしていた中年の白人女性が「黒人から性的暴行を受けた」と警察に通報したことだった。ところが問題の「黒人」とは母親と連れだった9歳の少年で、しかも店内の監視カメラの映像を確認しても、少年のリュックサックが女性にぶつかったようにしか見えなかった。非難された少年は泣き叫び、少年の母は猛抗議し、一部始終を近隣の住民が撮影してSNSで拡散し（この投稿で女性に「コーナーストア・キャロライン」という仮名がつけられた）大騒動に発展した。少年の母親と近隣住民は政治家やメディアを巻き込んで抗議運動を組織した。

ブラック・ライヴズ・マター運動において問題化されてきたように、警官や自警団による黒人殺害、暴行は後をたたない。だからこそ白人が警察を呼ぶという行為は、黒人にとって単なる通報以上の意味をもつ。それは白人優位の誇示であるだけでなく、命を脅かされる恐怖を引き起こす。しかも女性が通報時に言った虚偽の内容――黒人男性（少年）による白人女性への性的暴行――は公民権運動を前進させる契機となったエメット・ティル惨殺事件のように、黒人リンチを正当化する論拠として濫用されてきたものである。一見ささいな事件はこのような歴史の重みと深く関わっており、だからこそ黒人住民の深い怒りを引き起こしたのだった。

問題は、この手のマイクロアグレッションが「事件化」するのは例外的である点だ。住民の人種構成がジェントリフィケーションによって変化しつつある地区で、ちょっとした住民間トラブルが起きると警察に通報するという行為が頻発している。2節で述べた「レッド・アップル・ネイルズ」事件もそうだったし、フィラデルフィアではジェントリフィケーションの進む地区にあるスターバックスで、知人を待っていた黒人が注文せずにトイレを使ったというだけの理由で店員が通報し、黒人客が逮捕される事件も起きた(33)。

CBO「フラットブッシュに平等を」によれば、同地区でも住民構成が変化するなか、人種間・新旧住民間のトラブルが増加している。内容は多岐にわたるが、昔からの黒人住民の間では「白人はちょっとしたことですぐに通報する」という不満が広がっている。こうした住民の感覚を裏づけるデータも発表されている。ベックは2009～2015年のデータに基づき、ジェントリフィケーションが発生し、中間階級住民の増えた地域では警察への通報が増加したことを明らかにした（Beck 2020）。またニューヨーク市には警察や火災などを通報する緊急番号911のほか、生活一般に関する苦情対策番号311があるが、この苦情申し立て件数の変化を調査した研究者グループも、ベッドフォード＝スタイヴェサント、クラウンハイツ、ブッシュウィック、フラットブッシュといった白人の増加が著しい黒人集住地区では、311への申し立て件数が急増し、市平均を7割以上も上回っているとしている[34]。

実際に警察を呼ばなくとも「通報の脅し」をされたという経験も住民の語りに頻繁にあらわれる。イースト・フラットブッシュで生まれクラウンハイツで育った黒人でクィアのレイチェルは次のように語る[35]。

友だちとバスケットボールのコートにいました。フルトン通りとクラッソン通りの交差点にある公営のコートでした。ベビーカーを押した2人の白人女性がきて使用許可はあるのか、と聞いてきました。地区住民の施設だ、それ以外には使う権利はない、違反するなら警察を呼ぶというのです。彼女たちはわかっていません。警察を呼ぶことは黒人の命を危険に晒します（中略）彼女たちは、警察は市民を守るために給与を払われていて、実際にそれを実行していると確信しています。でも私たちの実感はまるで違います。警察は市民ではなく資産を守っているのです。

レイチェルの語る恐怖は年齢や階級にかかわらず多くの黒人に共有されている。前述のマークでさえ――CBOの代表でジャーナリスト、しかも持ち家を保有する中間階級の彼――も次のように述べる。

警察の近くにいるときや、警官のそばを通りすぎるたびに、必ずいつも恐怖を感じます（中略）治安がよくないと言われる通りを夜一人で歩いているときよりも、強い恐怖を感じます。

警察に対する恐怖を「単なるパラノイア」とは呼べないことは、過去の歴史や度重なる警官による黒人殺害事件を考えても明らかだろう。こうした人種間の暴力という過去があったうえで、警察に通報するというマイクロアグレッションが多発している。重要なのは、警察の存在が単に黒人住民に恐怖を与えるだけでなく、コミュニティ内部の分断を悪化させているように見える点だ。たとえば2018年4月にはクラウンハイツのユティカ・アヴェニューとモンゴメリー・ストリートの交差点――1991年のクラウンハイツ人種蜂起の発端となったギャヴィン・ケイトーが車に轢殺された場所から3ブロックしか離れていない場所だった――で34歳の黒人男性が警察に射殺された。警察は住民から「男が銃をもって暴れている」と通報を受けて現場に駆けつけた。男性は命令に従わず、警察は射殺した。男性が持っていたのは銃ではなくノブ付きの鉄棒だった。男性は地元ではよく知られており、精神疾患を抱えていた。事件後、住民の間では「白人ジェントリファイアーが通報したのだ」と人種に基づいたフレーミングが行われ、抗議活動が発生し、「白人vs黒人」の亀裂が改めて顕在化した[36]。警察の介入とそこで生み出される暴力が、すでにコミュニティ内にあった対立を激化させたのである[37]。

もっともコミュニティにおけるトラブルへの警察の介入が問題ばかりを引き起こしていると捉えるのも一面的だろう。前述のベックの調査は通報数の増加を明らかにしたが、同時に通報の増加が必ずしも逮捕数の増加と比例していないことも示した。ジェントリフィケーション進行地区における警察の活動の影響についてはより慎重な検討が必要だ。

しかし異なる背景をもつ住民が共存する地区において警察への通報が増加していることの意味と帰結は改めて問われなければならない。通報という行為は、住民間でトラブルの解決を模索するのではなく、公権力など外部に解決を委ねる態度である。住民間に信頼関係があり、コミュニケーションが十分にとれれば、対話を通して解決を探れるはずだ。しかし信頼がなければ、対話を初めから放棄し、通報という手段に頼ることになる。つまり通報の増加はコミュニティ内部の信頼関係のなさを反映している。

そして、このような通報行為はコーナーストア・キャロラインのように白人が黒人に対して行うという一方的な形で表れており、歴史的に形成されてきた不平等な人種間関係を前提としている。そのことが黒人住民にとって大きな圧力になっていることは本節で見たとおりだ。したがって、信頼関係がないがゆえの通報行為がさらに相手への不信感を強めるという負のスパイラルに陥る[38]。コミュニティ内の信頼関係のなさは警察の介入を引き起こし、時に住民の死や暴力事件といった深刻な帰結を生み出し、分断を悪化させている。

## 5　変化する空間と関係性の再編

本章では、セントラル・ブルックリンにおける住民間の差異が「白人中間階級の新住民」と「黒人労働者階級の旧住民」の間だけではなく、多様なカテゴリーの間や、同一カテゴリーの内部にも存在することを確認し、複雑な「差異の坩堝」で住民がどのように「共存」しているのかを考察した。地域の変化と連動した多様な住民の共存は、そこにある多様性を可視化させ、意識させ、新たな差異への気づきを生み出している。同一カテゴリーの内部にも空間に紐づけられた複数の分断線が走っており、それらは文脈に応じて再編され、空間への異なる関係を生み出している。このような複雑なコミュニティ内に根を張る相互不信は、警察をはじめとする行政の介入によって先鋭化し、時に深刻な対立を生じさせてきた。居住を通した日常的な実践は「場」を形成し、空間の機能を定め、社会的影響を与える。こうして空間はある者には住みにくく、別の者には魅力的になっていく。

以上の考察をふまえた上で、本章の冒頭で提起した問い――異なる背景をもつ住民の接触が相互理解をもたらすのか、それとも排除や分離をもたらすのか――を検討したい。近年、英米圏を中心に行われた研究では、オルポートの接触仮説は棄却しつつも、コンタクトの質を問題化し、相互理解が促進される条件に光を当ててきた（cf. Valdez 2014, Kaufmann and Harris 2015）。だが、このような議論に対する批判も展開されている。ガジアニとブローディンはゲイ集住地区に住む「リベラル白人」への調査にもとづいて、接触をめぐる論争に新たな論点を提示した。

接触仮説の支持者は単発ではなく継続的な接触が態度の変化には必要だと主張してきた。我々の研究はそれも十分ではないことを示した（中略）性的多様性に日常的に触れたからといって考えが完全に変わるわけではない。少なくともボーイストウンやアンダーソンヴィルのようなゲイバーフッドの異性愛住民たちに、ゲイバーフッドの空間が文化的に固有の方法で利用されることを認識させ、尊重させるには至っていない（中略）以上が説明するのは、なぜ20年以上同じ空間を共有しているにもかかわらず、接触が不快感やホモネガティヴィティを生み出しうるのかである（Brodyn and Ghaziani 2018: 321)。

ガジアニらは、この議論がセクシュアリティだけでなく人種・エスニシティの多様性に関しても応用できるとし、「人種のるつぼが自動的に平等を生み出すわけではないことを肝に銘じなくてはならない」（*ibid*: 324）として、「接触」が相互理解を生み出すことの困難を強調した[39]。本章の考察もガジアニらの指摘に基本的に合致する。セントラル・ブルックリンには人種、階級、エスニシティに加え、歴史、居住履歴、居住テニュアなどさまざまな差異による分断線が走っている。多様な差異を抱えた人たちは同じ空間で暮らしているが、交流のないことが多い。それは身近な他者への「静かな不信感」となり、ときに深刻な対立を生み出した。なかでも警察の介入は、米国社会に深く根ざした日常のレイシズムの影響も受けながら、コミュニティの分断を悪化させ、住民の日常的な実践も規定している。このことを表す例としてクラウンハイツ住民のアルの語りをとりあげる。その語りは、白人住民の増加にともなう警察の増員が、黒人住民の行動を規定し、他者への不信感を強め、体感治安を悪化させていることを示している。

夜遅く、近所のスーパーに、ジュースかチップスか何でもいいが買いに行くとしよう。それで店に行く途中、目の前を白人女性が歩いていたら、間違いなく歩くスピードを落とすよ。大声あげられて、警察がきて、暴力ふるわれたら、たまらないからね。この街で身の安全を感じなくなった。もうフードを被るのさえ怖いよ。[40]

ジェントリフィケーションが進行し、多様な住民が共存する空間で、特定の属性を持った者——若い黒人男性——が危険視されることによって、その者たちも別の属性を持った者——ここでは白人女性——を危険視することにつながっている。つまり危険の意識が別の危険を増幅させるという連鎖が生じている。[41]

以上の考察から見えてくるのは、ジェントリフィケーションが引き起こす空間闘争が住民の認知の枠組みにも大きな影響を及ぼしている、という点である。セントラル・ブルックリンの住民コミュニティにおけるカテゴリー間とカテゴリー内部の差異はこのような空間闘争によって先鋭化し、また「ジェントリフィケーション」という認知のフレームを通して理解されることで、対立の争点として鋭敏に意識されている。

だが同時に、過度に現実を分断のナラティブで覆ってしまうことにも注意が必要だろう。なぜならセントラル・ブルックリンでは複雑な分断がある一方、共闘も重ねられてきたからである。そのことを考えるために、フランスのジェントリフィケーション進行地区における共存の困難について論じたシャブロールらによる次の指摘をみてみよう。

たしかに忘れてはならないのは、ジェントリフィケーションによってもたらされた身体的共存が、交流や出会い、連帯をもとからの住民だけでなく新たにやってきた住民にももたらしていることだ(Chabrol *et al.* 2016: 346–347)。

シャブロールたちは、この指摘の後に「ただし、これらの実践は学校や商店、地区での生活など多岐にわたるが、それらは新住民にコントロールされていることが多い」と付け加えている。だがそのようなコントロールがあったとしても、旧住民が常に受け身でいるわけでもない。セントラル・ブルックリンでの観察を通して浮かび上がったのは、本章で論じた分断とともに、それを乗り越えようとする共闘の試みであった。分断と共闘はどのように拮抗しているのだろうか。非常に複雑、かつ複数的で、多様な差異の際立つコミュニティでどのようなかたちの共闘がありうるのだろうか。本章で論じてきた「相互不信」を乗り越えるコミュニティ再構築の試みは可能なのか。分断と拮抗する取り組みを過剰に評価するのでも無視するのでもなく、矛盾があるままに描きだし、向き合って考え、評価することも大切なのではないか。第III部ではこのような取り組みを描き出し、その意味を問う。

（1）ジェントリフィケーション研究における人種と立ち退きの関係についてはFallon（2021）も参照。
（2）ユダヤ人コミュニティはニューヨーク市の社会運動で大きな役割を果たしてきた。ジェイコブズを中心とした再開発反対運動のほかにも、1968年ブルックリンのオーシャン＝ヒル・ブラウンズヴィル地区で起きた大規模な教員ストライキがユダヤ人を中心に組織されるなど、社会変革を促す中心的アクターとしての歴史を持つ。
（3）2017年にネットフリックスで公開されたドキュメンタリー映画One of Usはハシド派コミュニティを離れた人びとの姿をとらえ、当事者の声を収めた数少ない作品の一つである。
（4）だが、村田はこうした一般的な評価とは異なる視点から事件を捉えている。この人種蜂起は奇しくも初の黒人市長であると同時に一貫して親ユダヤ、親イスラエルの立場をとってきたディンキンズの任期中に起き「人種の調整者」と自らを位置づけたディンキンズは両コミュニティから非難されながらも調停という難しいかじ取りを行った。その評価は1993年のニューヨーク市長選での敗北——敗北は僅差であった——というような単純な形ですべきではないと村田は指摘する（村田 2012: 117–118）。

（5） 黒人による反ユダヤ主義が存在する一方、黒人とユダヤ人の間に歴史的な共闘が存在してきたことも忘れてはならないだろう。なかでも第二次大戦後から公民権運動の拡大に至る時期は、黒人・ユダヤ人共闘の「黄金期」とよばれた。詳細は Greenberg（2006）参照。

（6） 多人種・民族混住地域の分断や排除において噂が与える影響は以前より多くの地域で指摘され、対策がとられてきた。米国では1967年にシカゴでうわさ管理センター（Rumor Control Center 以下RCC）が開設されたのを皮切りに、1960年代末までに全米の100以上の都市でRCCが開設された歴史がある（Young, Pinkerton and Dobbs 2014: 57）。近年ではスペイン・バルセロナで実践され、その後日本にも紹介されてきた「反うわさ戦略」が知られている（cf. 上野 2018, 2019）。

（7） イベントの開催をめぐって激しい批判も起きた。なかでも殺されたユダヤ人青年の家族はフェスティバルの開催は無神経であり、自分の弟の殺害とそれに加えて発生した極めて深刻な事件の矮小化だと批判し、式典を欠席した。詳細は "Festival marking 25th anniversary of Crown Heights unrest is praised and panned," *Brooklyn Daily Eagle*, 2016/08/17.

（8） 本節のマークの語りはすべて2016年8月25日のインタビュー。

（9） 2016年9月2日のインタビュー。

（10） 「アジア系」というカテゴリー内部にみられる多様性とそれが提起する問題については2章註（11）も参照のこと。

（11） Ice Cube 1991 "Black Korea" in *Death Certificate*.

（12） "These Boycotts Are Racist, and Wrong," *New York Times*, 1990/08/31. 一連の事件を先取りするかのように、1989年公開のスパイク・リー監督『ドゥ・ザ・ライト・シング』はベッドフォード＝スタイヴェサントで食料品店を経営するコリア系移民に対し、黒人住民が露骨な敵意を抱いている様子を描き出していた。

（13） 2019年3月28日のインタビュー。

(14) 事件については以下の記事も参照のこと（https://www.nytimes.com/2018/08/07/nyregion/brooklyn-nail-salon-brawl-protest.html　2020年4月7日最終閲覧）。
(15) 2019年12月27日のフィールドノート。
(16) 2019年12月21日のインタビュー。
(17) カトリックのイタリア人やアイルランド人は「ホワイト・エスニック」と分類され、カテゴリーの頂点に位置づけられたWASPと区別され、差別の対象となってきた。またユダヤ人も宗教、エスニシティが異なるが、統計上は「白人」に分類される。このように白人というカテゴリー内部にはWASPを頂点とする多様なエスニシティが序列化されて存在する。
(18) 本書ではすべての黒人内の差異を扱うわけではない。ブルックリンのジェントリフィケーションとの関係から、空間に紐づけられた差異に限定して議論を進める。
(19) テイラーの議論はマイノリティ中間階級一般にも（一定の条件のもとで）適用可能であるだけでなく、多くの移民の経験にもつながる射程をもっている。一例として、アルジェリアからフランスへ移住した人びとが出身国でも移住先でも周縁化される状況を「二重の不在」と呼んだアブデルマレク・サヤードの議論がある（Sayad 1999）。
(20) たとえば2015年8月25日の *The Guardian* の記事 "I'm a black gentrifier in Harlem—and it's not a good feeling" 参照。
(21) 2016年9月22日のフィールドノート。
(22) 2016年8月25日のインタビュー。
(23) 2017年8月27日のインタビュー。
(24) 2017年8月27日のインタビュー。
(25) 2016年7月28日のインタビュー。
(26) 本節のクレッグの語りは2017年8月30日のインタビュー。
(27) 2016年7月3日のインタビュー。
(28) 黒人コミュニティ内部で「ジェントリファイアー」と認識されるかどうかの問題とは別に、白人が中間階級の黒人をどのように認識するかという問題もある。アキラーは自分自身を新住民の中間階級と考えているが、白人の友人たちは彼女をジェントリファイアーと決して見なさないことを指摘し、その理由を「黒人だから地区に影響を与えるようなパワーがないとみなされている」と説明した。ここにあるのは「ジェントリファイアーと見なされないこと」に差別が宿っているという理解である（2016年6月19日のインタビュー）。

(29) 以下、本節のマークの語りは2019年12月21日のインタビュー。

(30) 以下、本節のエイミーの語りは2016年9月2日のインタビュー。

(31) 以下、本節のマークの語りは2016年8月25日のインタビュー。

(32) 以下の議論は拙稿（森 2018c, 2019a）に大幅に加筆修正を加えたものである。

(33) https://www.vox.com/identities/2018/5/19/17372164/starbucks-incident-bias-bathroom-policy-philadelphia（2019年4月19日最終閲覧）。

(34) Tanvi Misra, "Yes, 311 Nuisance Calls Are Climbing in Gentrifying Neighborhoods," *Citylab*, 2018/10/19.

(35) 2016年9月1日のインタビュー。

(36) "Outrage in Crown Heights After Police Kill Mentally Ill Man," WNYC, https://www.wnyc.org/story/outrage-crown-heights-after-nypd-kill-mentally-ill-man-pipe/（2019年4月19日最終閲覧）。

(37) 警察の介入は「ユダヤ人vs黒人」の対立も深刻化させている。クラウンハイツの地域コミュニティ組織で暴力防止プログラムを率いるイフェは、黒人住民には自分たちが公権力から不当な扱いを受けているとの恒常的な不満があり、それがユダヤ人住民への反感にもつながっていると指摘する。「黒人住民は心の奥に不満を抱いています。不満があるからこそ、ユダヤ人ばかりがいい思いをしている、警察にも政治家にも特別扱いされていると感じるのです。『彼らは家を持ち、好き放題やって、責任は問われない』こんな風に地区の有色人種の住民たちは思っています。普段はうちに秘めている思いが、何かが起きた時に外に溢れだすのです。ユダヤ人だったらこんなひどい目には遭わない、と」（2016年8月25日のインタビュー）。

(38) このような状況への対応として「フラットブッシュに平等を」が中心となって2018年に始めたキャンペーンについては本書8章を参照。

(39) クラウンハイツ人種蜂起を研究したゴールドシュミットも、多文化主義の議論は都合の良い差異を対象にしているだけであり、現実の差異の共存は簡単ではないと批判を行っている（Goldschmidt 2006: 234–237）。

(40) 2017年8月30日のインタビュー。

(41) こうした問題が深刻な形で表れた例に、ジョージ・フロイドが警察に殺害されたのと同じ2020年5月25日の朝、ニューヨークのセントラル・パークで野鳥観察をしていた黒人男性が、飼い犬のリードを外していた白人女性にリードをつけるよう注意したところ、その女性が「黒人に脅かされた」と警察に虚偽の通報をした事件（エイミー・クーパー事件）がある。

# III

# ジェントリフィケーションの再解釈と「共生」

第II部では、差異が複雑に絡み合ったセントラル・ブルックリンの「差異の坩堝」において住民がどのように共存しているのかを考察した。交流なき他者への相互不信が行政の介入によって先鋭化し、時に深刻な対立を生じさせていることを見てきた。だがその一方で、同じ地域コミュニティのなかに分断を乗り越え、新たなつながりを模索する動きもみられる。

第III部ではこのような「差異の坩堝」からどのようななつながりが、何を媒介にして生まれているのか、そこにはどのような緊張や課題が生じているのかを検討する。以下では、セントラル・ブルックリンにおいて可視化されてきた「反ジェントリフィケーションの実践」がどのように行われているのかを明らかにし（7章）、そのような実践が同時に人種横断的な共生の試み（8章）という側面も有しており、こうした積み重ねがパンデミック下でも社会的資源となった（9章）ことをみていく。それを通して、ジェントリフィケーションを住民間の「対立の争点」ではなく「共通の課題」に読み替えるという「ジェントリフィケーションの再解釈」が起きてきたことを示す。

# 7章 反ジェントリフィケーションの多様な実践

## 1　はじめに

2017年9月9日午前11時ごろ、夏を惜しむような強い日差しが照りつけるなか、200人あまりのデモ隊がバークレーセンター前を出発した。黒地に白い文字で「ブルックリンは売り物ではない」と書かれたTシャツを着て「ブランチ、くそくらえ！」[1]「人種主義的な都市計画をやめろ」「警察の暴力が黒人を立ち退かせる」「クラウンハイツは売り物ではない」「ジェントリフィケーションはゲイ地区を破壊する」「ジェントリフィケーションはPOCに対する暴行」「ニューヨーク市警よ、ブルックリンの移民に手を出すな」などと書かれたプラカードを掲げ、太鼓や笛の音とともに「おい、おい、欲深い大家は出て行け！」「誰のまち？　私たちのまち！」「私たちは何を求める？　手頃な住宅！　いつ求める？　いま！」などシュプレヒコールをあげた。

隊列は午後1時半にクラウンハイツのエベッツフィールド団地、3時にベッドフォード＝スタイヴェサントのハーバード・ボン・キング公園、5時にブッシュウィックとベッドフォード＝スタイヴェサントの境界にある交差点を経由し、午後6時すぎに終着点のマートル通りとワイコフ通りの交差点に到着した。全行程10マイル（約16キロ）7時間の大行進は途中で参加者を増やし、終着点では広場に入り切らないほどの人びとが詰めかけ、沿道からは大きな声援が送られた。

これまでもジェントリフィケーションへの抗議活動はブルックリンの様々な場所で行われてきた。だが今回の「ジェントリフィケーションとレイシズム、警察の暴力に反対するブルックリン・マーチ」（以下、マーチ）は「ブルックリン反ジェントリフィケーション・ネットワーク（Brooklyn Anti-Gentrification Network 以下BAN）」を中心に100あまりの団体が協力して実施した初のイベントだった。マーチの様子はメディアでも広く報道された。

一般に「反ジェントリフィケーション運動」というと想起されるのはこのような街頭行動のイメージだ。しかし街頭行動は反ジェントリフィケーションのもっとも目立つ部分ではあるが、活動全体の一部でしかない。様々な分野で反ジェントリフィケーションを目的とする多様な活動が行われている。本章はそれらを「反ジェントリフィケーションの実践」と呼ぶ。実際にどのような実践が行われているのか。さまざまな実践の間にはどのような関係があるのか。以下では反ジェントリフィケーションの実践が生まれた歴史的経緯を示した後、その全容に迫り、それらがどのような関係性のなかで反ジェントリフィケーションの活力を生み出しているのかを検討する。

## 2　居住をめぐる「たたかい」の歴史——テナント運動とコミュニティ・オーガナイジング

### 労働運動との連携と断絶

ニューヨークの居住運動には長い歴史がある。ジェイコブズに代表される1950年代以降の再開発反対運動（5章2節参照）や、1960年代以降の「コミュニティ主導型都市計画（community based planning）」に代表される都市形成過程への住民の積極的関与の歴史は知られている。だがアンゴッティによれば、ニューヨークの居住運動の起源はそれ以前に遡らねばならない。第一に、公民権運動が拡大する約250年前にニューヨークで発生した黒人奴隷蜂起がある。蜂起の原因は都市拡大にともない黒人奴隷の立ち退きが繰り返されたことだった[2]。第二に、私有権を認めつつ、土地を人類の共有財と捉え、土地単一税を提唱したヘンリー・ジョージ市長選挙運動がある。第三に労働運動と借家人運動の協働がある。20世紀初頭に借家人の組織化が進み、1904年にはローワーイーストサイドで初のレント・ストライキが行われた。労働運動にヒントを得て、東欧出身ユダヤ移民を中心に「テナント・ユニオン」が結成され、1919年には約500の建物でレント・ストライキが打たれ、1920年に借家人の権利を擁護する「4月家賃法」の成立を勝ち取った（1929年失効）[3]。第四に世界恐慌後の居住運動がある。1934〜45年、フィオレロ・ラガーディア市政下で住宅への公共投資が加速し、1941年には兵士とその家族への住宅供給を目的に家賃凍結法が成立した。また住民の要望を受けて6000エーカーの「勝利の庭」が創出され、1970年代に広く展開されるコミュニティ・ガーデン運動の原型を作った（Angotti 2008: 82–87）。

## ジェンダーと人種の中心的役割

だが1950年代に再活性化した居住運動には新たな側面もあった。第一に女性の中心的役割があげられる。かつての居住運動は労働運動と深く結びついており、そこでも女性は重要な役割を果たし[4]、20世紀初頭のテナント運動の担い手も女性が中心だった。だがテナント運動と密接に関わっていた労働組合では女性は低い地位に置かれ続けた。1950年代より労組ではなく地域コミュニティを基盤とした都市運動が広がった背景には従来の労働運動におけるジェンダー序列への反発も影響していた。ジェイコブズの重要性はモーゼズが体現していた建築モダニズムによる再開発を批判したことだけでなく、従来の都市計画が男性中心でエリート主義的トップダウン型だったことを批判し、脱家父長制的でボトムアップ型の、生活者の目線にたった都市計画を求めた点にもある。

また1968年以降、居住運動における女性の役割は一層大きくなった。行政主導再開発も従来の居住運動も住民コミュニティをなおざりにしてきたとの批判が起き、住宅だけでなく地域コミュニティを守る運動が女性、特に母親を担い手にして拡がり、その後のコミュニティ主導型都市計画の活性化につながった[5]。

第二に、人種が居住運動に及ぼす影響がある。ニューヨークの都市史が人種主義と居住分離のイデオロギーの大きな影響を受けてきたことはすでに見た。1950年代より「都市衰退防止」の名において行われた都市再開発計画も人種別の居住分離を固定化し、拡大する方向で進んだ。こうした流れに対し、1968年コロンビア大学拡張工事（ハーレムの黒人住民コミュニティを破壊すると批判された）に反対する学生ストライキなど人種差別的な再開発を批判する抗議運動が広がった。

## CBOの誕生

人種マイノリティの居住とコミュニティの活性化、住民のエンパワメントに決定的な役割を果たしたのが地域コミュニティ組織（以下CBO）だった。CBOは①特定の「街区」などの小さな単位を活動のベースとし、②地域コミュニティのニーズ全体を見据えた活動を行い、③住民参加を重視する、の三点を特徴とする（Marwell 2007: 4）。都市部の貧困が深刻化した1960年代前半、ニューヨーク市の複数のマイノリティ集住地区で住民自身でコミュニティの改善をめざす試みが始まり、次々にCBOが結成された。(6)

この動向に目をつけたのが、初のアイルランド系大統領となったケネディだった。(7)「貧困対策」を重要課題に位置づけていたケネディ政権は1961年青少年非行委員会を結成し、貧困地区住民を組織し、変革を目指すCBOを支援する助成金プログラムを作り、1964年までに全国13のCBOが総額1100万ドルの助成を受けた。(8)ジョンソン政権もこの流れを推進し、1964年公民権法に加えて「貧困との戦い」の一環で「経済機会法」を制定し、同法下の施策の中心に「コミュニティ活動プログラム（Community Action Program 以下CAP）」を位置づけた。全国で約1000の地域に「コミュニティ活動機関」を設置し、連邦政府の助成金を（州政府などを介さずに）直接投じ、住民の「可能な限り最大限の参加」（土屋 2009）を促した。

同プログラムは既存CBOの支援だけでなく、新たなCBOの結成を促した。たとえば1963年に結成されたCBO「Youth-in-Action」は当初、活動をベッドフォード＝スタイヴェサントに限定していたが、CAP予算を受け、ブラウンズヴィルをはじめ、他の人種マイノリティ集住地区にもノウハウを提供した（Marwell 2007: 29–30）。これらの地区は貧困が集中し、一部では蜂起が起きるなど状況は不安定だった。CBO支援はこうした都市問題対策としての性格を有していた。

ＣＢＯは住民コミュニティの改善に必要なものを、行政や活動家ではなく住民自身に決定させ、自立を促した。活動の中で特に力が入れられたのが住宅問題だった。こうして１９７０年代以降、地域で放棄された住宅を修繕・管理し、住民に提供する実践が広がった。

## １９７０年代の文脈と自律的空間の模索――スクワッティング、ホームステディング、コープ住宅

１９７０年代のニューヨーク市では都市の荒廃が深刻化した。白人中間階級の郊外転出が進む一方、インナーシティには人種マイノリティ低所得層が滞留し、こうした地域の住宅所有者がメンテナンスを放置し、劣化の激しい住宅を放棄する事例が続出した。すでに１９６０年代後半には市全体で10万戸の放棄が確認され、その数は１９７０～78年には年間平均約４万戸に増大した。固定資産税を滞納し、市に接収された「インレム住宅」は１９７９年には10万戸に達した（平山 2003: 149–151）。しかし１９７０年代末に財政難に陥った市はこれらの住宅を活用する手段と方法を示せない状態が続いた。

都市の住環境が悪化するなか、放棄された住宅を占拠し、必要な修繕を自ら施して居住するスクワッティング（squatting）やホームステディング（homesteading）などの実践が住民と活動家によって行われるようになった。たとえばウイリアムズバーグでラティーノ住民を支援していた活動家たちは、放棄された住宅を占拠して、住民を入居させ、数カ月分の家賃の代わりに修繕を行わせ、放棄された建物を居住可能な状態にした。またメンテナンスが放置された建物を調べあげ、住民が家賃として支払うはずだったお

金をプールし、上記のサービスを復旧させた。こうしてコミュニティ・グループによって自律的な空間の確保が模索された（森 2019c: 49–51）。同様の自助住宅修繕は他のマイノリティ集住地区でも行われた。

草の根の活動が一定の成果を収めると、ニューヨーク市の住宅関係者（都市計画者、弁護士、社会サービス供給者、教会関係者、公選職員など）も関心を寄せるようになった。1972年、住宅政策に大きな変化が起きつつあることを認識したウイリアムズバーグの活動家たちはCBOロス・スューレス（Los Sures）を立ち上げ、他地区のCBOや法律家と協力して市の住宅開発局にかけあい、インレム住宅の修繕・管理を住民コミュニティに任せるよう要請した。さらにロス・スューレスはインレム住宅を民間に払い下げる住宅開発支援基金（Housing Development Fund Corporation 以下HDFC）を利用し、修繕住宅をただ同然（250ドル）で買い上げ、住民に共同所有させた。1970～1980年にかけてウイリアムズバーグで38棟のHDFCを作り出し、1990年代末には300戸の住宅に1000人が居住した。インレム住宅の共同取得をCBOではなく借家人グループが行うのがコーポラティブ住宅で、HDFCとコーポラティブ住宅のいずれもシェア・オーナーが毎月管理費を支払って運営し、シェア部分は10年間転売を禁止され、転売時の収入条件も定められた（森 2019c: 52–53）。この枠組みで2万戸近い共同所有の住宅が創出され（平山 2003: 155–156）、市場原理にもとづいた住宅確保へのオルタナティブを示した。だが皮肉なことに、このような住民グループによる住宅修繕と地域改良が都市への資本投資を活性化させ、地価の上昇を引き起こし、自律空間の確保は再び難しくなったのである。

このような自律空間は現代にも存在しないわけではない。スタレチェスキーは、ローワーイーストサイドにある11の建物でスクワッターが建物の共同所有権を獲得するに至る過程を2014年に終えた聞き取り調査に基づいて綿密に描き出した。だがとりあげられている11の建物の住民は1970年代より活動して1980年代に建物に住み始めた人が多く、それより後に建物に入ってきた人の中には立ち退かされたりより高い家賃を払っていたりするケースが少なくない（たとえば1990年代に入ってきた人の家賃は2300ドルであることが示されている）。またここでとりあげられている「占拠者」には人種マイノリティや移民が相対的に少ない（実際の都市底辺層にはこれらの人たちが占める割合が多いはずであるにもかかわらず）だけでなく、職をもち（それも芸術家や建築家など職業威信の高い）、文化資本の高い人（NYUやバークレー卒など）が多い（Starecheski 2016）。たしかにスタレチェスキーが描き出した事例は存在するが、それは都市から投資が撤退していた1970年代に始まった闘いの遺産という性格が強く、しかも一部の資本を持った人たちに限定された事例と受け止めるべきだろう。都市放棄とは対極にあるジェントリフィケーションの時代において、都市に自律空間を確保する「余白」がなかなか見出せないなか、しかも限られた資本しかもたないセントラル・ブルックリンの住民たちは、どのような闘いを展開しているのだろうか。以下で注目するのが、従来のCBOから派生したCOの実践である。

## CBOの分化とコミュニティ・オーガナイジング

CBO支援は1968年ニクソン政権誕生後に失速し、2年後に停止された。だがこの間に貧困地区——大半が黒人とラティーノ集住地区だった——で多くのCBOが結成され、連邦政府の支援が停止した1970年代以降も州や市政府、民間の支援を受け、都市貧困地区対策の主要なアクターとして活動した。(9)1980年代以降のレーガン政権下で連邦国家による福祉の脱中央化と私営化が進むなか、一部のCBO

**表 7-1　CBO の三類型**

| | 社会サービス団体 | 地域開発企業（CDC） | コミュニティ・オーガナイジング（CO） |
|---|---|---|---|
| 目　的 | 困窮者の援助 | 地域の社会開発 | 社会変革 |
| 主要活動 | 社会サービス | 社会サービスと相互扶助などの集合行為 | 抗議活動などの集合行為 |
| 主要財源 | 行　政 | 民間財団など | 民間財団，メンバー会費，カンパなど |

出典：Talpin（2006: 56-58）より作成.

は行政との連携を強化し、住民のエンパワメントという側面は後退した。

その一方でより自律的でラディカルな活動を展開するCBOも出てきた。ジュリアン・タルパンは「CBOの多様化」という角度から（1）政治と社会変革に対する姿勢、（2）活動の資金源、（3）メンバーに求められる活動内容、の三点にもとづいてCBOの三類型を提示する（Talpin 2016: 55-58）。

一つめが社会サービス団体である。住宅や就労、行政手続きなどの支援、炊き出しサービス、子どもの学習支援、職業訓練など、それまで行政が担ってきた社会サービスを代行する。資金の大半を行政――財源は連邦政府、州政府、地方政府と多様――から受けて行政と密接な関係を持つ。いわゆる慈善に近い活動をおこなうCBOで、そのなかに宗教系の組織も少なくない。

二つめが地域開発企業（以下、CDC）で、地域コミュニティの発展を目指す。社会サービスも提供するが、力点は居住をはじめとする地域コミュニティの改善に置かれ、住民参加を求める。財源は行政だけでなく民間の割合も多く、行政から比較的自律的に活動する。前述の自助住宅修繕と管理を進めたCBOにはこのタイプが多い。

三つめのコミュニティ・オーガナイジング（以下、CO）は、CDCよりもさらに住民の参加を重視する。社会サービスやコミュニティ改善活動も行うが、より大きな社会変革を目ざし、政治色の強い活動をおこなう。財源は民間に加え、メンバーの会費やカンパを募ることも多い。行政や政治家に批判的に働きかけ「下層住民のロビー活動」とよばれることも多い(10)（*ibid.*: 56–58）。

１９８０年代以降の福祉の脱中央化のなかで「福祉提供の代替者」として行政の下請けをするＣＢＯの社会サービス団体化が進んだ。またＣＤＣも行政とのパートナシップにもとづいて住宅事業を拡大させるなど行政との結びつきを強め、コミュニティ住民の不満が強まった。たとえば1章2節でとりあげたアトランティック・ヤード再開発では住民による大規模な反対運動が展開されたが、２００６年に全米低所得層コミュニティのＣＢＯ連合で、全米最大の非営利住宅デベロッパーでもある「即時改革のためのコミュニティー組織協会（ＡＣＯＲＮ）」が、住民による反対運動が起きていたにもかかわらず、デベロッパーと事業契約——それはアフォーダブル・ハウジングを創出するためという約束だったが、コミュニティ住民の声を無視したものとして受け止められた——を結んだことはその一例だ（Angotti 2008: 219–222）。この流れに対し、ＣＯは明確に地元住民の側に立ち、住民が直接声をあげることを推進する（Talpin 2016: 85）。戸別訪問や自宅ミーティングの開催、電話などで住民と関係を作り、継続的な活動を目指す。

２０００年代後半の金融危機後、ＣＯの活動は再活性化した。サブプライムローンの被害が大きかった人種マイノリティ集住地区（2、3章を参照）における政治意識の覚醒、オキュパイ運動後の社会運動の広がり、さらにオバマ大統領誕生を契機とした（彼が若い頃に行っていた）「コミュニティ・オーガナイザー」への注目など複数の要因がある。こうしたうねりがブルックリンの反ジェントリフィケーションに看過できない影響を与えた。

次節ではこのようなCOの具体的な活動を見ていこう。

## 3 COの活動とは何か?――マーチ参加団体の事例から

以下では、本章の冒頭でとりあげた「ブルックリン・マーチ」にかかわった団体のうち代表的な3団体をとりあげ、活動の内容を通して特徴を浮かび上がらせる。

### クラウンハイツ・テナントユニオン――オキュパイ後に刷新された借家人連合

クラウンハイツ・テナントユニオン(Crown Heights Tenant Union 以下CHTU)はクラウンハイツで活動をおこなうテナント・ユニオン(借家人連合)だ。第II部でもみたように、同地区は家賃上昇率が高く、住民構成が急変する典型的なジェントリフィケーション進行地区である。2013年10月に最初の会合を開いて以来、同地区の借家人を組織し、複数の建物で家賃値上げや立ち退きの撤回などの成果をあげてきた。

CHTUは三つの流れが合流して発足した。中心になったのは、昔から同地区で暮らす黒人女性たちだった。創設メンバーの一人であるドナは10代から母親とクラウンハイツに住み、40年がたった。2013年春アパートの管理会社が家賃安定化法を無視して大幅値上げを要求したため、同じ会社が管理する他の建物の住民に連絡をとり、徹底抗戦を始めた。その過程で、似たような問題を抱える近隣住民にも共闘の輪を広げた。参加する黒人の多くが地区に長く住む労働者で、労働運動にかかわった経験もつ者も多い。

またオキュパイ運動にかかわったクラウンハイツ在住の若い白人たちも重要な役割を果たした。オキュパイ後に結成されたCrown Heights Assemblyで、地元の黒人住民との連帯が模索され、その過程でドナたちに合流した。さらに1970年代よりニューヨーク市で借家人を組織化してきた都市定住支援組織(UHAB)[11]もさまざまな支援を提供した。CHTUは住民主導だが、UHABのオーガナイザー3名が調整役を務め、活動の費用も主にUHABが拠出する。

活動の中心は借家人の組織化と大家との「団体交渉」だ。組織化は三つのレベルで行われる。一つめは同じ建物の住民の組織化である。CHTUでは住民から相談を受けると、まず建物の住民を組織化するよう助言する。2018年時点では同地区の70以上の建物が組織化されていた。二つめは同じ大家が所有する建物間の連携である。CHTUは独自の調査で集めた情報をもとに大家や管理会社が同じ建物を見つけ、住民同士をつなぎ、情報を共有し、大家との交渉に活用する。三つめは地域コミュニティの組織化だ。月一度のミーティングやソーシャル・メディアを通して、コミュニティ全体で大家や不動産業者関連の情報を共有する。

活動のもうひとつの特徴は直接行動である。立ち退きなどの問題が発生しそうな時はメンバーで情報共有し、その建物や大家の住宅、あるいは管理会社の前に集まって抗議活動を行い、メディアにも周知して圧力をかける。事態の改善が見られない場合には、UHABのリソースを利用しながら、住宅法に違反する大家を訴え、法廷闘争を行う。地道な取り組みを標的を定めて重ねることで一定の成果を獲得し、メディアでも注目を集めるようになった(小玉 2018a)。

借家人連合は、先にもみたように20世紀初頭から存在した居住運動の形態である。過去の借家人連合の流れを引き継ぎつつ、CHTUは組織化を地域コミュニティ全域に拡大し、UHABの法的リソースの活用とオキュパイ運動から引き継いだ直接行動、メディアの活用によって影響力を拡大している。

## フラットブッシュに平等を――人種マイノリティを中心とする反ジェントリフィケーションと反警察差別の闘い

「フラットブッシュに平等を（以下、E4F）」はフラットブッシュとイーストフラットブッシュで活動する団体だ。2013年に住民で活動家のイマーニが立ち上げ、住民を中心としたボランティアが活動を支える。目的はニューヨーク市警による人種マイノリティの殺害を終わらせることと、ジェントリフィケーションによる下層・中間階級住民の立ち退きを食い止めることの二点だ。行政に対してもラディカルな態度で臨み、財源は民間財団とメンバーの会費やその他からの寄付となっている。大家に立ち退きを迫られた住民の相談に乗ったり、警察に暴行を受けた被害者や家族を支援したり、デモや集会などの抗議行動を行うことが活動の中心だ。

一例として、2017年に行われた「ここはフラットブッシュです」キャンペーンをみていこう。「フラットブッシュ」という地名は17世紀に誕生し、19世紀末のブルックリン・ニューヨーク市併合以降、プロスペクト公園南東部一帯を指すようになった。現在はニューヨーク最大のカリブ海系コミュニティとなっている。ところが近年プロスペクト公園東部の隣接区域に「プロスペクト・レファート・ガーデンズ」という名称が用いられるようになり、住民の反発が起きた。

もともと「プロスペクト・レファート・ガーデンズ」という名称は1968年フラットブッシュ内のある街区で立ち上げられた住民組織が団体名に用いたもので、隣接するプロスペクト公園と植物園、レファート邸宅という三施設に因んだものだった。以前から存在する名称が反発を買った背景には再開発の影響がある。２０１０年代より再開発の波はプロスペクト公園東部に及び、付近で高層ビルが建てられ、昔からの住民の立ち退きと若い白人の転入が進んだ。その過程でフラットブッシュと区別して「プロスペクト・レファート・ガーデンズ」の名称が不動産広告に用いられ、次第に街頭に設置された地図などにもこの名称が使われるようになった。

こうしたなか２０１７年夏、Ｅ４Ｆは白地に黒と赤で「ここはフラットブッシュです（THIS IS FLATBUSH）」と書かれたステッカーを街中の「プロスペクト・レファート・ガーデンズ」という表示の上に貼り付けた（**写真7-1**）。ステッカーを剝がされても、新たに貼り付けることを繰り返し、住民間で話題になった。

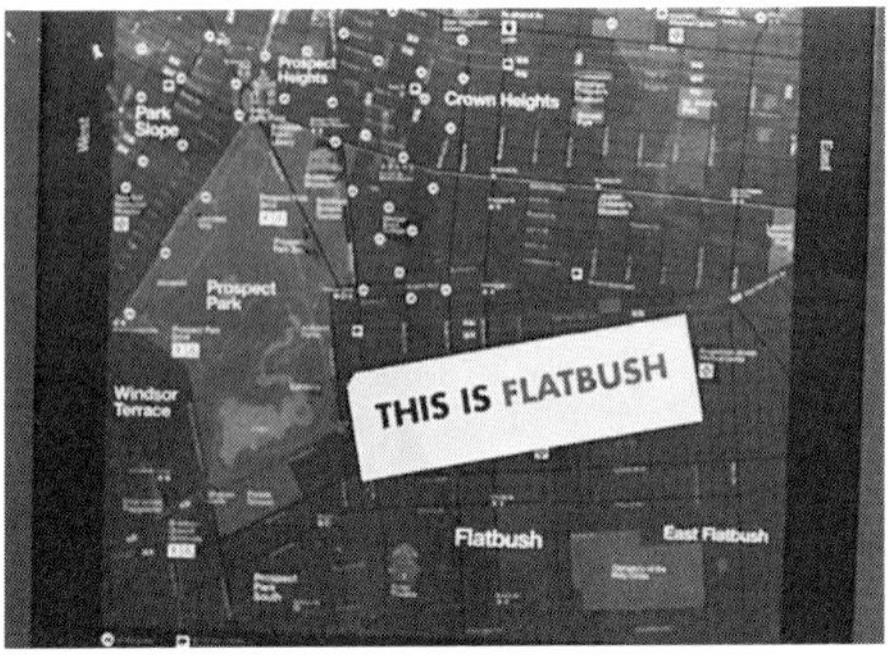


**写真 7-1**　公園の入り口付近の地図に貼られたステッカー

20年前より同地区に住むアリシアはＥ４Ｆのキャンペーンに好意的だ。

この地区をフラットブッシュと呼ぶか、プロスペクト・レファート・ガーデンズと呼ぶかで、あなたが誰なのか、どういう立場なのかが一発でわかるのです(12)。

地名をめぐる攻防は他地域でも観察されている。ジャクリーン・ファンによれば、フィラデルフィアのジェントリフィケーション進行地区では昔からの黒人住民は地元を「サウス・フィィリー」と呼ぶが、新たに転入した白人住民は「G-Ho」「So-So」「サウス・スクエア」など、よりミクロな空間を指す新しい地名を用いる。そして、このような新しい地名を黒人住民は使おうとしない（Hwang 2016b）。

住民にとって自分の暮らす地区は、単なるハコとしての「空間」ではなく、自分の人生や経験、人間関係が埋め込まれ、思い出や愛着などが詰まった「場所」だ。そのような地区の名称はアイデンティティと密接な関わりをもつだけでなく、コミュニティに属している人間とそうでない人間の境界を示す。「フラットブッシュ」と「プロスペクト・レファート・ガーデンズ」をめぐる闘争の背景には昔からの住民であるカリブ海系移民と新住民の白人のアイデンティティと境界の再編が透けて見える。E4Fの「立ち退き反対活動」は狭義の住宅支援にとどまらず、地域コミュニティのアイデンティティにも働きかける。

### アップローズ——社会サービス供給団体の変容

「サンセットパークのプエルトリコ人統一団体（United Puerto Rican Organization of Sunset Park 以下UPROSE）」は1966年に結成されたブルックリン最古のラテンアメリカ出身者団体で、本章2節で取り上げたCBO推進政策の一環で結成された。1970年代以降は地域住民への社会サービスを提供すると同時に、コミュニティの組織化に力を注ぎ、同地区の教育支援、若者支援、（移民などの）生涯教育、文化・芸術活動支援など複数の領域で成果をあげてきた。

もともとプエルトリコ人を中心とするラテンアメリカ出身者を対象としていた同団体が対象を拡大したのは、脱工業化やアジア系住民の増加といった地区の変容も影響しているが、直接の契機となったのは

1993年ニューヨーク市がサンセットパークのウォーターフロントに汚泥処理施設の建設を計画したときだった。それまで同地区にはプエルトリコ人のほかイタリア系コミュニティとアジア系コミュニティが共存していたが、コミュニティ間の交流はなかった。UPROSEは分断をこえて連携体制を築き、住民目線の都市計画を対案として市に提出し、計画を撤回させることに成功した（Angotti 2008: 142–143）。それ以降もコミュニティ間の関係構築に努め、現在のUPROSEは人種横断的に構成されている。

近年UPROSEが力をいれるのが気候正義（Climate Justice）だ。公正な都市政策とは、気候変動への適応とコミュニティの回復力を考慮しなければならず、その課題を主眼としたコミュニティ作りこそが社会正義、人種正義、経済正義、環境正義、そして気候正義につながると考える。このような見地から、かつて工業地帯だったウォーターフロント再開発計画に住民の視点を反映させるよう活動を展開してきた。こうしたなか「インダストリー・シティ再開発計画」がたちあがり、地区の景観変容と昔からの住民や商店の立ち退きが急速に進むようになり、ジェントリフィケーション反対活動を始めた。こうしてUPROSEは2016年、BANに加入した(13)。

## 共通点としてのオーガナイジングの実践

以上の団体は歴史も活動内容も目的もメンバー構成も異なるが、共通するのが地区レベルで展開されるCOの実践だ。共通点を順番に見ていこう。

第一に地域住民を動員する。手法は近隣で声をかけるという実にシンプルなものである。友人や建物の住民など知っている人への声がけだけでなく、街頭やイベントでの宣伝活動をとおして参加をよびかける。

E4Fはマーチや抗議活動などのイベント時のほか、定期的にボランティアを募り、ビラまきと周知活動を行う。土曜日の午後など人出の多い時間帯にフラットブッシュの中心部で通行人の多いチャーチ通りとフラットブッシュ通りの交差点やプロスペクト公園の入り口付近で、E4FのTシャツを着用したボランティアがステッカーとともにミーティングのチラシを配布する。渡す際には「立ち退きに抵抗するコミュニティのミーティング、来週土曜です！」と声を出しながら、呼びかける。大半の人は通り過ぎるか無言で受け取るかだが、なかには歩調を緩めたり、立ち止まってビラを読む人もいる。そのような人にはすかさず声をかけ、会話を始める。「フラットブッシュにどのくらいお住まいですか」「最近、近隣で問題はありませんか」などと問いかけ、「一緒に解決策を探しませんか」とミーティングに誘う（**写真7－2**）。

**写真7–2**　イベントでの宣伝活動の様子

第二にミーティングを開催する。CHTUの場合、毎月第3木曜の夜7時から2時間、ミーティングが開かれる。入り口で住所、電話番号、メールアドレスなどを記入し、進行表を受け取り、会場に円形に並べられた椅子に座る。時間になると、オーガナイザーの一人が口火を切り、団体の紹介と闘いの目的について述べ、次に参加者が自己紹介し、初めての参加者はどのような経緯で来たのか説明を求められる。

――ジョー、イースタンパークウェイ1351番地の住民です。今日が初めての参加です。半年前から天井の壁がはがれおちているのに大家は修繕をおこなわず、困っています。ビラをもらってCHTUの存在を知りました。

——シンディ、ユニオンストリート832番地です。

——フェルナンド、プロスペクトプレイス945番地です。

その後、約1時間、議題を話し合う。2017年8月の会議ではまず「キャンペーン」として、地元の旧軍事施設の再開発計画があり、翌月に公聴会が行われる予定であることが紹介され、CHTUとして何を行うべきかが議論された。また9月に行われる州検事総長（Attorney general）選にどう関与するかが話し合われ、不動産業界の献金を受けない候補の支援をSNSで呼びかけること、各候補者の選挙戦の財源について調査を継続する必要性が共有された。次に建物別にどのような問題が発生しているか、大家との闘争に入っている建物については進捗状況、必要な支援などを各建物の代表者が説明した。さらに9月の「ブルックリン・マーチ」の内容が紹介され、CHTUがどのように関わるかが議論され、最後にUHABが新しいオーガナイザーを雇う予定であることが周知され、募集要項のたたき台が回覧され、意見を求められた。さらに「決議タイム」では旧軍事施設再開発の案件の担当者、借家人組織化のための冊子の原案、オーガナイザーの募集要項の内容について決がとられた。その後、オーガナイザーから改めて自分の住む建物を組織化することやCHTUの各委員会への積極的な参加が促され、最後に近日中に行われる抗議活動や周知活動について案内があった。ミーティング終了後には多くのメンバーが会場に残り、椅子などを片付けながら、情報交換や会話をおこなう。

UPROSEのように会議室を備えた事務所をもつ団体は少数で、多くの団体は公共施設や組合などの施設を会場にしてミーティングを行う。E4Fは公立図書館の会議室を、CHTUは高齢者介護施設一階の会議室を利用することが多い。BANはマンハッタン24丁目にある労組の建物の一室を利用する。[14]

第三に、抗議活動などのアクションの企画・実施である。本書の冒頭でとりあげたようなデモ活動や抗議集会はCOのもっとも目立つ、よく知られた活動である。このような活動はどれだけの人数を動員できるかが鍵となる。そのためミーティング参加者や他の団体などにさまざまなメディアを用いて動員をよびかける。メールやSMS、SNSのほかに、SNSなどを利用しない人のためにフォンバンキングとよばれる電話攻勢も行われる。ボランティアやメンバーが集まり、登録者リストの番号に順番に電話し、参加をよびかけるという古典的な手法が用いられる。

## 4 まなぶ・つたえる――さまざまな「知を生み出す場」の広がり

街頭での抗議活動は反ジェントリフィケーション実践で最も目立つものであり、柱の一つである。だが、それに加えて定期的に行われているのが、知識を交換したり議論したりする「知を生み出す」活動だ。「参加者の教育」はCOでも重要な位置を占めてきたが、反ジェントリフィケーションの実践における「知を生み出す」活動は単なる「参加者エンパワメント」の枠に収まらない。具体的な内容と意義をみていこう。

### COによる学習会

COが抗議行動とともに力を入れるのが学習会や研修の開催だ。FUREEはパークスロープ、ゴワナス地区に拠点をおくFifth Avenue Committeeの下部組織として2001年に結成され、同地区の公営住宅の住民――その大半が黒人である――を組織する。同地区のワイコフ・ガーデン団地では、財政難を理由に敷地をデベロッパーに無償貸与し、中間階級向けの集合住宅を建設する計画が進められようとしていた。当局は、現在の公営住宅の住民は新しい建物の部屋を「適正価格」（地区別基準収入の3割）で借りることができるので、立ち退きの心配はないと説明した。だが当局の説明は不十分だと住民間で不安が広がっていた。こうしたなかFUREEは2016年2月下旬から4月上旬に5回の学習会を開き、計画の内容とプロセスを住民に理解させ、そのうえでコミュニティの利害を計画に反映させるにはどうすべきかを議論した。初回の学習会のタイトルは「どのようにして私たちは今、ここにいるのか」だった。まず全米で公営住宅政策が大幅に縮小され、ニューヨーク市住宅公団（NYCHA）が財政難に陥る一方、市全体で住宅が著しく不足し、このなかで「次世代ニューヨーク公団計画」がもちあがり、ワイコフ・ガーデンが対象地の一つとなった経緯が説明された。次に、同計画案は半年以内に市の都市計画課で審査され、その後コミュニティボード、ブルックリン区長、市の都市計画委員会を経て市議会で審議され、市長の承認を経て正式決定に至るというプロセスが説明され、最後に参加者との討論が行われた。講師役を務めたオーガナイザーは専門用語を噛み砕き、わかりやすい言葉で説明する。配布資料には講義のパワーポイントのほか、ニューヨーク市住宅政策のアクターの関係図や用語集が添えられた。

一方、サウスウエスト・ブルックリン・テナントユニオン（以下SWBTU）が同年5～6月に開催した5回の学習会（「レッドフックの住宅を手ごろな価格に維持しよう！」）は、公営住宅だけでなく民間住宅の借家人も対象とした。内容はジェントリフィケーションの進む同地区で、昔からの住民が生活を維持するのに必要な知識――住宅法で定められた借家人の権利、安価な住宅を探すのに役立つ窓口や問い合わせ先、建物のカビなど健康被害を引き起こす住宅関連のリスクなど――を学ぶものだった。同地区には黒人のほかプエルトリコなどのラテンアメリカ出身者が多いため、学習会は毎回ニューヨーク市立大の大学院生インターンによるスペイン語通訳をつけて行われた。第4回「レッドフック団地におけるカビ問題」では、団地におけるカビ被害とニューヨーク公団の対応が示された後、公団に抜本的な修理をする義務を定めた法律があること、同団地の住民には健康被害、特に喘息やアトピー性皮膚炎の発症が他地区に比べて多いことが紹介された。その後、団地でカビなどの被害が発生した場合にどのように住宅公団に連絡すればいいのかをテーマに、連絡の取り方や修理を要求する際にだすべき論点を参加者と話し合い、各論点の有効性を議論したあと、グループに分かれて公団への電話のロールプレイが行われた（写真7－3）。

**写真7–3**　サウスウエスト・ブルックリン・テナントユニオン学習会

　学習会ではオーガナイザーや講師は抽象的な表現を避け、わかりやすい説明を心がけ、頻繁に参加者の意見を求めながら話を進めた。多くの参加者が見込めるよう、平日の夜（午後6時半～7時開始で8時半～9時ごろに終了）に地区の施設を利用して行われ、毎回必ず夕食が提供された。

## CBO以外の多様な場

だが学びの場を作るのはCOだけではない。多様な場で多様なパブリックを対象にジェントリフィケーション関連の学習会や討論会が開かれている。

そのひとつが学校だ。クラウンハイツにある公立高校（グローバル市民高校）は全生徒の95％以上が近隣に住む黒人かラティーノの生徒だ。同校は2016年5月に授業時間の午前中の時間帯を使って、人権教育活動プロジェクト（Human Rights Activist Project）の一環でワークショップ「私たちの地区」を開催した。同プログラムは年に一度、生徒主導で企画し、開催されるものである。生徒による寸劇「ジェントリフィケーションへの抵抗」、生徒が作った詩の朗読「望まれざる変化」、レベッカ・ソルニット「ジェントリフィケーションによる死」の抜粋の朗読が行われた後、ゲストとして招かれていたネットメディアCity Limits の記者でジェントリフィケーションの記事を多数書いてきたジャレット・マーフィーと、6章でもとりあげたブルックリン・ムーヴメント・センター代表のマーク・グリフィスによるレクチャーが行われた。その後、各教室に戻り、ジェントリフィケーションをテーマにしたグループワークが生徒主導で行われ、最後に討論が行われた(16)。

公共図書館もそのような場の一つだ。ブルックリン中央図書館ではジェントリフィケーション関連の書籍をまとめて置くスペースが設けられているほか、数カ月に1回のペースでジェントリフィケーション関連のワークショップが開かれてきた。2016年10月に開かれた「ブルックリンのジェントリフィケーションをマッピングし、可視化させる」は、図書館のデザイン・アシスタンス担当の講師によるレクチャーで、マッピング技術がジェントリフィケーションの闘いにどのように活用され、ジェントリフィケーションをめぐる認識をどのように変えたのかが説明された。そしてオンラインで利用可能な技術が紹介され、受講生は使用法を学び、最後にこの技術を用いて地区の変化についてのグループワークと討論が行われた。COや学校での学習会とは違い、図書館のワークショップは誰でも参加でき、事前登録なども必要ないため、受講生は年齢、人種、職業、階級などがより多様である[17]。

地域コミュニティ向けのスペースを使用した学習会も開かれている。2016年8月ブッシュウィック地区のコミュニティ・スペース「メイデイ」では「立ち退きとジェントリフィケーションに抗する市レベルでの団結(Citywide Convergence Against Displacement and Gentrification)」と題されたワークショップが開催された。ニューヨークでジェントリフィケーション問題に取り組むオーガナイザーや活動家が集まり、市レベルで連携して活動するにはどのような方針や戦略が適切なのか、秋に行われる第1回全米借家人デーで具体的に何を行うかなどが話し合われた。午後3時にスタートした全体会議の後、ブレイクアウトセッションとしてテナント組織化のスキルや、アートやメディアを利用した情宣活動など個別テーマでトレーニングが行われ、最後にみんなで会食するという5時間のセッションで、参加費はひとり10〜20ドルだった[18]。

さらに文化施設でもジェントリフィケーション関連のイベントが行われている。1827年ニューヨークでの奴隷解放直後に形成された初の黒人コミュニティ、ウィークスヴィルの「ウィークスヴィル・ヘリテージ・センター」では2016年5月にXandra Clarkによる演劇「Anthology: Crown Heights」が上演された。1991年の人種蜂起後の地区の変容、ジェントリフィケーションを住民の証言を交差させながら描いた作品で、公演後には毎回観客との議論の時間が設けられた[19]。

ＣＯだけでなく学校、図書館、コミュニティ・スペースや文化施設などコミュニティのさまざまな空間でジェントリフィケーションの実態や対抗するためのスキルを学んだり議論をする場が設けられている。

## ＩＴ技術を活用した知の交換

インターネットを活用して、ジェントリフィケーション関連の情報を交換・伝達する取り組みも進められている。その一つが２０１４年にＥ４ＦがたちあげたサイトBEFORE IT'S GONE // TAKE IT BACK: Documenting Brooklyn - Fighting Gentrificationだ。１９８９年公開のスパイク・リーの映画『ドゥ・ザ・ライト・シング』の25周年を記念し、映画にでてくるようなブルックリンの姿が失われつつある、それを記録しようという目的で始まった。ひとたびサイトに登録すれば、自分が地区で過去や現在にした経験、あるいは遭遇した事件や問題、共有したい情報などをいつでも投稿でき、その投稿が関係する場所を地図上に記していく形式である。文章だけでなく写真やビデオも投稿できる。同サイトには、目的が次のように書かれている。

このウェブサイトは普通のニューヨーカーが現場で、いま自分の身に起きている自分のストーリーを語る場所です。私たちのブルックリンの写真やビデオを共有する場です。私たちがあなたの家族――生まれ育った家族だろうと、選択した家族だろうと――と出会う場所でもあります。ブルックリンで育つというのはどのような経験だったのか、あるいはハイチやバングラディッシュ、プエルトリコ、イタリア、韓国、その他の国からブルックリンに到着するというのはどのような経験なのかを語る場所なのです。レッドフック、ブラウンズヴィル、ブッシュウィックの昔からの住民の出来事を撮った映像を投稿してください。キンセアニェーラのお祝いやバル・ミツワー／バト・ミツワーの儀式、高校の卒業式、結婚式、出産パーティー、ブルックリンのＬＧＢＴＱプライド、春節の写真を載せてください。このサイトはブルックリンの文化、人種、民族、言語、社会、経済の多様性を褒め称える場所なのです。[20]

以上の記述にも表れるように、BEFORE IT'S GONE は単に情報を投稿し、交換するためのサイトではない。それは住民の語りや写真、ビデオを通した地区の記憶を保存するためのアーカイブの場であり、コミュニティの住民たちが出会い、絆を深める場所として想定されている。

もう一つの例が、２０１６年8月に立ち上げられたノースウエスト・ブッシュウィック・コミュニティ・マップだ。同地区に居住する活動家数名が、同地区で進行する新しい開発計画や、本来は家賃安定化住宅の対象となるはずの建物、ゾーニングやニューヨーク市建物担当局条例違反、その他のデベロッパーの動向など、ジェントリフィケーションに関係する情報のデータベースを入手しうるかぎり取り込み、それをできるだけわかりやすいフォーマットで地図化した。こうして地区のゾーニングを調べたり、自分の建物が本来は家賃安定化住宅に該当する、といったことが同サイトを通じて確認できる。

２０１６年8月25日には同地区のバーでマップの使用法を説明するワークショップが開かれた。同計画で中心的役割を果たした、コロンビア大学でＧＩＳを教える住宅活動家のマイケルによれば、同地区では近年、投資家が家や土地を買いあげ、家賃を釣り上げて、古くからの住民が様々な圧力をかけられたり、実際に立ち退かされたりしているが、住民は闘うのに必要な情報を十分にもっていなかった。自分の建物の大家が誰なのか、本当は家賃規制の対象なのか、同じ建物で住宅法違反は他にも起きているのか。地区の変化を肌で感じていても、具体的に地区で何が、どの程度起きているのかは把握できずにいた。一方、オーガナイザーも地区全体で何が起きているのか、闘いの照準をどの建物やブロック、通りに定めるべきなのか、包括的な情報がない状態だった。この地図によって住民やオーガナイザーは、これから地区で起きるであろう変化を前もって知ることができる。このような「未来の地図」は不当な立ち退きにあわないための取り組みに役立つだろう、とマイケルは述べた。また地図は住民が自分の体験や情報を書き込める双方向的なものになっている。この地図を通してコミュニティ内の対話と連携の活性化が目指された[21]。

## 多様な「社会的正義」——気候正義、食の正義とジェントリフィケーション

ジェントリフィケーションによって都市内部の地区間、街区間格差が浮き彫りになり、社会正義、経済正義を実現する取り組みが重ねられてきたが、従来のアプローチからはこぼれ落ちるような問題に対し「正義」の概念に依拠した実践も行われている。前節でとりあげたＵＰＲＯＳＥによる気候正義（climate justice）の取り組みはその一例だ。サンセットパーク地区は工業廃棄物による土壌や水質の汚染にも悩まされ、ＵＰＲＯＳＥは１９９０年代より住民とともに清浄活動に努めてきた。だが２０１２年のハリケーン・サンディで廃棄物が撒き散らされるなど汚染問題は継続する。世界的な気候変動が原因で、今後も発生するであろう自然災害に備え、被害を最小化し、回復力ある地域コミュニティを作ること。同時にコミュニティの努力で獲得したコモンズをジェントリフィケーションによって奪い取られないようにすること。つまり気候変動による環境問題に対処しながら、ジェントリフィケーションによる立ち退きに抗するとい

う二つの目的を両立させることが気候正義だと代表のエリザベスは述べる[22]。

もう一つが、食の正義（Food Justice）だ。パブリック・ヘルス[23]と社会正義を架橋する領域として注目を浴びるようになった分野である。カレンは「食の正義」の一環としてコミュニティ・シェフ・プログラムを行ってきた。彼女は大学院でパブリック・ヘルスを勉強する過程で、黒人には心臓病、高コレステロール、糖尿病患者の割合が多いことを学んだ。実際、ベッドフォード＝スタイヴェサントには心臓疾患を抱えた人が市平均より3割多く、糖尿病患者も55％多い。カレンは以上の疾患が食生活と人種地区間格差に起因することを知った[24]。

怒りをおぼえたのは、ファースト・フード店は低所得層の住む場所に集中していることでした。それは人種マイノリティが多い場所でもあり、私もずっとそういう場所に住んできました。こうした地区では新鮮な食材や野菜を手に入れるのがとてもむずかしい。でも私たちにも健全な食生活をおくる権利がありまず（中略）人々が健康を自分たちの手に取り戻すよう支援したいと思いました。

こうして始まった「コミュニティ・シェフ・プログラム」は地区で講師を養成し、教室を開いて、健康に配慮した料理を教える。毎回、1人の講師に対し10人程度の参加者（45—65歳の女性が多いという）がある。2時間で3品と飲み物も作り、できるだけ野菜中心の料理と糖分の少ない飲み物をこころがける。参加者が英語が得意でなければ通訳をつける。だがカレンは教室が一方的な知識の伝達にならないように注意していると言う。

重視しているのは知識の共有です。単にこういう料理を作りなさい、と教えるのではない。重要なのは、教えている人が参加者と似たような人で、似たような食べ物を食べて育ち、だから信頼できるという関係です。「ケールを食べなさい、健康にいいから」と一方的に言うのではありません（中略）ある時通訳がクラスの後にこう言いました。「食べ物は平等を促進しますね」と。たしかに料理をしたり食べるのに言葉はいらない。一緒に楽しむのです。

またカレンは、クラスのなかにすでにある知識を掘り起こすことも重要だと言う。参加者はみんなこれまで料理を作ってきた経験があるので、毎回最初に参加者一人一人に自分の食生活の歴史を語ってもらう。参加者のなかには農家で育った者や、薬効のある食べ物、その土地に根づいた代替医療の知識がある者もいる。そのような知識を共有することも重要だと言う。

だが食生活の改善は食の正義の一面であるが、それだけではない。低所得の人種マイノリティが安全で廉価な食材をどのように手に入れるかも切り離すことのできない問題である。ベッドフォード＝スタイヴェサント地区ではジェントリフィケーションが進んだことにより、オーガニック食材などを置く店が増えたが、値段は高く、昔からの住民には手が届かない。これが「食べ物は同時に特権の指標であり、レッドライニングである」（Reese 2019）と言われる所以である。

食の正義のこの側面を改善するために始まったのが、セントラル・ブルックリンにフード・コープを立ち上げる計画だ。ＢＭＣは２０１３年に「セントラル・ブルックリン・フードコープ（ＣＢＦＣ）」を立ち上げるための活動を始めた。準備委員会が組織され、さまざまな試行錯誤を重ねながら計画が進み、2020年前半にはオープン予定だった。パンデミックで計画に遅れが生じているが、ニューヨーク市で初めての黒人主導のフード・コープになるとBMCのマークは言う。

準備には本当に時間と労力がかかります。時間がかかりすぎだ、いつまでも試運転だ、という批判の声も寄せられています。でも時間がかかるのは、きちんとやりたい気持ちが強いからなんです。[25]

## 5 反ジェントリフィケーションの実践の射程と意義

### 「教育」としての反ジェントリフィケーション

以上の実践ではしばしば「教育」という単語が強調される。たとえば「庶民を守るための運動（MTOPP）」代表のアリシアは、自らをオーガナイザーであると同時に「教育者」であると言い、[26]団体のホームページに掲載された地区のゾーニング変更などに関する一連の情報も「教育情報」として位置づけられている。[27]またCHTUの全体ミーティングの冒頭で毎回共有される団体方針でもこの表現が使われる。

数年間にわたり、わたしたちは力を合わせて自分たちの懸念と要求をそれぞれの大家と地区選出の市議に伝えてきました。ブルックリン、クラウンハイツの住民として、私たちの隣人の教育を助け、声をあげることのできない者すべてのために声をあげることは、私たち住民の任務なのです。[28]

タルパンも言うように、従来の社会サービス提供型CBOとは違う、新たなCOには「自分たち自身でおこなう」ことを奨励し、エンパワメントを重視する傾向がみられ（Talpin 2016: 58–59）、そこでは「大衆教育（popular education）」としての知の獲得が中心的位置を占めてきた。また貧困地区における学校のあり方を批判し、COを学校に対するオルタナティヴの場と位置づけ、市民教育（civic education）や政治教育（political education）を行うところもある（*ibid.*: 171–173, 198–222）。以上の歴史的経緯をふまえれば、反ジェントリフィケーションの実践で「教育」概念が重視されることに不思議はない。

ただし、本節で見てきたジェントリフィケーションに関する学びの場は、参加者を団体のメンバーに限定するのではなく、誰にも開かれていた。そして、このような学びの場に参加する人は全体の一部であっても、地域コミュニティのあちこちにこうした場が存在することを知る住民は多い。ジェントリフィケーションについて学んだり議論したりする場がさまざまな形で存在することで、問題がローカルな公共空間で可視化され、そのことは地域コミュニティ住民のジェントリフィケーションに対する認知に看過できない影響を及ぼしている。

興味深いのは、一見「教育」とは関係ないようにみえる実践も「教育活動」と位置づけられている点である。たとえばBANにおいて、街頭での抗議行動は単に大家や行政に圧力をかけるためのものではなく、常に「パブリック・エデュケーション（public education）」が念頭に置かれていた。街頭行動やビラ配りといった公共空間で行われる活動のすべては「パブリック・エデュケーション」の実践に位置づけられていたのである。ここで「パブリック・エデュケーション」とは私学に対する「公教育」ではなく、制度と

**写真 7–4**　街頭行動

しての教育とは区別された「皆のための教育」を意味する。具体的には意識啓発活動[29]やメディアへの働きかけを通した「世論教育」を指す（Minieri and Getsos 2007: 189–190）。

パブリック・エデュケーションとしての街頭行動とは「民衆のロビー活動」（Talpin 2016）であるだけでなく、「自分には関係ない」と考えたり、問題を認識しつつも声をあげることのできない人たちを「教育」する活動——BANでは街頭行動の現場付近を通り過ぎる歩行者や通りゆくバスの乗客にアピールすることが常に意識されていた——と捉えられていた。大声を出し、音を鳴らし、横断幕やプラカードを掲げることは公共空間で問題を可視化させるだけでなく、「われわれは怒って当然なのだ」と人々の意識を改革することが目指されていた。それはまた参加者同士が一緒に大きな声をあげ、抗議することによって「自分は一人ではない」ことを確認し合う営みでもあった。街頭行動は、このように遠心力と求心力を同時に備えた、広い意味での教育の実践として理解されていた（**写真7–4**）。

**写真 7–5**　コミュニティ・フォーラム

## 街頭行動と連動する教育の実践

だがブルックリンの反ジェントリフィケーションの実践において、学習会や討論などの「学びの場」は「街頭行動」とは切り離されたものとして存在するわけでもなければ、街頭行動という「イベント」を準備するための「バックステージ」（富永 2017）という位置づけでもない。両者は反ジェントリフィケーションの活動のなかで相互補完的なものとして想定されていた。その一例に、２０１６年７月ブルックリン・ミュージアムで開かれた「ジェントリフィケーションと立ち退きに反対するブルックリン・コミュニティ・フォーラム（以下、ブルックリン・コミュニティ・フォーラム）」がある。

ＭＴＯＰＰのアリシアを中心にコミュニティ住民と活動家、アーティスト、研究者が知恵を出して企画したイベントは、まさしくコミュニティ住民のための「学びと交流の場」だった。メイン会場では「ジェントリフィケーションと立ち退きの影響」「成功する戦略とリゾーニングと開発の歴史」というタイトルで活動家や研究者による二つのパネルディスカッションが行われ、サブ会場ではティーン向けのラウンドテーブルと「文化団体はどのようにコミュニティをサポートできるのか」というアーティストによるワークショップ、さらに室内中庭部分では30あまりのＣＢＯのスタンドが並び、そこで若者による音楽やダンスのパフォーマンス、テーマ別のブレークアウト・セッションが開かれた（写真7－5）[30]。会場には2000人超が詰めかけ、討論とアート、交流を楽しんだ。会場でみられた穏やかな雰囲気は、街頭行動の様子とは対照的なように見える。

だがミュージアムから会場を半日無償で借りて行われた大規模な「学びと交流の場」は、ある街頭行動から始まったのだった。発端はセントラル・ブルックリンで個別に活動していた複数のCOが連携を強化するために2015年6月BANを結成し、2015年11月にブルックリン・ミュージアムで開かれた第6回ブルックリン不動産業界会議に対して抗議活動を行ったことだった。朝7時半からネットワークのメンバーを中心に150名が集まり「地域コミュニティ住民のためのミュージアムの会場を、利益をむさぼり、長期住民を立ち退かせ、コミュニティの歴史や文化を破壊するデベロッパーに貸すのは不適切だ」と抗議し、「コミュニティ住民にも会場を貸して『反ジェントリフィケーション会議』を開催させよ」と要求し、3000を超える署名を集めた。「ブルックリンは売り物ではない」と書かれた20メートルを超える横断幕を入口前に広げ、アーティストの演出で通行人の注意を引き、ソーシャル・メディアで話題になった[31]。BANはその後も毎週末ミュージアム前で抗議活動とビラ配りを重ね「ミュージアム前ではいつも反ジェントリフィケーションの抗議運動をやっている」とのイメージが住民や来館者の間で定着した。このような「下からの圧力」のなかで7月の休館日に会場が半日無料貸与されることが決まった。

激しい抗議行動が重ねられたことで、ブルックリン・コミュニティ・フォーラムが開かれ、通常の抗議行動ではなかなか見かけないような子連れの家族や高齢者をはじめ幅広い層が参加した。だが、それだけではなかった。ミュージアム側から「公共性の高いミュージアムの会場内では特定の団体や個人を攻撃するような発言や活動は避けるよう」釘をさされた主催者は、閉会後の5時半に「いつもの」ミュージアム前に集合し、あらかじめ用意しておいた様々なプラカードを手にしてサウスクラウンハイツからフラットブッシュまでデモ行進をし、最後にプロスペクト公園でピクニックを行ったのだ。興味深いのは、デモの参加者が通常のBANやその他のCOが組織する抗議運動への参加者とは異なっていた点だ。あらかじめ参加を予定してきた者だけでなく、コミュニティ・フォーラムを訪れ、その流れでデモにも参加してみた家族や若者、高齢者も少なくなかった。このように「学びの場」は街頭行動というイベントを準備するためだけの「バックステージ」でもなければ、街頭行動と完全に切り離されたものでもなく、両者には相互補完的な関係がある。

## 新たな価値の創造を指向する「アンチ」

だが「反ジェントリフィケーションの実践」の射程を正確に捉えるには、この実践における「反＝アンチ」という言葉の含意を理解する必要がある。この問題を考える上で参照したいのが鈴木赳生の「アンチ的批判とオルタ的批判」の議論だ。鈴木は支配関係を批判する言説が、時にそのような関係に縛られ、もう一つの側面、すなわち「支配や搾取といった関係に厳然と基礎づけられながらも、それのみに囚われずに生きる人の営為」（鈴木 2021: 51）を見落としてきたのではないかと問題提起する。そしてガッサン・ハージの言葉をひきつつ「既存の抑圧、支配、搾取に対抗しようとする欲望」としてのアンチ、「なにかよりよいものを創造しようとする〔アンチと〕同等の欲望」としてのオルタを定式化する（同：53）[32]。

この図式にならえば、ブルックリンの「反ジェントリフィケーションの実践」は一見「アンチ」の典型例に見える。抗議活動はデベロッパーや大家といった明確な集団を「敵」と想定し、対抗的な図式が示される。だが抗議活動と別に存在しつつも、深く結びついた「学びの場」でみられたのは、このような「対抗の欲望」だけではなかった。コミュニティ住民が生きのびるのに必要な知識（借家人の権利、市のさまざまな法律など）を伝えたり交換したり、ジェントリフィケーションや立ち退きを引き起こす構造への理解を深めると同時に、警察の暴力、人種主義、環境問題、食の問題などさまざまな問題を「反ジェントリフィケーション」のなかに包摂して、新たな視点を打ち出し、別の都市のあり方や生き方を模索する、すなわち「創造の欲望」も示されていた。また問題に直面する住民だけでなく、現時点では立ち退きなどに直面しておらず、自分には関係のないことと思っているような人びとも含めた広い層の意識を覚醒することが目指されていた。このような反ジェントリフィケーションの志向性は、単なる対抗の手段にとどまるのではなく「反ジェントリフィケーション」を共通分母にして集まった多様な人びとと新たなコミュニティを創造することの模索でもあった。

そもそもジェントリフィケーションが猛威をふるい「これ以外に選択肢はない」という新自由主義イデオロギーが色濃く反映された都市では、宿命のようにしかみえない「現状」に対抗しようという発想自体を常識的思考から排除するような象徴暴力が働いている。そのような物理的、象徴的の両面で圧倒的に非対称な力関係のなかで、それに敢えて抗おうとする動きは必然的に創造的であらざるをえない。そのような意味でブルックリンの「反ジェントリフィケーションの実践」は単なるアンチではなく、それを補完するオルタの要素を孕んでいる。

## 6　変化を生み出すつながりの連鎖

反ジェントリフィケーションの実践とは街頭行動だけでなく多様な活動、特に広い意味での「教育」を指向する実践が行われており、それが抗議活動と両輪となって展開されている。このような対抗的実践と創造的実践がブルックリンで縦横に展開されることで「反ジェントリフィケーション」によって異なる住民や団体がつながり、複数の異なる問題を接続し、新たなつながりを生みだした。こうして2016年8月には「フラットブッシュとイースト・フラットブッシュにおけるジェントリフィケーションとレイシズム、警察の暴力に反対する行進」という、それまで別々に行われていた三つの闘いを接続したデモが行われ、35度を超える猛暑にもかかわらず250名余りが参加した。これをひとつの布石として、ジェントリフィケーションを中心とした三つの問題への取り組みを、地区レベルではなくブルックリン全体で行ったのが本章の冒頭でとりあげたブルックリン・マーチだった[33]。

反ジェントリフィケーションのうねりはブルックリンを超えて広がり、市や州といったスケールにも影響を及ぼしてきた。2019年2月、クイーンズのロングアイランドシティに設置される予定だったアマゾン第二本社が撤退を決めたのは、住民による反対運動の拡大を受け、地元政治家が計画反対に転じたことがあった（cf. 矢作 2020）。また同年6月には、それまでニューヨーク市など一部の自治体に限定されていた家賃安定化法――ニューヨーク市には20世紀前半より家賃に規制をかける複数の制度が存続し、2019年時点でも240万人がそのような住宅で暮らしていたが、その制度は次第に切り崩されてきた――を州全体に適用する法律が成立した。「数十年ぶりに不動産業界の要求よりも借家人のニーズを優先させ」（*New York Times* 2019年6月9日）、「ニューヨーク州の借家人に史上最強の保護を与える」と同時に「不動産業界に重大な打撃を与える」と評価された（同 2019年6月11日）法律が制定された背景には、ニューヨーク州で反ジェントリフィケーションの実践が隣接するさまざまな問題を包摂するかたちで広がり、「皆に住宅正義を（Housing Justice for All）」という一大キャンペーンを生み出し[34]、政治家を巻き込んだうねりをつくりあげたことがあった[35]。このキャンペーンで打ち出され、2019年法の原案となった「統一家賃規制」案[36]は本章でみたような「学びの場」での議論と交流を通してねりあげられたのだった。

本章でみてきたように、2010年代以降反ジェントリフィケーションに関するさまざまな実践がブルックリンの地区コミュニティで積み重ねられてきた。それは徐々に横のつながりをもつようになり、そのつながりが特定のキャンペーンを媒介にして区から市、そして州にも広がり、議会政治にも影響をおよぼした。こうして「宿命」と思われていた流れに（限定的ではあるものの）変化を引き起こした。家賃規制法はその大きな成果の一つだった。

このことは街区やコミュニティレベルで始まった運動が都市、州というより上位のスケールの政治を動かしたという「スケールの政治の成功例」であると同時に、街区レベルの問題を解決するには、都市や州といった政治の枠組みに依拠せざるをえないという現実を浮かび上がらせる。だが一方で家賃規制法成立やアマゾン撤退という「勝利」は厳しい状況のなかで重ねられてきたコミュニティレベルの実践、運動を活気づける効果もうみだしている。反ジェントリフィケーションの実践は複数のスケールと領域を横断しながら、自分には直接関係ないと考えていた人たちに問題意識を共有させ、居住問題をこえて、新たな生活の場を創造する営みとして展開されている。このようなつながりの連鎖は「個人主義の強いアメリカ」(37)という表現が喚起するものとは異なるイメージを私たちに提示する。

（1）ブレックファーストとランチの合成語で昼食を兼ねてとる遅めの朝食を指す。ジェントリフィケーションの進むエリアではブランチを提供する飲食店が多い。

（2）当時黒人は白人蜂起の標的にもなっていた。1863年ニューヨーク徴兵蜂起や1990年の人種蜂起で多くの黒人犠牲者が出たことは、黒人の自主的な都市内移動を引き起こした。こうしてマンハッタンからブルックリン中央部への移住が進み、ベッドフォード＝スタイヴェサントやクラウンハイツなどの黒人居住地区が形成された（Angotti 2008: 83）。

（3）ただし当時は組織化といっても建物別に行われるのがほとんどであった。より広域の連帯としては移民の出身地やエスニシティに基づく相互扶助ネットワークが存在したが、地域レベルでの住民の組織化はほとんど存在しなかった。

（4）アンゴッティも「女性は伝統的に都市社会運動とコミュニティ・プランニングにおいて中心的な役割を担ってきた」と述べている（Angotti 2008: 16）。

（5）ジェイコブズのほか、クーパー・スクエアの闘いで中心的役割を果たしたフランシス・ゴルディン、1993年にサウス・ブロンクスの再開発計画に立ち向かったヨランダ・ガルシアなど、居住とコミュニティの運動では女性活動家が大きな役割を果たした（Angotti 2008: 125–126）。

（6）先駆的事例にマンハッタン・ローワーイーストサイド地区の取り組みがある。同地区ではゲットー地区改善策を研究する社会学者のR・クロワードとL・オーリンの支援を受けて、ボランティアと地域住民がCBO「ニューヨーク・ローワーイーストサイドの若者のための運動」を結成し、住民の決定に基づいた地区改善事業を進めた。

（7）ホワイトエスニックとして米国の白人内序列の下位に位置づけられたアイルランド系は「白いニガー」とも呼ばれていた。しかも「酒癖と女癖が悪い」というアイルランド系のステレオタイプで見られていたケネディが大統領に就任したことは、そのようなスティグマを一新するだけでなく、ホワイトエスニックと黒人の関係性における転機ともなった。黒人貧困地区対策への取り組みはこのような背景も踏まえる必要がある。

（8） 連邦政府のCBO支援策には、スラムクリアランスやアーバン・リニューアルに代表されるハード面の構造変化に特化したそれまでの都市政策を批判するという政治的思惑もあった。

（9） 前述のYouth-in-Actionはその後「ベッドフォード＝スタイヴェサント更新再生企業Bedford-Stuyvesant Renewal and Rehabilitation Corporation」と組織名を変更し、若者支援だけでなく、地域の住宅修繕や経済開発活動へと活動を広げた（Goduti 2017: 237）。

（10） 庶民のロビー活動において重視されるのが人数である（「彼らはカネを持っている、われわれには『数』の力がある」Talpin 2016: 60）。したがって人数集めは常に重要な課題となる。

（11） 1974年に設立された同団体は、税金の滞納で多くの建物が市に差し押さえられていた当時のニューヨークで、こうした建物を住民と共に修復し、住宅協同組合（コープ住宅）を結成し管理する事業を市と協力して行った。現在でも1600以上のコープと協力し約3万の住宅を管理する。

（12） 2017年9月1日のインタビュー。

（13） UPROSEの活動はPerini and Sabbion（2016）にも詳しい。

（14） 通常、CBOのミーティングは各地区で行われるが、ブルックリン全域を活動の対象とするBANの場合、大勢がきやすい場所を選ぶ必要がある。ブルックリン内の公共交通網はマンハッタンに比べ便利ではなく、ブルックリン全域に散らばるメンバーが集まりやすいのはマンハッタン中心部だった。また中心メンバーの一人がかつて働いていた労組ソリダリティ・センターは融通がきくということも手伝い、そこが会場となった。

（15） 同計画は、1990年代よりクリントン政権下で始まった公営住宅のコンバージョン事業HOPEⅥの一環で進められている。

（16） 2016年5月13日 “Our Neighborhood” Human Rights Activist Project Mini-Conference in High School for Global Citizenshipでの参与観察。同ワークショップは、同校が提携するNGOグローバル・キッズが支援するかたちで開催された。

（17） Mapping and Visualizing Gentrification in Brooklyn. 2016年9月7日の参与観察（https://www.bklynlibrary.org/calendar/mapping-and-visualizing-central-library-info-20161207 HPには12月とあるが、9月の間違いと

思われる)。

(18) ２０１６年８月20日、“Citywide Convergence Against Displacement and Gentrification” Mayday Community Space での参与観察。

(19) http://www.xandraclark.com/crown-heights-project（２０２１年６月23日最終閲覧)。

(20) https://beforeitsgone.co（２０２１年６月23日最終閲覧)。

(21) ２０１６年８月25日、ブッシュウィック地区のバー Express Yourself Barista Bar（82 Central Ave, Brooklyn）にて。

(22) ２０１９年３月26日のインタビュー。

(23) public health は日本語では公衆衛生などと訳されることが多いが、米国では（病院で行われる個人に施される医療とは異なる）皆のための医療という意味で用いられる。米国では人種間格差、経済格差、健康格差を架橋する領域として研究が進められている。

(24) 本節のカレンの語りは２０１９年３月29日のインタビュー。

(25) ２０１９年12月21日のインタビュー。

(26) ２０１７年９月１日のインタビュー。

(27) http://www.mtopp.org（２０２０年６月８日最終閲覧)。

(28) https://crownheightstenantunion.org/about/（２０２０年６月８日最終閲覧)。

(29) 活動の具体的な目的、内容については以下のサイトにくわしい。http://rasmussen.libanswers.com/academics/faq/248422（２０２０年６月８日最終閲覧)。

(30) https://www.brooklynmuseum.org/calendar/event/brooklyn_community_forum_on_anti_gentrification_and_displacement_re（２０２１年６月23日最終閲覧)。

(31) 抗議活動の様子は https://www.artsy.net/article/artsy-editorial-why-artists-and-activists-are-protesting-the-brooklyn-museum（２０２１年６月23日最終閲覧）も参照のこと。

(32) この議論は集団間の関係を論じたものであり、ジェントリフィケーションという現象をめぐる「反ジェントリフィケーション」とは少し位相が異なるように見えるが、実際の抗議活動は抽象的な現象ではなく、デベロッパーや大家、あるいは新住民といった明確な集団を想定して展開されていることから、鈴木の議論の射程から大きく外れるものではないと考える。

(33) 賛同団体のリスト、ならびに当日のスケジュールは次のサイトを参照のこと。https://iacenter.org/2017/09/08/sept-9-the-brooklyn-march-against-gentrification-racism-and-police-violence/（２０２１年６月23日最終閲覧）。またメディアでの報道の一例として次の記事を参照（https://bklyner.com/anti-gentrification-protest-takes-to-the-streets/ ２０２１年６月23日最終閲覧）。

(34) 同キャンペーンは、２０１７年秋にニューヨーク州の住宅運動の連携を図る目的で結成された Upstate Downstate Housing Alliance を中心に展開された。ブルックリンの黒人・ラティーノ系住民集住地域を拠点に活動するコミュニティ組織 New York Community for Change（前身のＡＣＯＲＮは１９７０年結成）や Metropolitan Council for Housing（１９７０年結成）、Urban Homesteading Assistance Board（１９７４年結成）など、長年住宅運動を牽引してきた組織に加え、前述のＣＨＴＵやＢＡＮなどの若い運動が加わり、合計67団体が名を連ねる大キャンペーンとなった。

(35) ２０１８年12月、グレナダ移民の息子でブルックリン育ちのニューヨーク市議ジャマネイ・ウィリアムズは市政監督官（市長に次ぐ二番目の地位）選に立候補し、同キャンペーンを選挙運動の中心に位置づけた。住宅への権利と反ジェントリフィケーションを選挙キャンペーンの中心に据えたウィリアムズは２０１９年２月の選挙で当選を果たした。これを機に同キャンペーンの知名度は大きく高まった。詳細は拙稿（森 2019d）参照。

(36) 同案は九つの法案からなる。vacancy decontrol や eviction bonus など１９９０年代以降、家賃安定化法の規制緩和を可能にしてきた法の廃止や、大家が住宅の修理を理由に不当に家賃を釣り上げることを阻止する法の提案に加え、これまでニューヨーク市と周辺自治体（ナッソー、ウェストチェスター、ロックランド）に限定されていた家賃安定化法を州全体に適用することが提案された。また、これまでは６戸以上の集合住宅に限定されていた同法を、それ以下の小規模集合住宅にも適用した。それによって小規模集合住宅が密集する市内の地域（ブッシュウィックやイーストニューヨーク）や郊外自治体のテナントの保護も可能になる。さらに、これまで時限付きであった家賃安定化の法律を無期限にすることが提案された。

（37） この表現は朝日新聞の藤原学思のインタビューを参照のこと（https://www.asahi.com/articles/ASN5D5S65N4ZUEHF003.html　２０２１年6月23日最終閲覧）。

# 8章 人種横断的な共生の実践

## 再解釈されるジェントリフィケーション

### 1 人種横断的な連携はなぜ可能になったのか

7章の冒頭で、2017年9月の「ブルックリン・マーチ」をとりあげたが、そこで十分に触れなかった点がある。それは参加者の人種、エスニシティ面での多様性だ。白人と「有色の人びと（people of color 以下POC）」、つまり黒人、ラティーノ、アジア系がともに炎天下のブルックリンを練り歩いたのだった。

ブルックリンが「家庭で話される言語は200以上」といわれるほど多様な出自の住民を抱えていることを考えれば、参加者の人種が多様なのは当然ともいえる。だが住民が多様だからといって、必ずしも交流があるわけではないことは第II部でも見た。実際、ニューヨーク市は全米で最も多様な住民を抱えると同時に、最も人種別の棲み分けが激しい都市の一つであり[(1)]、そう考えると白人と黒人が同じデモに参加することは必ずしも自明ではない。

米国における人種間の分断の背景をダニエル・アレンは「不信（distrust）」という概念で説明する。1954年に「白人と黒人の生徒を分離する教育は本質的に不平等であり、黒人の子どもの平等な教育機会を奪っている」として公立学校における人種間の分離を違憲としたブラウン対教育委員会裁判以後も、黒人と白人は「人種間不信」に引き裂かれ、社会に大きな影響を与えてきた（Allen 2004: XIV–XV）。

このような背景をふまえた上で、本章は反ジェントリフィケーション運動のなかに立ち現れた人種横断的な連携について考える。それは、どのような条件と過程のもとで可能となり、どのような意義や課題が見られるのか。本章は以上の問いを参与観察にもとづいて考察する。2節では「人種横断的運動」におけるコミュニティ・オーガナイザーの役割を検討し、3節ではこのような実践が単なる運動戦略としてだけでなく、住民間の「共生」という側面も持っていることを分析する。4節では「共生」の過程で生じる緊張とそれを乗り越えるための理念と実践について考察する。なお、ここでの「共生」は、第II部で扱った「共存」（同じ空間にただ存在する）とは異なり、目的などを共有し、つながりを持って生活することを指す。

## 2　コミュニティ・オーガナイザーの役割——CHTUとE4Fの事例

人種横断的な連携を一定の条件のもとで達成してきたのが、7章でもとりあげたコミュニティ・オーガナイジング（以下、CO）である。タルパンは1992年ロサンゼルスのサウス・セントラル地区で人種蜂起が起きた後の住民の組織化を分析し、COが米国で都市下層の動員に最も成功し、かつ人種横断的な共闘を実現した数少ない集合行為の様式だと評価した（Talpin 2016: 88–89）。

**表 8-1　米国 CO メンバーの人種構成**　(%)

| | 団体オーガナイジング | 個人オーガナイジング |
|---|---|---|
| 団体別 | — | — |
| うち貧困層 | 51.7 | 50.7 |
| アジア系 | 3.3 | 3.0 |
| 黒　人 | 29.2 | 29.7 |
| 白　人 | 31.0 | 44.3 |
| ヒスパニック | 35.3 | 14.2 |
| ネイティヴ・アメリカン | 0.6 | 6.7 |
| その他 | 0.6 | 2.0 |

出典：Talpin（2016: 88）をもとに作成.

**表 8-2　米国 CO 運営委員会メンバーの人種構成**　(%)

| | 団体オーガナイジング | 個人オーガナイジング |
|---|---|---|
| 団体別 | — | — |
| うち貧困層 | 47.0 | 58.6 |
| アジア系 | 0.4 | 2.5 |
| 黒人 | 35.6 | 28.2 |
| 白人 | 46.5 | 44.9 |
| ヒスパニック | 17.0 | 13.5 |

出典：Talpin（2016: 89）をもとに作成.

実際、全米のCOは多人種で構成されていることが多く（表8－1）、しかもメンバーだけでなく、団体幹部も人種的に多様な構成となっている（表8－2）。タルパンは多様な人種で構成されるCOでは人種を越えた共通利害を強調する戦略がとられてきたと指摘する（*ibid.*: 93–94）。

ブルックリンの反ジェントリフィケーションの実践でも同様の戦略がとられ、コミュニティ・オーガナイザーが重要な役割を果たしていた。以下ではオーガナイザーの役割について、7章でとりあげたCHTUとE4F[2]の活動を通してみていく。

## 住民間の共通項を掘り起こす——CHTUの事例(3)

CHTUの創設メンバーにとって「問題の原因は地域に白人が増えたことだ」と主張することは簡単にできたはずだ。実際、2000~2015年にクラウンハイツ地区では黒人の割合が78・1%から55・5%に減少した反面、白人は7・4%から21・6%に増加し（NYU Furman Center 2016: 61）、「白人が黒人を追い出す」というジェントリフィケーションの図式に合致するような変化が起きていた。それを反映するように商業空間や景観も変化した。若い新住民を対象としたバーや飲食店が増えた反面、昔からの住民が利用していた施設や商店が減少した。「我々に必要なのはバーではない。薬局や児童センター、職業安定所が必要だ」と不満の声も上がった。

だがCHTUは住民間の分断を煽るかわりに、その間に橋をかけ、共通の問題意識を持たせる活動をしてきた。オーガナイザーの一人、カーライルは次のように述べる。

新旧住民のアパートは露骨なまでに条件が異なります。旧住民はヒーターや温水設備が故障しても最低限の修理もされず、ひたすら放置されます。それに対し、同じ建物の新住民のアパートは完璧にリフォームされています。でも、ひとたび入居すると、新住民も似たような状況におかれることが多いのです。(4)

またドナ（7章参照）も新旧住民の差異ではなく共通点を強調する。

新住民をジェントリファイアーと呼んで区別しないことにしています。あの人たちも別の場所を出て行かざるを得なくなってここに来た。そして意図せぬままに、ここの住民たちを押し出すことになっている。(5)

ドナの暮らす建物には35戸のアパートが入っており、彼女のような「昔からの住民」(暗に黒人の中高年を指す)は5戸だけとなったが、一番最近引っ越してきた住民の家賃は4000ドルだったという。CHTUはこうした新住民に声をかけ、払っている家賃が隣人よりずっと高く、それが違法の可能性もあることを伝え、ユニオンに合流するよう働きかける。

新しい住民はニューヨーク市の家賃法をよくわかっていない。また昔からの住民が多いコミュニティに移り住んで、その中でアウトサイダー意識をもっていることも多い。だから声をかけて、仲間にいれようとしています。(6)

それではオーガナイザーが実際に新旧住民の溝をどのように埋めようとしているのかを見ていこう。CHTUの特徴のひとつに参加者の多様性がある。毎月第3木曜19時からクラッソン通り727番地で開かれる全体会議には毎回平均40名前後が参加し、若い白人と中高年の黒人が多いが(割合はほぼ3対2)、年齢、人種、職業などの異なる人びとが同じ目的のもとに集まる。そして自分の住む建物に関する情報を参加者に伝え、ニューヨーク市の住宅政策や不動産業者、デベロッパーの動向についても情報が交換される。

値上げや立ち退きに直面する建物の住民の支援活動や抗議行動では年配の黒人と若い白人たちが並んで声をはりあげる。クラウンハイツに生まれ育ち、オーガナイザーとなったエステバンは共闘を強調する。

昔からの住民だけではない。古い住民も新しい住民もみんな一緒にたたかうんです。(7)

とはいっても、実際に人種や年齢を超えて連携することは容易ではない。CHTUの参加者の間にも「差異」は非常にわかりやすいかたちで存在しており、それが緊張を生むこともある。だからこそ、そのなかでバランスをとり、参加者をつなぐオーガナイザーの役割は重要だ。たとえば全体会議後の立ち話の際に「白人ジェントリファイアーのせいで追い出されそうだ」と「白人新住民」に敵意を示す黒人女性がいた。するとオーガナイザーのカーライル——彼自身も黒人で20代後半だ——は女性に対し、「追い出すのは白人ジェントリファイアーではありません。不当に家賃をつりあげる管理会社です。白人も不当な家賃を払わされる被害者です」とにこやかに微笑みながら声をかけた。また若い白人女性が「(黒人ばかりの)建物の住民に冷たい目でみられ、居心地が悪い」と訴えると「まずは話しかけることから始めましょう。何度も話しかけ、自分を知ってもらい、コミュニティの一部だという意識をつくるのです」と助言を与えた。(8)

人種横断的な連携の模索とそれに向けた実践はCHTUに固有のものではなく、他の運動体においても程度の差こそあれ観察されており、これらの実践には共通する要素がみられる。まず「白人住民vs人種マイノリティ住民」という認知のフレームに代え、「大家vs建物の住民」という建物レベルの対立や、「誰もが保証されるべき居住権を脅かす企業や、企業を支援する行政」vs「コミュニティ住民」というよりマクロな対立を鮮明にし、「共通の敵」を鮮明にする戦略だ。

だがオーガナイザーの役割は「共通の敵」を明確にすることばかりではない。同時に、掘り起こされた「共通点」を出発点に、異なる参加者をつなぎ、同じコミュニティに属しているという意識をうみだす戦略がとられる。これはタルパンがオーガナイザーの課題を「深く分断されたプレカリアートに共通のアイデンティティを生み出すこと」と述べたことにも合致する（Talpin 2016: 86）。白人流入が進み、黒人住民が減少するセントラル・ブルックリン住民間の連携は必ずしも自然発生的ではなく、オーガナイザーの役割が大きな意味をもつ。

## 異なる行動の仕方を提案する――「通報以外の方法もある」キャンペーン

ＣＨＴＵの取り組みは団体の参加者に対して行われたものであるが、コミュニティ住民というより広い対象に向けた取り組みも行われている。「フラットブッシュに平等を（以下、Ｅ４Ｆ）」の事例をみていこう。

ベッドフォード＝スタイヴェサント、クラウンハイツ、ブッシュウィック、そしてフラットブッシュといった白人増加の著しい黒人居住地区では、住民間のトラブルを理由とする警察や３１１（非緊急の苦情や問い合わせのホットライン）への通報が増加している。こうした地区では警察が増員され、それによって人種マイノリティ住民へのハラスメントや暴力が増加し、地区内の緊張を高めていることは6章でもみた。以上の問題を解消するためにＥ４Ｆは２０１８年４月「警察への通報以外の方法もある（Alternatives to call 911)[9]」キャンペーンを開始した。その中心となったのが住民啓発のためのパンフレットの作成だ。そこではまず、住民の通報がコミュニティにどのような問題を引き起こしているのかと、通報の契機となるトラブルの背景が何なのかが説明された。

ニューヨーク市警は通報に応じる義務があり、それは医療やメンタルヘルスに起因する場合も含まれます。残念なことに、モハメッド・バーやデボラ・ダナーをはじめ複数の警察による殺害事件や深刻な傷害事件が示すのは、警察への通報によってコミュニティのメンバーや愛する者が殺害されたり残虐な暴力を受けるという結果を引き起こしている事実です。警官はメンタルヘルスや医療関係の問題を抱える人に対処する訓練を受けていません。こうして警察に殺害された者の50%近くが身体もしくはメンタルヘルスの障害を抱える住民だという統計がでています。

そして、警官の増員がマイノリティ住民の安全を脅かしていることが説明される。ただしここでは人種マイノリティだけでなく幅広いマイノリティが被害にあっているという包摂的なアプローチがとられている。また通報する人を責めるのではなく、通報の構造的背景を問題化することで「近隣の分断」を煽らない工夫がされている。

昔から若者、ホームレス、POC、移民、女性、セクシュアル・マイノリティ、精神や認知、身体の障害をもつ人たちは、高い確率でレイシャル・プロファイリングや警察の暴力を経験してきました。このことが取り立てて重要なのは、隣人やその家族とのトラブルに巻き込まれたら警察に通報せよという考えが社会で広く受容されているからです。ニューヨークでも全米においても対人トラブルで通報したことが警察による殺害や暴力につながった事例は数多くあるのです。

こうして通報に代わる解決策が提示される。第一に、近隣の住民組織に参加するなど、コミュニティと積極的にかかわること、第二に、警察監視チーム（Cop Watch Team）のメンバーになること、第三に、トラブルが深刻になる前に隣人やコミュニティ・リーダーに相談したり仲裁を求めること、第四に、メンタルヘルスを抱えた人への対処法を学ぶこと、第五に、警察ではなくメンタルヘルス関連の緊急相談センターに電話することである。

それでも問題が解決せず、警察に電話せざるをえない場合には、次の四つのことを行うよう呼びかける。第一に、電話のオペレーターに「メンタルヘルス系の問題だと思われるので救急車を呼んでください」と伝える、第二に、警察が来る前にコミュニティの仲間やコミュニティ・リーダーに連絡し、警察の動きを監視し、必要に応じて撮影する、第三に、可能であれば、到着した警官にも問題が医療系であると説明する、第四に、救急車が来た場合、可能であれば病院まで同行することである。

## 認知の転換を促すエージェント

だが「通報以外の方法もある」キャンペーンは、単に問題の背景への理解を求め、具体的な対応方法を提示するものではない。これまで「犯罪行為」とみなされてきたものをメンタルヘルスなどの「疾患問題」と読み替え、また「個人レベルの治安」ではなく「コミュニティ全体の安全」という視点に立つことを促し、認知のフレーム転換を図る営為でもあった。

このようなオーガナイザーの実践は、ピエール・ブルデューのいう「物の見方と分割の仕方の原理」に働きかけるものでもある。ブルデューは社会空間における集団間の立場の違いが集団ごとの物の見方を規定し、そのような物の見方が立場の違いを強化するという、分断生成のメカニズムの一面を明らかにした(Bourdieu, ed. 1993=2019: 271–272)。そう考えると「物の見方」を転換することは、集団関係にも変化を生み出し、現実の変革にもつながりうる。

たとえば近隣トラブルを犯罪ではなく疾患という観点から捉えれば、即警察に通報という行動パターンが見直され、病院やソーシャルワーカーの支援を仰ぐなどのより適切な措置がとられ、結果的にコミュニティにおける緊張の緩和につながるだろう。また個人の治安がコミュニティ全体の安全と地続きだという発想が定着すれば、地区とのかかわり方も変わり、問題意識を共有することで地域への参加が促されるかもしれない。

またキャンペーンは白人新住民のみに行動の変化を求めるのではない。E4Fのオーガナイザー、ソラヤの言葉には、問題は単に白人新住民だけにあるのではなく、旧住民も含めたコミュニティ全体にかかわることだという認識が示されている。

キャンペーンを始めたのは、人びとに警察に通報する以外の方法があると教えるためでした。住民のなかには単なるレイシストもいますが、他方では隣人とトラブルを抱えた時に警察に通報する以外の方法を知らない人もいるのです。それはジェントリファイアーだけではありません。地元に長く住んでいる人のなかにもコミュニティ内部に資源があること、ソーシャルワーカーがいたり、メディエーターがいることを忘れている人もいます[10]。

鈴木は「共生」を「相互に関係し合わないと生きていけないという存在の条件」と、「特定の政治的文脈においてそうした条件を曇らせている諸力を取り払い、人間相互がささえあうような社会空間を築く実践的努力」（鈴木 2021: 45）とに分けて考えるマニュエル・キャラハンの議論を引用している。それにならうとソラヤが指摘するE4Fのキャンペーンは、まさにこのような共生の「条件を曇らせている諸力を取り払い、人間相互がささえあうような社会空間を築く実践的努力」の一例に位置づけられる。オーガナイザーは異なる住民間の対立や分断の解決策の提示にとどまらず、コミュニティ全体に目を向け、共通項を掘り起こすことで、新たなコミュニティの創造をうながす。

多様な住民が構成するコミュニティにおける媒介者の存在は、多文化・多民族化が進行する他の地域・都市でも注目されており、なかでもスペイン・バルセロナの「反うわさエージェント」は世界的に注目を集めている（cf. 上野 2019）。本節で見てきたオーガナイザーの役割と、こうした媒介者には重なる点も多い。だがスペインでは行政が媒介者を養成しているのに対し、セントラル・ブルックリンでは草の根のCBOでノウハウが培われている。形態は異なるにせよ、媒介者の存在は人種横断的な連携の必要条件となっている[11]。

## 3 人種横断的「共生」の実践の場――「下」からの作用

だが、人種横断的な連携はオーガナイザーによる「集団統一のための作業」のみで成り立っているわけではない。オーガナイザーによる地道な活動が人種横断的な連携を「上」から方向付けているのに対し、「下」から、つまり参加者間のつながりも連携を強化している。同じ地区に居住しながら交わる機会のなかった住民たちが出会い、交流し、関係をつくる実践が反ジェントリフィケーションの場で重ねられてきた。このような交流やそれを通して構築される関係性とはどのようなものであり、どのような帰結をもたらしているのか。本節では、反ジェントリフィケーションが単なる運動体であるだけではなく、異なる人びとが「共生」を経験し、実践する場にもなっていることを見ていきたい。そのために、以下では公共空間に表出する社会運動の「表舞台」でも準備という「裏舞台」でもなく、「舞台」間の「隙間」で生じる参加者間の交流や関係に光をあてる。

### 異なる人種・職業・年齢・ジェンダーの交差

反ジェントリフィケーションの参加者が多様であることのイメージを摑むため、BANのミーティング参加者の事例を見ていこう。たとえば2016年3月14日のミーティングは参加者14名中、黒人8名、白人4名、その他2名（アジア、中近東、ラティンクスなど）、同年9月13日は17名中、黒人5名、白人7名、その他5名だった。このように参加者は少人数ながら人種的に多様な集団で構成されていた。参加者の人種的多様性は年齢面の特徴とも結びついていた。白人は学生などの若者中心（20代から30代半ば[12]）であるのに対し、黒人は年長（40、50代）の長期居住者に加えて、若い世代（20代大卒、中間階級）のオーガナイザーや学生などより多様だった。また参加者はジェンダー、セクシュアリティ面でも多様であった。そのような多様性を尊重するため、毎回ミーティング冒頭の自己紹介では、名前などのほか、自分がどの人称代名詞で呼ばれたいか——彼なのか、彼女なのか、それ以外（they）なのか——を伝える工夫もされていた。[13]

多様で一見ばらばらな参加者には共通点も見られた。第一に自分自身、あるいは家族などの身近な者が居住関連の問題を経験し、ジェントリフィケーションに対して個人的動機から危機感を持つ点である。第二に政治意識の強さがある。BANは「地区ごとにバラバラに行われていた反ジェントリフィケーションの闘いをブルックリンレベルで組織する」という目的を掲げていたこともあり、参加者には社会運動の参加経験を持つ者が多かった。ただし、ここにも人種別の差異が反映されており、黒人参加者には地域コミュニティ組織のオーガナイザーが、白人参加者にはオキュパイやブラック・ライブズ・マター、さらにバーニー・サンダース選挙運動などの左派の社会運動にかかわる者が多かった。

## 準備ミーティングの周辺で——「食事」の意味

このように多様な参加者がミーティングに集まるのは、運動の戦略を議論したり、行動を準備したりするためである。だがミーティングという主目的の周辺にも、参加者の関係をつくる見過ごせない時間が広がっている。その一つが「食事」の時間だ。

ミーティングは仕事や学校帰りに立ち寄れるよう、平日19〜21時に設定され、食事が準備される。毎回、会場を借り、ミーティングを主導するイマーニがケータリングの料理を注文したり、材料を買ってきたりすることが多い。パン、チキンなどのメインディッシュ、野菜サラダ、ディップ系のもの、デザート（ケーキかお菓子）が用意され、必ずベジタリアン用の食べ物が用意され、また豚肉がメインででることはまずない。早めに到着したメンバーがサラダを作り、パンやチキンを切り分け、フムスやグアカモレなどのディップの容器を並べ、飲み物や皿などを用意する。食べ物を乗せたテーブルに小さな箱がおかれ、各自払える分の金額を払う。開始は多少遅れることもあり、待っている間、食事をしながら会話をする。

ときには会議前に準備が整わず、終了後に食事をとることもある。2016年8月30日の会議では9月のアクションの詳細と役割の分担を決めるのに加え、市長選を機におこなうキャンペーンの戦略について長時間議論が行われた。21時ごろ、ようやくピザが届いたときも会議は続いていた。この時は会議を中断してピザを切り分け、食べながら議論が続けられた。

会議前や会議後に一緒に簡単な食事をとり、ちょっとした会話をする。これは一見、取るに足らない行為だ。しかしBANの活動の隙間にひろがるこのような時間のなかで培われているものにも注意を向ける必要がある。一緒に準備し、片付けるという共同作業に加え、ベジタリアンやムスリムといった「食事面での少数者」への配慮が必ず行われることを通し、他者の存在を意識し、多様性とともに生きることを身体的に経験する。食事という日常の一部を他者とともに過ごすことも共生の学びの実践の一部である。

また食べ物をシェアするというごく基本的な行為も、異なる他者と「共有」するという点で「共生」の学びの一部となる。BANでの食事はあらかじめできたサンドイッチを配るというようなものはなく、チキンの丸焼きやサラダなど、少し手はかかるが、皆で切り分けたり、とりわけるものだった。また食べ物が残ると、必ず皆でわけあって、持ち帰った。

さらに、こうした隙間の時間に運動とは関係のない、ちょっとした日常会話をすることを通しても少しずつ関係が育まれる。たとえば、このような食事の場でドラ（白人、20代）は自分の勤めるアートギャラリーの労働条件の悪さやオーナーとのトラブルについて話し、転職先を探していることを打ち明けた。また、このような時間にローレンに「先週のアクションで一緒にいたボーイフレンドが素敵だね」と声をかけると、彼女は爆笑し、そこからチリ人のルイスとの物語をきき、逆にこちらの「ボーイフレンド」についても質問される。そのやりとりがあったからこそ、その3週間後にブルックリン・ミュージアム前での抗議行動の際に、彼女と一緒にいたルイスに声をかけることができ、そこから会話が始まった。それらの一つ一つは取るに足らない行為である。しかし他者との共生とはラディカルでかっこいい理論でも緻密に編まれた政策でもなく、少しずつ相手を知ることをひたすら繰り返すという地道な実践のうえにしか達成されないものである。

## コミュニティに繋がるホーム

参加者の間に関係をつくることはCOにおいて決定的に重要だとされてきた（Talpin 2016: 85, 137）。そのために7章でもとりあげた「対面の関係」が重視され、動員手段においてドアノッキングやビラまきと声がけが行われてきた。一方、メンバー間の関係を強化するには、ミーティングで歌やゲームなどのアトラクションを行ったり、食事会やパーティーを開催するなどさまざまな形がとられる（cf. *ibid*.: 136–138）。

それに加えて「（メンバーの）家を訪ねる」という実にシンプルな行為も参加者の交流と関係強化に重要な役割を果たしていた。地域をベースにしたCOにおいて、誰かの家に集まること自体はめずらしくない。たとえば1970年に結成されたCO団体ACORN（7章2節参照）[14]は、独自の組織化メソッドとして「ドア・ツー・ドア・オーガナイジング戦術」を用いてきた。オーガナイザーが戸別訪問し、住民と信頼関係を築いた後、住民に自宅でハウス・ミーティングを開催させ、少しずつ動員の輪を広げる手法である（*ibid*.: 75-76）。この手法はその後ACORNだけでなく広くCOでも用いられるようになった。ミーティングと銘打ってはいるものの、アジェンダなどは作らず、カジュアルに開催され、隣人との関係づくりのためのお茶会のような場として位置づけられた[15]。

BANのメンバー間での自宅への行き来は「ハウス・ミーティング」と銘打ってはいなかったが、運営委員会など比較的少人数（10人以内）でのミーティングの際に自宅を開放するかたちで行われた。日本に比べ、米国ではそもそも自宅の行き来が多い点は考慮する必要があるが、「家に行くこと」は参加者間の関係づくりに看過できない意味をもっていた（*ibid*.: 124-130）。一般に近隣関係が希薄なことで知られる大都会ではなおさらそうだ。

2016年4月28日にサウス・クラウンハイツのアリシア宅で開かれたBANの運営委員会の様子をみてみよう。スターリング・プレイスのタウンハウスにたどり着き、ベルを鳴らすと、アリシアより先に猫が出てきた。「クラウンハイツのデマゴーグ」と行政から恐れられる戦闘家の彼女の表情は、普段ソリダリティ・センターで会う時より随分やわらかい。

先に到着していたコービーとともにリビングを見渡す。素敵な空間だね、と2人で目をあわせる。他のメンバーの到着を待ちながら、壁にかけてある布や絵画、写真についてアリシアに質問しているうちに、はじめて彼女がアフリカ系アメリカ人であるだけでなく、ネイティブ・アメリカンのルーツももつことを知る。そこから彼女の家族についての話が始まった。結婚してイースト・ニューヨークに引っ越した娘、2歳になる孫の話。

ほどなく他のメンバーも到着し、おしゃべりをきりあげて会議が始まったが、いつもの会議とは違う、特別な雰囲気がうまれる。普段よりリラックスし、打ち解けて話がすすみ、センシティブな問題についても、穏やかな調子での議論となった。

ミーティング以外にも、何かのイベントの打ち上げやメンバーの誕生日を祝うなどの機会のホームパーティーが開催されることがあった。2017年9月、イマーニの家で行われたパーティーには30人あまりの人種も年代も多様な人が立ち寄った。昔から近隣に住む住民をはじめとする黒人、白人、ラティーノ、アジア人、以上のカテゴリーに容易にあてはまらない人たちで年齢は20~30代が中心だが、中高年もみられる。学生もいればアーティスト、教員、研究者、NPO職員、弁護士、ソーシャルワーカー、オーガナイザー、商店経営者など職業もさまざまで、退職者もいる。ふだんは必ずしも一緒に交流しないような人たちが20時過ぎから集まり始め、立食形式で飲食をしながら会話し、22時ごろからは音楽にあわせて次々に踊り始めた。

そのような集まりの場でも食べ物は大切な役割を果たしていた。このように誰かの家に集まる際は、各自がそれぞれ食べ物や飲み物を持ち寄ってシェアする。アリシアの家に集まった時には、彼女が祖母から受け継いだサコタッシュ（ネイティブ・アメリカンのレシピ、トウモロコシと豆のサラダ）をふるまったし、イマーニはココナッツ・ミルクの野菜スープ、アイタルシチューなどのジャマイカ料理やさまざまな野菜料理を作った。必ずしも伝統料理をつくるわけではなく、何かを買ってくる人もいたが、それでも食べ物には個性がでる。ドラはキヌア、クランベリー、ケールのサラダをもってきたし、ケイティはアップルパイを焼いてきた。マイケルはベッドスタイにあるお気に入りのビーガン・スイーツの店でカップケーキを買ってきた。自分で食べ物を選び、みんなでシェアする。ただそれだけのことが、グループ内部に運動を通して作られるのとは異なる関係を作り出す(16)。

タマラ・モス・ブラウンは、ブルックリンの白人中間階級家庭でナニー（保育労働者）として働くカリブ海出身移民女性についての研究で、食べ物が人びとをつなげ、社会関係を生み出す「ソーシャル・フード・スペース」について興味深い指摘を行っている。ナニーたちが、雇い主の家から離れた公園という公共空間で、準備してきたカリブ海料理を一緒に食べる行為には、懐かしい味を通して故郷を思い出すだけでなく、他の人たちと食べ物をシェアするという点できわめて重要な意味があるという。

> 食べ物はシッターたちの間にきずなと互恵関係を生み出し、仕事柄孤立になりがちな彼女たちにとって共通の防御壁になっている（Brown 2011: 89）。

これらナニーの状況とBANメンバーの状況は大きく異なる。ナニーたちは同じカリブ海出身というアイデンティティを共有しているのに対し、BANの場合は人種も出身地も大きく異なり、そのような共通のアイデンティティの不在に特徴づけられている。だが、ここで見たような反ジェントリフィケーションにおける「ソーシャル・フード・スペース」とは、食べ物をとおして相手の文化や差異に接触し、経験を交換して、他者への理解を深めるとともに自分を変える可能性を生み出すものである。

誰かの家に集まり、時間を共有することは人種をはじめとするさまざまな差異の間の「敷居」を低くし、境界をゆるがす第一歩となる。「ホーム」に他者を呼んで集まることは、新たな「ファミリーをつくる」[17]ことであり、そしてコミュニティを作ることにもつながる。ホームをコミュニティに開くことは、ホームと感じられるコミュニティを作る第一歩でもある。変化が著しく、人の入れ替わりがきわめて激しいニューヨークという街において、このように「場」は大都会に固有の孤立に対する防御壁にもなっている。

## 「ジェントリフィケーション」という言葉のパフォーマティヴな力

BANの事例から言えるのは、反ジェントリフィケーションの実践やその周辺でそれまで出会う機会のなかった人びとが出会い、人種と世代を超えた交流の場にもなっている点である。

前述のイマーニ宅でのパーティーでは、8年前から同じ通りに住んでいながらそのことを知らなかったという2人をはじめ、近所に住んでいるにもかかわらず、知り合う機会のなかった人たちが出会うことにもなった。近隣にどれだけ知りあいがいるかが話題になり、近隣どころか同じ建物でも顔を見たことのない人がいることがわかった。アリシアとイマーニでさえ徒歩15分以内の距離に20年以上住んでいたが、話をするようになったのは3年前に反ジェントリフィケーションの運動に協力し合うようになってからだ。これは人口規模のきわめて小さい村単位のコミュニティとは大きく異なる点である。

参加者の多くが何年も前から同じ地区に住みながら、BANにかかわるまで接触をもたなかった。こうした状況のなか、近隣の人たちを知りたい、地区のコミュニティとつながりたいということも、参加者の少なくとも一部には反ジェントリフィケーションにかかわる契機となっていた。単なる運動のためだけではなく、人とつながること、新たな出会いを経験すること、それによってコミュニティに居場所を感じることも参加を続ける動機になっていた。

同じことはCHTUの活動にも指摘できる。身体的には同じ地区などの近い空間で「共存」しながら、生活圏も行動様式も異なるために交わることのなかったミクロな差異を抱えた住民同士が、CHTUの活動への参加を通して、借家人として同じ弱い立場にあるという共通点を見出したり、大家や管理会社に不満を抱いたり、より良い居住環境を求めたり、あるいはデベロッパーや行政のあり方に疑問を持つなどの問題意識を共有していた。またCHTUの活動を通して、初めて同じ建物の住民ときちんと会話をするようになった住民も少なくなかった。こうした関係は抗議行動で協力関係を結ぶことだけでなく、同じ隊列で一緒に声をあげたり、ピクニックなどの交流の場で一緒に食事をしたり、会議後の帰り道でプライベートな会話をしたりという「隙間の時間」における交流や身体的接触によっても培われている。そのような意味でCHTUは居住改善のための人種横断的連携の場というだけではなく、人種を超えた「共生」を実践する場でもある。

見方を変えれば、次のようにも言えるだろう。それまで共通項をもたず、交わることもなく、むしろ人種をはじめとする分断の力学にさらされていた住民たちが、自分たちの暮らす地区の変化に対してさまざまな危機感や不安を抱くようになり、それを「ジェントリフィケーション」という言葉に投影し、集まり、つながりを持つようになっている。

ここで重要なのは、なぜ「(反)ジェントリフィケーション」という言葉がこれだけ異なる人たちを引き付けたのかという点である。第一に、ジェントリフィケーションという言葉を用いるアクターや運動体が、7章でも見たようにこの概念を再解釈し、家賃の値上げだけでなく、警察の暴力、環境正義、食の問題、不動産デベロッパーや金融による都市改変など隣接する問題を包摂するものとして提示することに成功した点がある。それによって各自がさまざまな問題を投影できる概念として受容されるようになった。第二に、こうした様々な領域の問題と接続されることで「ジェントリフィケーション」という現象が都市生活にさまざまな悪影響をおよぼす「深刻な害悪」として多くの住民に理解されている点である。だからこそ「反ジェントリフィケーション」という言葉は単なる「アンチ」という意味を超えて、異なる社会のあり方や生き方、つながりを志向する言葉として人々に強く訴えかけ、動員を可能にするパフォーマティヴな力を持っている。そのことはズーキンがブルックリンのバス車内で経験した、ジェントリフィケーションという言葉が生み出す一種の連帯感の事例にも表れている(18)。

BANをはじめとする反ジェントリフィケーションは、ジェントリフィケーションが地域コミュニティを破壊すると批判を展開してきた。だがその一方で、ジェントリフィケーション(への反対)という言葉のもとに、それまでバラバラで、ときには利害が対立するかのように見えていた人びとが集まり、つながりをもち、新たなコミュニティが生まれつつある。「定着者vs部外者」(Elias and Scotson 1965)、「昔からの住民vsよそ者」、そして「白人vs黒人」といった分断が「ジェントリフィケーション」という共通の「敵」の前に(一時的に)緩和し、新しい関係性を生みだしている。つまり第II部でみたようにコミュニティにおいて対立の争点とされていたジェントリフィケーションが、違いを超えて共闘する契機としてのジェントリフィケーションとして再解釈されているのである。その点で「反ジェントリフィケーション」という言葉は人種も世代も異なる住民の交流を生み、「共生」を実践する場をもたらしてもいる。

## 4 自分の立ち位置を知る――オープンな空間、クローズドの空間

だが普段は交わらなかった人びとが声をかけあい、時間や場を共有するのは最初のステップである。より継続的なつながりをつくるには、どのような関係のもとに連携し、共生するかが重要な課題となる。

この問題を考える上で参考になるのが、アレンによる平等をめぐる miseducation の議論である[19]。アレンによれば、米国の独立宣言後に作られた政治制度はある者たちを解放すると同時に別の者たちを支配したが、その時に解放された者たちが「これが『平等』なのだ」と考えた。このように「支配」を「平等」と取り違えたところにこそ、米国における平等をめぐる miseducation の原点があるとアレンは考える。miseducation を解消するには、自分たちとは異なる者たちと対等な関係で交わり、生きることがどのようなことなのかを学びなおさなければならないとアレンは主張する。

だが「異なる多様な人たちと対等な関係で交わり、生きる」とは具体的にどのような状態を指すのか。「miseducation にもとづいた平等」を学びほぐした「真の平等」とはどのようなものなのか。この問いを、人種横断的な連携を目指す団体の例を通して考えていく。

### 白人とPOCの「立場」――BANの事例から

「誰が運動を主導するのか」は多くの社会運動やCOにおいて重要な問いであるが、人種横断的な連携

において はより重要となる。ブルックリン運動センター（以下ＢＭＣ）の場合、メンバー構成は人種横断的であるが、地元で暮らすＰＯＣが団体を主導すると定めている。その理由をマークは次のように述べる。

（ＢＭＣの立ち上げ当初）セントラル・ブルックリンにはとてもたくさんの団体がありましたが、住民自身による団体ではなく、福祉サービスを提供する団体や特定の問題に特化した活動をする非営利団体ばかりでした。住民がたちあげ、主導する団体はほとんどなかったのです（中略）ＢＭＣをたちあげた当初より構想していたのは、ベッドフォード＝スタイヴェサントとクラウンハイツのＰＯＣ住民が団体を主導することが重要で、優先すべきという点でした。もちろん団体は全ての新しい住民を受け入れます。しかし白人至上主義の問題を理解し、それを共に解体することが求められます[20]。

ＢＡＮも同じように人種横断的な運動であるが「ＰＯＣ主導」という立場を明確にしている。イマーニはこの点を次のように説明する。

ジェントリフィケーションによる立ち退きや警察の暴力からコミュニティを守る戦いは、人種間支配の長い歴史に根ざしています。そのような歴史は、ここブルックリンだけでなく米国中で展開され、レッドライニングから麻薬に対する戦争、割れ窓理論に基づいた監視などの差別的な政策を生み出してきました。そして、これらの政策の影響をもっとも強く被ったのが、黒人やラティネックスというＰＯＣでした。だからこそ、彼らがこの運動を率いるべきというのがＢＡＮの立場です[21]。

白人と共に運動を組織するが、主導権はPOCがもつというフレームは、長い人種的支配と格差の歴史によって正当化される。ここでいう「主導」とは団体内での決定権や方針の策定だけでなく、デモや直接行動などにおける「表象」のレベルにもかかわる。たとえばBANのメンバー構成は1節でも述べたように多人種にまたがり、参加者の人数だけみるとPOCは常に多数派ではなかった。しかしBANが主催するデモでは先頭で横断幕をもつ者や集会で発言する者にはできるかぎりPOCのメンバーが配置されるよう、イマーニが状況をみながら差配した。ここには歴史的に形成された不平等な関係にある白人・黒人間にどのような連帯の構築が可能かという問いへのひとつの手がかりが示されている。

## 内部に生じる緊張と亀裂

しかしこのような共闘において適切なバランスを見つけるのは容易ではない。実際、BANの内部でもさまざまな局面で緊張が生じてきた。

第一に、領域的ナショナリズムとゼノフォビアにかかわる問題がある。一例に、クラウンハイツのバー「サマーヒル」に対する抗議活動がある。事件の発端は、トロント出身の元企業弁護士ベッカ・ブレナンがオープンした「サマーヒル」のホームページだった。バーの紹介欄に「いかにもクラウンハイツらしい雰囲気のインテリア」という文言とともに、数々の銃弾が撃ち込まれた壁の写真が掲載されていた。銃弾の痕を「クラウンハイツらしい雰囲気」などと表現し、まるで同地区では常に銃撃戦が起きているかのように宣伝したことが住民の反発を買い、2017年8月20日午後、BANとCHTUのメンバーを含む50

名ほどがバーの前に集まった。

「ボイコット、サマーヒル！　ボイコット、サマーヒル！」「バイバイ、ベッキー！　バイバイ、ベッキー！」という掛け声が太鼓のリズムにあわせてあがった。その最中、集まってきた通行人にビラを配りながら、ひときわ大きな声をあげて場をもりあげていたイマーニは「ジェントリファイヤーよ、カナダに帰りな！」と連呼した。少し離れたところで運動を組織していたCHTUのオーガナイザーで白人のジョーはイマーニに歩み寄り、「カナダに帰れはまずいよ」と控えめに制止した。するとイマーニはジョーを振り切り、一層声をはりあげて「カナダに帰れ！　カナダに帰れ！」と叫んだのだった。ジョーはそれ以上何も言わなかった。

あとでジョーに尋ねたところ、彼が問題視したのは、仮に相手が元企業弁護士で金持ちの白人であっても「国に帰れ」というのはゼノフォビアであり、容認しがたいということだった。それに対してイマーニは、相手が白人富裕層のジェントリファイヤーであり、人種関係の支配的立場にいる点がもっとも重要だと考える。それを等閑視して「ゼノフォビア」と批判することは白人支配の強化につながると主張する。

反ジェントリフィケーション運動が、立ち退きを含めた外部からの圧力を批判する際に領域的ナショナリズムに依拠することはしばしば観察される。領域的ナショナリズムは歴史的な白人支配を批判・解体する過程で不可避なステップだと容認する立場と、どのような状況でもゼノフォビアは容認できないという立場の間には大きな溝が存在する。特にサマーヒル抗議行動の際のように、このような批判が白人（ジョー）から黒人（イマーニ）になされるような場合、問題はなおさらデリケートである。

第二に、非正規滞在移民に対する反ジェントリフィケーション運動内の温度差がある。2017年トランプ新政権が非正規滞在移民の摘発・追放の方針を打ち出すと、反対する「サンクチュアリー・シティ（聖域都市）」が多く現れ、ニューヨーク市も非正規滞在移民を擁護する措置を打ち出した。反ジェントリフィケーションの参加者の中にも移民擁護運動にかかわる者もおり、そうした人たちはニューヨーク市の決定を支持したが、その一方で「聖域都市」に対して冷ややかな反応を示す者もいた。この点をアルは次のように説明する。

サンクリュアリー・シティなどと言ってニューカマー移民の人権は気にかけるのに、同じ都市で人種マイノリティが抑圧され、警察の暴力で殺されてきたことはずっと放置してきました。移民難民を歓待すると言う一方で、人種マイノリティを抑圧し、割れ窓理論の警備で殺しているのです。ここに住民たちのフラストレーションの原因があるのです[22]。

こうした背景から、黒人差別の「黙認」を批判する文脈で国境で命を落とす移民が引き合いにだされることもある。2014年、ニューヨークで黒人エリック・ガーナーが警察に殺害された際に「エリック・ガーナーが国境で死んでいたら、米国人は怒っていたはずだ[23]」との発言が出たのも同じ理由だった。だが、このような主張を問題視するメンバーもおり、それが人種横断的連携に緊張を走らせることもある。

第三に、セントラル・ブルックリンの人口変容にともなう政治空間の再編と人種にかかわる緊張である。同地区は長年民主党支持者の牙城だったが、近年サンダースの選挙運動に現れたように、急進派の運動が若者層の支持を集め、民主党主流派を左側から揺るがしている。だが米国左派の再編はセントラル・ブルックリンのローカルな文脈においては人種関係と複雑に結びつき、緊張を生み出してきた[24]。「アメリカ民主社会主義者（DSA）」は地域に増加する若い白人高学歴層を中心に支持を広げ、長年地元政界で君臨してきた民主党エスタブリッシュメント批判を展開したが、セントラル・ブルックリンのエスタブリッシュメントは黒人だった。つまりジェントリフィケーションの進む同地区において「左傾化」は「白人化」「若者化」と連動していたのであり[25]、そのことも人種横断的な連携に緊張を走らせている。

第四に、ジェンダー、セクシュアル・アイデンティティをめぐる亀裂がある。2020年8月、BANでは男性メンバーによる女性への性的ハラスメントが大きな亀裂を走らせ、コアメンバーの半数近くが団体を辞めるという事件が起きた。その1年前の2019年6月には、BANの創設メンバーであるアリシアとイマーニがセクシュアル・マイノリティ、特にトランスジェンダーの運動との連携をめぐる考え方の違いが原因で決裂する事態に至った[26]。

## 「アライ」という立場——不信の乗り越えにむけた取り組み

人種面だけでなく年齢、ジェンダー、セクシュアリティ、社会経済的背景などさまざまな差異を抱える人びとが構成する反ジェントリフィケーション運動には、それらさまざまな差異の境界線上に緊張が内在する。ジェントリフィケーションに対して人種横断的に連携して戦うことは、同時に人種をはじめとするさまざまな差異を超えた連携の困難を照らし出す。

こうした緊張をふまえつつ、運動で重視されるのが「同盟者になる（allyship）」という考え方だ。人種差別や性差別、障害者差別などと闘う運動では、マイノリティ集団の利益を優先するためにマジョリティ集団が社会的正義や包摂、人権などを重視することと一般に定義される。だが重要なのは「連携」といっても同じ立場にあるのではない点である。立場の違いを自覚し、集団間の不平等な関係性を意識することから始めなければならない。実際、「同盟者」の語りには、必ず自分の属性、そして「特権」を言語化するという共通点がみられた。トムはセントラル・ブルックリンに住む新住民白人宅を訪問し、コミュニティに溶け込むよう啓発活動を行う「deep canvassing」を行っているが、彼はなぜ訪問のたびに自分が「新住民」であるとことわりを入れるのかについて次のように述べた。

僕は、若い白人富裕層のクラウンハイツ住民です。6年前から住んでいます（中略）自分のアイデンティティ、自分の特権をこうやって明確に言語化するのは……それらを言語化することは……どうやってこの事実と折り合いをつけて生きていくか、その解決策を見つける上で本当に助けになるからです。(27)

そのうえで白人は黒人に自己同一化するのではなく、支配集団に属していることを自覚し、そのような支配を終わらせるために黒人の人権を向上させることが求められる。運動はともにおこなうが、決定権は黒人に委ね、白人は支援者の役割を全うする。先にみたPOC、黒人が主導するという運動のあり方もこのような考え方に基づく。実際、BANの白人「同盟者」の語りにもこのような意識が強く現れていた。ドラの語りをみてみよう。

これまで運動の中で自分の考えや疑問をもつこともできたはずだけれど……他の人の戦略について意

見を唱えるのが自分の役割だと感じたことは一度もなかった。私は白人の新住民で、（BANでの）共同作業に同盟者としてかかわるという立場だから。[28]

ここで示されているのは「意見がないわけではないが、黒人の同盟者という立場を自覚し、役割に徹する」という考え方である。実際、白人と黒人の連携においては両者の「政治」に対する考え方の違いが鮮明になることもある。次のCHTUのジョーの語りは、左派運動にかかわる白人の若者が、黒人との共闘を通してどのような学びの経験をしたのかが示されている。

最初にグループ内で意見の相違が生じたのは、われわれのミーティングにやってくる民主党の主流派政治家とどう付き合うかについてでした。オキュパイ運動出身（の白人）の若者たちは懐疑的でした。旧住民たちは若者と意見が違いました。「われわれは要求を表明し、行動して、闘いを重ねることで、議員に依存せず、自律的に活動してきた。しかし政治家はわれわれのデモや直接行動に合流する。これらの議員に借りがあるわけではないが、彼らがわれわれと一緒になって大家に抗議するのなら、信用はしないにせよ、支援を求めるべきだ」というのです。オキュパイに関わっていた若者たちは、黒人居住地区で運動にかかわるとは何を意味するのか、という問いと格闘することになりました。それは目が覚めるような経験でした。そこでは投票権を求めて百年に及ぶ闘いが行われたことが政治の歴史の核になっている。この歴史は米国の黒人政治において二次的な問題ではない。この問題にしっかり取り組むには大政党から自律的な労働者階級の政治、つまり「黒人が主導権をもつ政治」というビジョンをもつ一方、長年の闘争によって構築されてきた政治構造の存在を意識し、理解することが極めて重要です(29)。

またイマーニは同盟者とは「自分がそうである」という自認によってではなく、マイノリティからそうだと認められることで初めてなり得るものだと考える。

白人が「自分は反レイシストだ」と言うかどうか、男性が「自分はフェミニストだ」「セクシュアル・マイノリティの同盟者だ」などと考えるかどうかは重要ではないのです。本当に重要なのはPOCがその人を「同盟者」と認めるかどうか、つまり抑圧された人間が「誰が自分の共謀者か」と考えるか、それだけなのです(30)。

このように、同盟者とは、連携のなかでの自分の立ち位置を自覚し、距離を認識しながら、同じ目標に向かって闘うことを指す。「同盟者」とは歴史的に形成されてきた白人と黒人の不平等な関係をふまえた上で、自分の意見をもちつつも、立場を考えながら調整をはかり、黒人の解放と同時に支配関係の構造から自分自身を解放するために白人が担いうる役割を示している。

### 「白人平等」神話の崩壊と新たな連携の模索

人種横断的な連携はしばしば「中間階級の白人と労働者階級の人種マイノリティの連携」という交差の図式で捉えられてきた。タルパンは、ロサンゼルスのCO団体「L・A・ヴォイス」には人種マイノリティだけでなく白人も参加していたが、白人の大半は中間階級であることに注意をうながす。そして団体が活動する地区や団体がかかわる教会の種類（進歩的）などの影響もあり、郊外の戸建て住宅に住み、保守的な教会に出入りするような白人下層は動員できなかったと指摘する。つまり「L・A・ヴォイス」における人種間連携は「人種マイノリティと白人中間階級」の連携であった（Talpin 2016: 99）[31]。

このような説明は下層内部の「人種の分断線」（「移民、人種・民族マイノリティvs白人貧困層」）や白人内部の「階級の分断線」（「白人中間階級vs白人貧困層」）という、2016年トランプ大統領選勝利後に米国社会を解読するフレーミングとも合致する。フランスで2018年に始まった「黄色いベスト運動」の時にも「都市中間階級vs地方の低所得層」、「移民vs白人」といった同じような分断の図式が説明に用いられた。このような議論は「人種横断的な連携とは白人中間階級と人種マイノリティの間でのみ可能であり、白人貧困層はその外部にある」という理解に依拠し、人種間の階級的な連帯の不可能性という言説を結果的に強化してきた。

だが本章はこのような分断の図式とは異なる立場をとる。というのも、このように強調される人種・階級のカテゴリー間の境界線は実際にはそれほど明確でもなければ固定的でもないからである。5章で述べたように「白人」内部にはエスニシティ面での多様性と序列が存在するだけでなく、市場原理主義的な経済政策と大幅な福祉削減が「白人」内部の格差を押し広げ、立場や状況の多様化と分極化が進んでいる。こうしたなか歴史的に構築されてきた「人種支配」に自覚的であっても、「白人の内部は平等[32]」という神話をまったく内面化しない若者が増えている。

だからといって、先に述べた通り、白人の若者の困難と人種マイノリティ住民の困難を一枚岩的に扱うのも分析的な誤りであろう。二つのカテゴリーの間には、人種と階級をめぐる根本的な差異が残る。これを「分断」と呼ぶこともできるかもしれない。しかし都市に押し寄せる資本化の波は「分断」という言葉からはこぼれおちてしまうようなミクロな差異――「白人」や「黒人」カテゴリー内部にあるエスニシティ、経済格差とジェンダー、セクリュアリティの関係性、学歴・職歴・居住履歴の多様化・複雑化が生活を通してさまざまな差異を浮かび上がらせる――を可視化し、同時に政治的共闘の磁場を結果として生み出してもいる（Vespa 2017）。このような文脈において、より広い意味での連携を模索する動きが起きている。(33)

ロバート・パットナムによれば、現代社会のほとんどで主に移民の増大によってエスニック・ダイバーシティが拡大しているが、それは短期的は社会的連帯や社会関係資本を減少させる傾向がみられる。米国で行われた調査によれば、住民が人種的に多様な地区では、どの人種集団も問題を避けようとしたり、分離する傾向にある。このような地区では他人への信頼度が低く（自分と同人種の住民に対しても）、利他的活動やコミュニティでの協働は稀であり、友だちの数も少ない。だがパットナムは、長期的視点にたつと、成功した移民社会はこのような断片化を乗り越え、新しい交差的な社会連帯を作り出し、複数のアイデンティティを包摂するだろうと述べた（Putnam 2007）。

だがこのような議論に欠けているのは、歴史的に形成されてきた人種間の不平等な社会関係についての考察である。問われなければならないのは、不平等な関係にある集団間に構築されるべき連帯とはどのようなものなのか、である。セントラル・ブルックリンで進行している「共闘」は、このような問いを考えるための手がかりを示している。

## 5　２０２０年ブラック・ライブズ・マター運動の上流で

本章は、ブルックリンの反ジェントリフィケーション運動において観察される人種横断的な連携に注目し、その形成過程や条件、意味、課題を考察した。このような連携は自然発生的に生まれたのではなく、コミュニティ・オーガナイザーが大きな役割を果たしてきた。だがその一方、反ジェントリフィケーションにおける人種間の連携は単なる社会運動の戦略だけではなく、地域社会における住民間の「共生」にもつながっている。つまり、前章と本章でみてきた反ジェントリフィケーションを「コミュニティ分断の原因」と理解されてきたジェントリフィケーションを「コミュニティの実践を通して、「コミュニティ共通の課題」と読み替え、「それに抗して共に暮らす契機」と位置づける再解釈が起きたといえる。

ただし既存のカテゴリーからこぼれおちるような多様な差異を抱えた人びとの「共生」の基盤は不安定であり、そのなかで、どのような関係性を結ぶことが適切かをめぐり試行錯誤が重ねられている。だが、こうした課題や限界を抱えながらも重ねられる「共生の実践」の事例は「米国＝人種分断社会」という一枚岩的な図式に見直しを迫るものである。

本章で論じた人種横断的な連携はひとつのローカルな事例にすぎないが、ここで観察されたような現象はより広いスケールでも進行している。２０２０年5月25日、ミネアポリス近郊で起きたジョージ・フロイド殺害事件後に広がったブラック・ライブズ・マター運動はその一例だ。前代未聞の抗議運動の広がりは米国社会における人種の分断の深刻さを印象づけたが、同時に運動がこれだけの広範囲（全米規模）で長期にわたって展開された背景には、運動の参加者が黒人だけでなく人種横断的だったことも指摘されてきた。

だが2020年に顕在化したこのような人種横断的な連携は突如発生したのではない。それ以前よりセントラル・ブルックリンでみられたような共闘の実践がローカルで積み重ねられ、それが大きなうねりに繋がったと考えるべきだろう。セントラル・ブルックリンで反ジェントリフィケーションの名の下に行われた人種横断的な連携はこのような流れの縮図だったとも言える。

共闘とはまったく別の「絵」を社会に見いだすことは簡単であろう。しかし、このような人種を超えた連携が存在すること、少しずつ拡大していることも看過できない事実だ。「社会」には混沌とした現象がときに矛盾した形で混在し、そのなかで何を見るかはきわめて重要な争点となっている。分断ではなく共生に、変化・断絶ではなく連続性に目を凝らすことが、排外主義・分断の時代である現在にこそ求められている。

(1) 2010年、ニューヨーク市の白人・黒人分離指数は81・6(人種分布を均等にするには81・6%の白人または黒人が別地域に移動しなければならないことを意味する)と他都市に比べ突出していた。https://citylimits.org/2016/08/22/building-justice-new-york-citys-separate-and-unequal-neighborhoods/(2021年3月14日最終閲覧)。

(2) 両団体の詳細については7章3節を参照のこと。

(3) ここでのCHTUに関する記述は拙稿(森 2019b)の4節を大幅に改稿・加筆したものである。

(4) 2016年9月18日のインタビュー。

(5) 2016年9月22日のインタビュー。

(6) 同上。

(7) 2016年6月16日のインタビュー。

(8) ２０１６年8月18日のフィールドノート。

(9) キャンペーン内容は以下を参照のこと。http://www.equalityforflatbush.org/wp-content/uploads/2018/04/911-Alternatives-English1.pdf（２０２１年6月23日最終閲覧）。

(10) ２０１９年3月25日のインタビュー。

(11) オーガナイザーの求人広告には「休日や夜もフレキシブルに対応できること。時間を厭わずにコミットメントをする姿勢が求められる」といった記載がよく見られるように、非常に多くのコミットメントを要求される。ここでは富永京子（2017）のいう「日常・非日常」のように「日常」と「たたかい」は切り離されておらず、「日常・プライベート」に運動がかぎりなく食い込んでいる。労働時間が長く、コミットメントも求められる反面、給与は高くなく、雇用も不安定な側面があるため、スタッフの入れ替えは激しい。この点についてはTalpin（2016: 133–135）を参照。

(12) 白人にも初期からのメンバーであるボブという60代の退職者がいるなど例外は見られた。

(13) 米国の革新系の運動ではこのような自己紹介の仕方はスタンダードとなっている（cf. Talpin 2016）。

(14) 同団体が２０１０年に解散に追い込まれた経緯については労働政策研究・研修機構による次の報告書（https://www.jil.go.jp/foreign/report/2013/pdf/2013_0328_02.pdf）18ページを参照。解散後には各地の支部が独自に団体を立ち上げ、ニューヨーク支部は２０１０年、New York Communities for Changeとなった。

(15) この手法はのちに保守運動「ティーパーティー」でも用いられるようになった。

(16) 交流は必ずしも家で行われるだけではない。たとえばＣＨＴＵは毎年8月（２０２１年は例外的に9月だった）にメンバーによるピクニックを地域のブラワー・パークで開催している。

(17) イマーニの発言。２０１７年9月9日のフィールドノート。

(18) ズーキンはブルックリンで起きたバス車中の一場面をとおして、ジェントリフィケーションという単語が今日人びとの間に連帯意識を生み出すパフォーマティヴな力をもっていると指摘した。彼女が乗っていたバスがサンセットパーク近くの工業地帯を通過した際に、周囲の光景とは不釣り合いな派手な服に身を包んだモデルらしき女性が車にもたれ、写真撮影が行われていた。それを見た運転手が、乗客にむかって「これがジェントリフィケーションさ」と声をかけると、その瞬間車内に一種の連帯感がうまれたことをズーキンは捉えた（Zukin 2016）。

(19) 以下の議論は、Allen（2014）参照。

(20) ２０１６年５月13日のインタビュー。

(21) ２０１６年４月28日のインタビュー。

(22) ２０１７年８月30日のインタビュー。

(23) https://www.newsweek.com/eric-garner-justice-department-no-charges-nypd-officer-1449515（２０２１年６月23日最終閲覧）。

(24) ニューヨークではアメリカ民主社会主義者（ＤＳＡ）がトランプ大統領当選後に支持を拡大し、２０１８年アレクサンドリア・オカシオ＝コルテスが民主党現職を破って当選したことは知られているが、オカシオ＝コルテスがプエルトリコ系の女性だからといって、急進左派は人種マイノリティと連携していると一般化できるものではなかったのである。

(25) エスタブリッシュメントを批判し、革新的な流れを生み出そうとする黒人住民もいるが、コミュニティの資源がエスタブリッシュメントに抑えられているなか、それを実行に移すことは容易ではない。セントラル・ブルックリンにおける政治空間の再編については下記も参照のこと。http://brooklynmovementcenter.org/elections2020/third-rail-the-shifting-black-electorate/（２０２１年６月23日最終閲覧）。

(26) 進歩的な白人異性愛者にみられる差別意識の問題についてはBrodyn and Ghaziani（2018）を参照。

(27) ２０１９年12月28日のインタビュー。

(28) ２０１７年８月23日のインタビュー。

(29) ２０１６年５月21日のインタビュー。

(30) ２０１６年４月28日のインタビュー。

(31) その一方「階級」にもとづいて人種間共闘を試みた事例として、19世紀後半、労働騎士団がアフリカ系アメリカ人の動員を図った事例もある。詳細は、Gerteis（2007）。

(32) 「『民族』を発明した国、人種差別は他人事か――小熊英二氏インタビュー」『朝日新聞』２０２０年９月10日。

(33) フランスでも人種マイノリティによる反人種差別運動が２０１８年の黄色いベスト運動の際に同様のcoalitionを模索する動きを一部で見せていた。この点についてはConfavreux（2020）を参照。

# 9章 パンデミック時代の共生

2020年、新型コロナウイルス感染の世界的拡大という未曾有の事態が発生した。多くの犠牲者が出て、各地で人の移動が大幅に制限され、経済的打撃は広範囲に及んだ。このような事態のなか、ここまで見てきた多様な差異をもつ人たちの空間的共存とそこから生まれた新たなつながりはどのような展開を見せたのだろうか。以上の問いをブルックリンに触れながらもより広い展望でみていく(1)。

## 1 コロナウイルスとレイシズム、二つのパンデミック

### 露呈した「生命の不平等」

ニューヨークはパンデミックにより全米で最大の死者を出したが、死者は黒人をはじめ人種マイノリティに集中した(2)。人種間格差は同一所得層比較でもはっきり現れた。貧困層の死者数を比べると黒人は白人の2倍強だった(3)。地域別にみると、最大死者数を記録したのは黒人高齢層が多く居住するイースト・ニューヨークの低家賃集合住宅スターレット・シティで、人口10万人あたり612人にも達した（*New York*

*Times* 2020/05/19)。

生命の人種間格差は社会的条件にも規定されている。人種マイノリティの75％が医療や食品などの分野のエッセンシャル・ワーカーであり、高感染リスクに晒された狭小過密住宅居住者が多く、自宅感染リスクも高かった。さらに「高リスク者」とされた心臓病、高コレステロール、糖尿病患者の割合が高かったが、その背景には黒人居住地区にファースト・フード店が集中し、新鮮な食材の入手が困難だという構造的要因――「フード・アパルトヘイト」と呼ばれる――が指摘されてきた（7章参照）[4]。

生命だけでなく、社会経済面での人種間格差も露呈した。パンデミックによる経済的打撃で職や家を失った人も人種マイノリティに多かった。２０２０年４月失業率は白人14・2％に対し、黒人16・7％、ラティーノ18・9％で、家賃未払い世帯は白人14％、黒人約3割、持ち家ローン未払い世帯は白人9％、黒人28％で、自宅からの排除リスクも黒人に集中した[5]。倒産や事業停止も人種マイノリティに多く、同年2～4月で黒人の小規模企業数は41％減少したが、同現在の白人企業は17％減にとどまった[6]。

だが人種マイノリティの内部にも階層、ジェンダー、セクシュアリティ、法的地位などに応じて大きな違いが認められた。移民であり女性である黒人家事労働者はとりわけ大きな打撃を受けた。全米家事労働者同盟（ＮＤＷＡ）の２０２０年４月の調査によると、パンデミックは黒人で女性、かつ移民労働者である彼女たちにより深刻な影響を及ぼし、ニューヨークでは62％が解雇または5割以上の収入減（時短）、54％が3カ月以内に住居を追い出されたり、電気・ガス・水が止められる可能性が高いと答えた。43％にはセーフティ・ネットがなく、75％は職場で個人用防護具（Personal Protective Equipment）を支給されず、45％が無保険で、24％が新型コロナに感染したり、感染者と生活していた。人種、ジェンダーに加えて滞在資格が重要な変数となっている。なかでもセーフティ・ネットを持たない人は正規滞在者の28％に対し、非正規滞在者は80％、無保険者も正規滞在者29％、非正規滞在者83％と大きな格差が見られた（National Domestic Workers Alliance 2020: 6）。

## パンデミックと既視感——警察の暴力

だが露呈した人種間格差は生命や社会経済的なものだけではなかった。ブラック・ライブズ・マター運動が批判した警察の暴力も改めて問題化した。ソーシャル・ディスタンシングの違反者取り締まりにおいて、黒人とラティーノが集中的に逮捕されたのだった。２０２０年３月17日から５月４日にブルックリンで逮捕された40人中、35人が黒人、４人がラティーノで、白人は１人だけだった。黒人のうち16人がブラウンズヴィル、５人がイースト・ニューヨーク、５人がベッドフォード＝スタイヴェサントなどの黒人居住地区で逮捕され、白人が大多数を構成するパークスロープでは逮捕者ゼロだった[7]。

ニューヨーク市政監督官のジュマーニ・ウイリアムズは違反者取り締まりルールの適用のされ方を批判し、ツイッターに写真を投稿した。左上の１枚はブルックリン・ブリッジ公園で撮られたもので、白人の若者が多数集まり、芝生に座ったり、寝そべって日光浴し、ソーシャル・ディスタンシングは守られていない。次の３枚は黒人が警官に押さえつけられたり、路上に倒される様子を収めていた。まるで同じ街で、同じ時期に撮られたとは思えない別世界の光景だった[8]（**写真9－1**）。

２０２０年５月下旬、ジョージ・フロイドの死後に大規模な抗議運動が広がった背景には住宅、雇用、教育、医療などの人種間格差がパンデミックで露呈し、そこに警察の暴力が火に油を注いだことがあった。

-many warned @NYCMayor about relying so heavily on @NYPDnews
-there's been no response to @nycpa request for summons/arrests demographic data

写真 9-1　ジュマーニ・ウイリアムズのツイート

個人の自助努力では変えようのない「体系的人種主義」が社会に根ざしており、警察の暴力はその一部でしかない。こうしたなか、感染リスクにもかかわらず、多くの人が街頭で声をあげた。8章でもとりあげたE4Fのオーガナイザー、ソラヤの次の言葉は参加者の心情を反映している。「私たちは重要な選択を迫られています。警察に命を奪われるリスクか、パンデミックに感染して命を失うリスクか。これから生まれる未来の子どもの命を選ぶか、自分の親の命を選ぶかという選択をしているのです(9)」。

## もう一つの差別——亀裂と新たな連帯の模索

パンデミックで露呈したもう一つの問題にアジア人差別がある。フィリピン移民1・5世でプロデューサーのパオラ・マードはネット・ラジオ番組「ロング・ディスタンス」で自分の受けた人種差別について語った(10)。ある日フィリピン人コミュニティに位置するショッピングモールの駐車場で車から降りると、「大変、中国人がウイルスを運んできた！ やめて、ウイルスを感染させないで！」という声がきこえてきた。言葉を発した女性の顔は嫌悪感であふれていたという。

マードは、アジア人差別意識や排外主義の悪化がパンデミックだけでなく、政治の影響を受けていると考える。なかでもトランプ大統領の「中国ウイルス」発言は、パンデミックを機に表面化した反アジア人感情を煽り、国内外で批判をよんだ。アジア系アメリカ人と太平洋諸島系移民に対するヘイトクライムを調査するSTOP AAPI HATEによれば、パンデミックの流行から3カ月あまりで1800以上のハラスメントや暴力事件が報告された(11)。だがマードがショックを受けたのは、「中国ウイルス」発言から数週間後のトランプ大統領によるツイッターの投稿だった。「重要なのはアジア系アメリカ人コミュニティを守ることだ。彼らは素晴らしい人々だ。ウイルスの拡散は決して彼らのせいではない。彼らはわれわれと緊密に協力し、問題の克服に努めている」。

一見、反アジア人感情の火消しを謳っているようだが、「彼ら」と「われわれ」の境界線が強調されている。いったい『われわれ』とは誰なのか。アジア系アメリカ人はアメリカ人ではないのか。パンデミックはヘイトクライムだけでなく、水面下に浸透する差別意識もあぶりだした。

一方、根深い差別意識が露見したのを機に新たな取り組みも始まった。一例に、*Time*に掲載された在米写真家サカグチ・ハルカの活動がある。生後3カ月で日本を離れた米国育ちのサカグチもパンデミックのさなかに差別を経験した。2020年3月ブルックリンで食料品店の前で並んでいたところ、白人男性に人種差別的な言葉で罵られた上に、割り込まれた。

当初、彼女は「たまたま運が悪かっただけ」と気にしないようにした。子どもの頃から「差別を受けても、たまたまだ、気にしてはいけない」と考えるよう親に教えられてきた。しかしブラック・ライブズ・マター運動が広がるなか、考えが変化した。自分の受けた差別もたまたまではなく、社会構造に根ざしているのではないか。

サカグチは、同じように人種差別にあったアジア系住民と連絡をとり、話をきき、顔写真を撮影した。次にそれぞれが差別を受けた場所を撮影した。そして顔写真の縁に名前と移民歴を書き込み（Justin Tsui、37歳、中国系アメリカ人1世、Jilleen Liao、35歳、中国系台湾人5世または6世、といった具合に）、場所の写真の上に重ねた。こうしてアジア人差別の可視化を試みたのは、ブラック・ライブズ・マターの影響が大きかったことをサカグチはインタビューで述べている。

米国の抵抗運動の基盤には人種を超えた連帯が埋め込まれています。1869年、（奴隷制廃止運動家）フレデリック・ダグラスは中国移民を擁護し、公民権運動があらゆる人種のひとびとを救うと演説しました。現在の抗議運動を通して私は米国での自分の役割と責任を自覚しました。モデルマイノリティとなって、白人特権層に利するよう設計された社会秩序における「準白人」を目指すのではなく、歴史的にPOCが日常の抵抗を通して築いたコミュニティの熱心な一員になることです。[12]

サカグチの言葉はパンデミックによって露呈した「生命の不平等」が人種を超えた新たなつながりを生む可能性を示唆している。

## 2 「生命」を支えた相互扶助

その一方、ニューヨークではパンデミックを機に住民間の相互扶助活動が活性化し、住民の生命を支えた。以下ではセントラル・ブルックリンでの取り組みをみていく。

### 食を支える取り組み

2020年3月上旬、パンデミックでニューヨーク住民の生活は一変した。職や収入を失い、生活に困る者が続出し、生の基礎である「衣食住のニーズ」が人種マイノリティ居住地区で噴出した。

こうしたなか住民間の相互扶助ネットワークが立ち上がった。フラットブッシュ地区では8章でもとりあげたE4Fが食糧配給を開始した。同団体は反ジェントリフィケーション、居住運動と警察の暴力への抗議を活動の中心とし、これまで食糧配給には関わってこなかったが、感染拡大以降、食料や物品に関する相談が急増し、そのようなニーズに応えるため、民間財団の支援をとりつけ、3月19日に相互扶助プロジェクト「ブルックリンは愛を示す（Brooklyn Shows Love）」をたちあげた。フラットブッシュ、イーストフラットブッシュ、クラウンハイツの住民・労働者を対象に官・民の利用可能な支援をリスト化して配布したり、生活相談に応じたり、WhatsAppやSMSを使った住民連絡グループを作ったり、食糧と日用品の配布とボランティア・ドライバーによる買い物代行サービスを開始した。代表のイマーニは「誰一人取り残さない支援」を目指したという。

借家人、持ち家保有者、小規模企業経営者、ストリート・ヴェンダー、タクシー運転手や野宿者などを含め、地区コミュニティの誰一人として、今回の危機に一人きりで対処するという事態が起きてはならない。一番の目的は、住民の孤立状態を解消することです[13]。

以前は全く別の活動を行っていた団体が、パンデミックを機に食料などの生活必需品の支給活動を次々に開始した。ブッシュウィックでも、コミュニティ住民向けのイベントスペース「メイデイ」が食糧配給を始めた。活動をとりまとめるジョシュはこう語る。

以前は、メイデイのイベントでビデオを担当していました。パンデミック後、活動は変化しました。地域住民の物的ニーズに応えるよう力を注いでいます。パンデミック前からブッシュウィックには「食糧危機」が存在しました。お腹をすかせた住民が常にいました。それはパンデミックで激化しました。地域の団体や市で活動するNPOと連携し、毎日10~12人のボランティアで700セットの食料を手配し、公営住宅などの困っている人に届けました。こうして1500世帯の命を支えてきました。メイデイは2人のパートタイム労働者と7人のボランティアというちっぽけな団体です。こうした活動はわれわれにとって全く初めてのことばかりでした[14]。

ベッドフォード＝スタイヴェサントでたちあがった住民相互扶助ネットワーク Bedstuy Strong（以下、BSS）の場合は、もともと組織があったわけではなく、同地区在住のライター、サラが住民間で助け合うためにスラックの専用グループを作ったことから始まった。買い物を手伝い、募金活動を始めると参加者が増え、地元のワーカーズ・コープ「ブルックリン・パッカー」や他のNPOと協力して食料、薬、せっけん類、学習用品などを住民に届けた。6カ月でのべ1万5000人の利用があった。サラは予想外に多くの住民が集まったことを次のように説明した。

最初は、ボランティアが20世帯あまりに食料を配達したり、住民が募金してくれるだけでありがたかった。利用者が100人を超えた時点でニーズがあると実感しました。1000人を超えたあたりで感覚が麻痺しました。これだけ多くの人が利用したのは、パンデミックのつけを黒人や褐色の人たち、高齢者、エッセンシャル・ワーカー、障害や免疫不全を抱えた人が払わされていることの表れです(15)。

## 居住運動の再活性化——家賃ストライキ運動

パンデミック下で生命を支えたもうひとつの活動に居住運動がある。パンデミックの経済的影響で家賃を払えず、住まいを失うリスクに晒される住民が急増した。こうしたなかニューヨークの借家人支援団体は新たな運動を組織した。一例としてCHTUの活動を見ていこう。

パンデミック以前よりCHTUが借家人支援に取り組んできたことはすでにみた通りである。2020年3月末にもニューヨーク州議会に遠征し、抜本的な住環境改善を訴える集会を準備していた(16)。その矢先に感染が拡大し、経済活動が停止し、ニューヨーク州では140万人が収入を失い、州政府は3月15日、住宅ローンと家賃の3カ月間延期措置を決定した。

だが支払いが延期になっても、収入がなければ、猶予期間終了後に路頭に迷うことになる。とりわけ立ち退きリスクは黒人に集中し、前月の家賃を払えなかった者は白人6％に対し、黒人は51％に達した(Housing for all 2020)。ワンルームアパートの平均家賃が２５００ドルのニューヨークでは連邦政府給付金６００ドルは焼け石に水であった。

こうしたなかＣＨＴＵを含む複数の借家人支援団体は結束し、「パンデミック期間」の家賃帳消しを求める運動を4月1日に始めた[17]。ＣＨＴＵは毎週木曜にオンライン会議を開き、家賃ストライキ参加を呼びかける一方、ストライキ中の住民に注意事項や助言を与えた。会議参加者にアンケートを実施し、建物のオーナー名[18]や建物内の組織化の現状、各人の経済状態、ストライキに対する大家の反応などについて情報を収集した。

ストライキに参加したのは収入減で家賃を支払えない人だけではなかった。クラウンハイツ住民のクリスタルは言う。「4月1日から家賃を最低でも半額、完全に収入を失った人には家賃ゼロにするよう求めています。家賃を払えない人たちと連帯します。36戸ある建物で家賃を払わないのが3世帯だけなら、3世帯は住宅裁判所に召喚され、退去させられます。でもみんなが払わなければ、値下げの可能性は高まります」[19]。立場の弱い借家人に、立場のより安定した借家人が連帯したのだった。

6月1日、ストライキは過去75年来最長の3カ月目に突入し、行政との緊張は高まった。6月20日には住宅裁判所が再開され、8月5日までの「執行猶予期間」が設けられたが、家賃不払いの申し立てに対して立ち退きの行政代執行が再び可能となった。それを受け、運動側はストライキと並行して直接行動を組織した。7月16日にはＢＬＭ運動と連携して「キャンセル・レント・フォー・ブラック・ライブズ」が行われ、立ち退きリスクが黒人に集中していることに抗議した。8月5日の猶予期間失効の直前には1万4000人が参加し、住宅裁判所と区庁舎で立ち退き全面的停止と家賃帳消しを訴えた。家賃帳消しは認められず、猶予期間は延長されたが、たった1カ月間だった。抗議行動は継続された。

ストライキは6カ月目に突入した。州と連邦の支払猶予期間失効が迫った9月2日、連邦上院で審議中だった新型ウイルス経済対策法案（Coronavirus Relief Bill）の対象から借家人が除外されたことに抗議し、全米15州で大規模なデモが行われた。全米低所得者向け住宅連合によれば、全米で3〜4000万の借家人が立ち退きの危機にあり、その数はニューヨークでは100万人を超えた。

ニューヨーク州の執行猶予は再度10月1日に延長されたが、パンデミック期間中の家賃帳消しという目的は一部の地域を除いては達成されなかった[20]。ストライキは続き、毎週木曜夜6時からのオンライン会議も継続され、直接抗議行動が重ねられた。2020年9月末には支払い猶予が2021年1月1日に延長された[21]。

直接行動と家賃ストライキを重ねることで、CHTUをはじめとする借家人運動はパンデミックで家賃を払えなくなった住民の居住確保に努めた。家賃帳消しは実現しなかったが、見方を変えれば家賃支払い猶予を細切れに延長させることには成功したとも言える。

もっとも猶予措置は全ての人びとに適用されるわけではない。対象となるには経済的打撃を証明する書類の提出が条件となるため、滞在許可のない移民労働者、インフォーマル・セクターでの就労者、英語を十分に操れない者などは対象外となった。最も不安定な立場の住民が救済措置から排除されたのだった。実際、住宅裁判所が再開した6月20日から3カ月で9934の立ち退き申請が裁判所に提出された。運動側が「パンデミック期間中の家賃帳消し」という一見ラディカルな措置を求める背後には、以上の理由があった。家賃を払えない人も払える人も連帯してストライキを打ち、直接的には大家、間接的には州知事に圧力をかけることで、居住の危機にトリアージの論理を作動させないことが目指された[22]。

## COと相互扶助モデルの限界

パンデミック下のブルックリンでは地域に密着した相互扶助、無料の食糧配給や居住運動が困窮する人びとの「生」を支えた。主体となったのは、それまで福祉サービスには関わってこなかった団体や個人だった。住民の相互扶助が広がった背景の一つに7、8章でも見てきたCOの活動があった。COの活動の蓄積とネットワークは、パンデミックの災時にも人種マイノリティ集住地区で発揮された。

だが危機が長期化するなか、ボランタリズム型の相互扶助は困難に直面した。BSSは2020年9月23日、資金不足で、このままでは4週間後に活動を停止せざるをえないと公表した。パンデミックが長期化するなか、多くの団体では資金繰りやボランティアの動員が難しくなった。「支援金の減少にともない、住民のニーズも減少すればいいのですが、そうではありません。支援を求める住民はいまだに多く、自分は食事を抜いて子どもに食べさせる親もいます[23]」とBSSのサラは述べる。

同じ経済危機を経験しても、一般に経済力のない低所得層ほど長期的影響を受けやすい[24]。だからこそ短期的な慈善活動ではなく、長期的な連帯モデルにたった支援が求められる。住民間の相互扶助は住民の力だけで成り立つのではなく、長期的には安定的な資金供給が必要条件となることを以上の取り組みの現状は示したのだった[25]。

## 3　自主隔離と古典的実践の再発見

パンデミックの混乱の最中に行われた２０２０年米国大統領選はバイデン・ハリスが接戦をものにしたが、同時に行われた下院選では民主党が議席を減らし、原因をめぐって同党中道派と革新派の対立が表面化した。だがリベラル陣営の亀裂はこの時に始まったわけではない。同年6月に行われたニューヨーク州議会議員民主党指名選挙でも両者の対立と力関係は鮮明になった。

### 民主党マシーンの揺らぎ――２０２０年6月民主党指名選挙の番狂わせ

この時、連邦レベルではバイデンが指名選でサンダースに大差をつけ、大統領候補に確定していたが、ニューヨーク州議会議員指名選は異なる結果となった。パンデミックの影響で選挙運動が制限されるなか、現職に有利とされていた選挙は蓋をあけてみると、番狂わせが続出した。

ブルックリンの伝統的な黒人居住地区であるニューヨーク州議会第57選挙区[26]では、ハイチ移民を両親に持つ31歳の看護婦で借家人活動家のファラ・サフラント＝フォレストが現職を破り、隣接する第25選挙区では32歳の数学教師で地元育ちのジャバリ・ブリスポートが、35年間現職を務めて引退を発表した政治家の後継者に23％の大差をつけて勝利した。ブルックリンでラティーノとアジア系の移民が集住するサンセット・パークの位置する第51選挙区では、ペルー系アメリカ人のマーセラ・ミタイナスが現職の州議会副議長を破り、クイーンズの第36選挙区でも現職を29歳のラッパー、ゾフラン・マンダニが破った。いずれも新人の人種マイノリティ候補がアメリカ民主社会主義（Democratic Socialists of America　以下ＤＳＡ）

の支援を受け、民主党の現職や主流派候補に勝利した。

ＤＳＡ以外の革新系団体・政党が支持する候補も奮闘した。サンダースの選挙運動スタッフがたちあげた正義の民主党（Justice Democrats）はブロンクス北部の選挙区で中学校校長ジャマール・バウマンを支持し、31年間議員を務めた現職を破った。労働家族党（Working Families Party）もバウマンを支援したほか、クイーンズ第34選挙区でラティーノの活動家ジェシカ・ゴンザレス＝ロハスを支持して、白人の現職を退け、クイーンズ南東部でも24歳の活動家カリール・アンダーソンを支持して主流派候補に勝利した。ブルックリン北部では、オバマ期に誕生した改革派グループ New Kings Democrats が36歳のエミリー・ギャラガーを支持し、47年間議員を務めた現職を破った[27]。

民主党内の対立はパンデミック以前よりローカルレベルで広がっていた。２０１６年サンダースがクリントンと競り合った指名候補選で顕在化した対立は、その2年後に決定的となった。サンダースの選挙運動にオーガナイザーとしてかかわったオカシオ＝コルテスが連邦議会民主党指名選で党内重鎮のジョー・クローリーを破り、「民主党の主流派候補に勝てるがはずない」との神話は崩壊し、以来堰を切ったように若手が政界に飛び込んだ。政治を変えることは不可能ではない。このような考えが変革を諦めていた有権者に広がった。

先にあげた複数の革新組織による運動の成果もあった。ジャバリ・ブリスポートの選挙運動では、１０００人を超えるボランティアが35万件の電話をかけ、28万ドルの資金を集めるなど、ボランティア動員から運動の戦略までＤＳＡが中心的役割を果たした。企業や個人の大口献金提供者の支持をとりつけ、巨額資金で大型広告を打つ従来の主流派型の選挙戦に対し、草の根のボランティア活動を通して一般市民から小口献金を多く集めるスタイルの運動が不倒といわれた民主党体制派に揺さぶりをかけた。

## 社会運動と政治の接続――居住運動の事例

リベラル派の政治空間の変容は、オキュパイ運動以降の社会運動の活性化とも深く関っている。前節でとりあげた居住運動の広がりも、このような動きと一定の接点をもちはじめている。前述のサフラント＝フォレストはCHTUのメンバーで、公営住宅への再投資をはじめとする低所得層住民の住環境改善を選挙キャンペーンの柱とし、ブリスポートもCHTUに関わり、選挙戦ではアフォーダブル住宅の供給を訴えた。ミタイナスも借家人のオーガナイザーで、住宅問題の専門家であり、マンダニも住宅カウンセラーの肩書きをもつ。ニューヨークの政治空間では住宅問題が重要な争点となってきた。

居住運動と政治運動の接点は自然に発生したわけではなく、運動の側が数年前から準備してきた戦略だった。CHTUは2016年よりニューヨークの政治家の大半が不動産業界から莫大な献金を受けていることを批判し、「私は不動産業界の献金を受けません」という誓約書に署名した候補を支援するキャンペーンを開始した。今回「番狂わせ」を起こした候補の大半がこの誓約書に署名している。CHTUは選挙前にもメンバー宛てにCHTUが推す候補を周知した。選挙前日の6月22日にはリマインダーとして「CHTUと価値観を共有する候補」についての説明がメールやSMSで送信された。内容の一部は以下のとおりである。

ニューヨーク州議会第57選挙区

・ファラ・サフラント＝フォレストは現職ウォルター・モズリーと競っている。サフラント＝フォレストは不動産業界からの献金を拒否した唯一の候補だ。彼女はＣＨＴＵメンバーの借家人で、ＣＨＴＵから初めて州選挙に出馬した、私たちの仲間だ。

・対立候補で現職のモズリーは選挙戦で繰り返しＣＨＴＵの活動に言及し、昨年成立した「住宅安定と借家人保護法」を自分の手柄だと主張した。だが彼はＣＨＴＵメンバーと会って住宅関連法案を議論することを拒み、選挙直前まで誓約書にも署名しなかった。また住民の強い反対にもかかわらず、フランクリン通り９６０番地の Spice Factory を巨大住宅商業混合施設に再開発する計画に賛成している。その理由を尋ねるため、何度も面会を求めたが拒否された。同再開発計画は人種マイノリティで労働者の借家人を追い出し、サウス・クラウンハイツの家賃安定化住宅のストックを減少させ、ブルックリン植物園の日照時間にも深刻な影響を及ぼす。

・同計画を進める開発業者はモズリーに長年政治資金を提供してきたと推察される。モズリーはトランプと親交の深い開発業者ドン・カポッチャからも献金を受けていることが判明した。モズリーが「政治プロセス」の名目でこれらの献金を受けることは容認できない。有権者を裏切り、「政治プロセス」から排除する彼は私たちの声を代表していない。

ニューヨーク州議会第25選挙区

ジャバリ・ブリスポートは州上院議員ベルマネット・モントゴメリーの議席を争っている。彼は２０１７年市議会選挙出馬の際に誓約書に署名した。彼は Bedford-Union Armory の再開発がコミュニティ主導で行われ、安価な住宅の供給と組合の雇用創出を条件とするようCHTUとともに闘い、今回も正当な理由なき立ち退きを禁止する法の整備を選挙戦の中心に据えている。

対立候補は大家のトレメイン・ライトで、彼女は不動産業界の献金を受けただけでなく、ニューヨーク住宅保全開発局（HPD）に届け出ないまま（法的に家賃を徴収してはならない）、家賃を徴収している。正当な理由なき立ち退き禁止法を擁護して有権者の居住を守るのではなく、彼女は借家人が住宅裁判所に申し立てる前に退去させることを可能にする法律を何度も通そうとしてきた。大家は大家の側につくのだ。(28)

パンデミックで選挙活動が制限されていたにもかかわらず、無名で人種マイノリティの新人候補が番狂わせを演じた背景には、地域コミュニティの住民運動が長年かけて積み重ねた活動の影響がある。ニューヨークの居住運動がローカルな政治空間に影響を及ぼしてきたことは、2019年6月に成立した「ニューヨーク州家賃規制法(29)」などの成果を生み、運動をさらに活性化させている。パンデミックの拡大で居住の不安定化が深刻になり、経済悪化による立ち退きの波が押し寄せるニューヨークで、居住運動とローカル政治の接点を模索する動きが広がったのである。

## 都市―農村間の亀裂を埋める試み

だが、このような動きが全国というスケールに広がるかといえば、容易にそうとはいえない。ニューヨークに変化を引き起こす草の根政治運動は、ボランティアの戸別訪問や電話といったCOの手法を取り入れ、時間をかけて地域コミュニティに密着しながら住民を動員し、展開してきた。しかし新人候補を議会に送り込んだリベラル系組織はローカルレベルでは十分な数のボランティアを動員できても、２００万以上の住民を抱える州、そして連邦レベルで同様の活動を行うことは難しい。そのようなスケールでは従来型の巨額資金で大型広告をうつタイプの政治運動が影響力をもつ。

また、ここで見た動きが都市部の運動である点も看過できない。米国における都市と農村の対立は以前より指摘されてきたが、トランプ政権誕生後、分断はより深刻なものと見られてきた。そうだとすれば、ニューヨークで進行する変化は大都市に限定的な現象ではないか、との疑問もわく。

その一方、パンデミック下で行われた２０２０年の大統領選では従来の都市─農村間の分断をのり越えようとする試みも起きた。一例として、大統領選の直前に「メトロポリティクス」に掲載されたブルックリン在住のオーガナイザー、トーマス・ガルディーニョのインタビューをとりあげたい(30)。

ガルディーニョは２０２０年の大統領選のためにブルックリンからノース・カロライナに赴き、同州農村部でバイデン当選に向けて活動を行った。同州はスイングステートであるうえ、農村部でも接戦が予想されていた。こうしたなか、ガルディーニョをはじめとする多くの活動家、ボランティアが都市から農村に送り込まれたのだった。

興味深いのは、ガルディーニョが今回の大統領選の枠組みをこえて、都市の活動家が農村部で選挙活動を行う意義を見出している点だ。

> 都市─農村間の分断は歴史的経緯のなかで作り出されたものです（中略）その結果、両者は敵対して

きました。いま私たちがやろうとしているのは、社会の上下間の分断をつくりだすことです。実際、真の分断はそこにあります。分析を行い、労働者であること、貧しいこと、富裕層と闘うということ、これらの価値を軸にアイデンティティを共有することを目指しています。だから私たちは都市―農村間の分断を埋めなければならないし、都市の活動家は農村の人々と共通項を探る必要があります。

つまり都市と農村の有権者の間に「橋を架け」、生活条件の悪化などの共通点を認識することで、「都市―農村の分断」というナラティブによって覆われてきた「貧富による分断」を掘り起こすことが目指された。

農村と都市を架橋しようと、ノース・カロライナに赴いたガルディーニョら都市の活動家はどのような方法をとったのか。選ばれたのは8章3節でもとりあげたドア・ノッキングとよばれる、自宅を訪問し、直接有権者と話すという古典的とも言える方法だった。もちろん対面コミュニケーションは組織化の基本だ。しかしパンデミックでそれは難しくなった。実際、バイデン陣営は選挙運動期間中、戸別訪問を見合わせるよう指示を出し、代わりに広告や電話、テキスト・メッセージを中心とした「インヴィジブルな選挙戦」を展開した。だが選挙戦終盤にようやく、無党派や棄権層に対して「最も効果的」とされてきた戸別訪問が「安全対策を徹底する」条件で許可された。スタッフは毎日体調と体温をチェックし、頻繁に手を消毒し、オフィスや移動の車内でもマスクとフェイス・シールドを装着した。戸別訪問の会話はできるだけ短く心がけ、戸外または扉を開けた状態で十分に距離をとって行った。

戸別訪問の利点は、デジタル・ツールや電話では説得が難しい層と直接話ができることだけではなかった。ガルディーニョらは戸別訪問をして有権者と話すだけでなく、必要に応じて有権者を期日前投票会場まで車で送るサービスも提供した。ノース・カロライナ州レノア郡では期日前投票中は、会場に行けばその場で選挙名簿に登録し、投票できた。そのことを承知の上で、ガルディーニョたちはこのエリアで重点的に選挙運動を行った。

## 見知らぬ人に話しかける——パンデミック時代に再発見された共生への実践

対面重視の姿勢は、デジタル化が進む現代において古臭く見えるかもしれない。実際パンデミックを機に「デジタル・オーガナイジング」の議論が活性化し、民主党陣営内でもパンデミック下で戸別訪問を行うことが選挙に負の影響を及ぼすのではないかと危惧する声もあった。だがガルディーニョによれば、有権者の反応は予想とは全く異なっていた。

戸別訪問が反発を招くのではないかという声が組織内で上がりました。しかし現場の反応は全く違いました。パンデミックを理由に訪問を断った人は私の場合はいませんでした。民主党だからという理由で追い返されたことはありましたが。それどころか通常時の戸別訪問に比べても会話に至った割合はずっと高かった。有権者は家にいて、話すことをいとわなかった、それどころか話すことを熱望していました。

だが、この発言が単にデジタル・ツールの利用を否定するものではないことには注意が必要だ。オーガナイジングの現場でソーシャル・メディアの活用は以前から行われており、筆者がニューヨークの居住運動調査を始めた２０１５年にはすでにツイッター、ショートメッセージ、遠隔会議サービスなどのツールは頻繁に利用されていた。だがデジタル・ツールと並行した対面コミュニケーションも常に重視されてきた。ブルックリンの借家人オーガナイザー、マイケルはこう述べる。

パンデミック以前からスラックなどのツールやデータベース・ソフトは活用していました。しかしそれはすでに存在する関係を深める時に利用するためであり、新たに関係を作りあげるためではありません。すでにあるものを拡散するのには向いていますが、オーガナイジングの主要な手段にはなりえません。(31)

アレンは、子どもの頃、親に教え込まれる「見知らぬ人と話してはいけない」という考え方が、「異なる者／他者への不信」を社会に根づかせてきたと指摘し、そのような考え方を学びほぐし、むしろ「自信をもって見知らぬ人に話しかけることのできる教育」が必要だと主張する（Allen 2004: 165)。「見知らぬ人に話しかける」という一見、平凡な実践が現代社会で「共生」――他者と新たなつながりを作っていくこと――への鍵となっている。そのことが、人との接触を大きく制限されてきたパンデミックを通して改めて見直されている。

（1） 本章は『UP』49（11）～50（1）に掲載された「パンデミック時代の共生」（全3回）に加筆・修正を加えたもの

である。

（２）人口10万人あたりの感染者数は、白人は軽症自宅療養者が１９０、入院した生存者１１４、死者45に対し、黒人はそれぞれ３３５人、２７１人、92人、ラティーノは２７１人、１９８人、74人だった（https://www.targetedonc.com/view/covid-19-death-toll-in-nyc-calls-attention-to-racial-disparities　２０２０年９月25日最終閲覧）。

（３）https://citylimits.org/2020/07/28/study-huge-racial-skews-mean-poverty-doesnt-explain-covid-death-risk（２０２０年９月25日最終閲覧）。

（４）“Food apartheid: the root of the problem with America's groceries,” *The Guardian*, 2010/05/15.

（５）https://www.urban.org/urban-wire/new-data-suggest-covid-19-widening-housing-disparities-race-and-income（２０２０年９月25日最終閲覧）。

（６）ニューヨーク連邦準備銀行の発表（https://www.newyorkfed.org/medialibrary/media/smallbusiness/DoubleJeopardy_COVID19andBlackOwnedBusinesses　２０２０年９月25日最終閲覧）。

（７）パンデミック下での警察による人種差別行為は米国に限ったことではない。２０２０年６月、アムネスティ・インターナショナルは欧州12カ国での調査にもとづき報告書「警察とパンデミック」を発表した。欧州では多くの国がロックダウンを実施し、移動や会合の自由の制限をはじめ、複数の人権侵害を引き起こしたが、特に逮捕や取り調べが野宿者やロマ、人種マイノリティに集中するという「制度的レイシズム」が深刻化した。フランスでも黒人やムスリム移民の多いセーヌ・サン・ドニ県においてロックダウン中に警察の尋問を受けた人の数は全国平均の２倍を記録した。Amnesty International, “Europe: Policing the Pandemic: Human Rights Violations in the Enforcement of Covid-19 Measures in Europe,” p. 5（https://www.amnesty.org/download/Documents/EUR0125112020FRENCH.pdf　２０２０年９月25日最終閲覧）。

（８）ジュマーニ・ウイリアムズ（Jumaane Williams）の公式アカウント、２０２０年５月３日午後10時35分の投稿（https://twitter.com/JumaaneWilliams/status/1256940483311480833）。

（９）２０２０年６月29日、Zoomでのインタビュー。

（10）以下のマードの発言はLong Distance Radio, “Episode #15 Racism in the Time of Coronavirus,” 2020/03/25.

(11) http://www.asianpacificpolicyandplanningcouncil.org/stop-aapi-hate（２０２０年９月26日最終閲覧）。

(12) サカグチの発言は以下からの引用である。"'I Will Not Stand Silent.' 10 Asian Americans Reflect on Racism During the Pandemic and the Need for Equality," *Time*, 2020/06/25.

(13) ２０２０年３月31日、Zoom でのインタビュー。

(14) ２０２０年５月16日、Zoom でのインタビュー。

(15) ２０２０年９月16日、Zoom でのインタビュー。

(16) 具体的な内容は（１）サポーティブ住宅２万戸の創出、（２）州全体で30億ドルを公営住宅に投資、（３）建物修繕時に規制住宅家賃値上げ容認ルールの撤廃、（４）正当な理由なき立ち退きの禁止、（５）投資促進目的の固定資産税減税プログラムの廃止だった。

(17) 正式なキャンペーン名称は「回復を越えて――キャンセル・レント Beyond Recovery: Cancel Rent」。詳細は https://cancelrent.us を参照。

(18) オーナー名がわからない場合には、以下のサイト（https://whoownswhat.justfix.nyc）に住所を入れると管理会社名と同じ会社が所有する建物が地図上に表示される。

(19) ２０２０年４月２日、Zoom でのインタビュー。

(20) ２０２０年６月３日、ニューヨーク州イサカ市は３カ月分の家賃を帳消しにすると決定した。

(21) その一方、家賃ストライキという闘い自体から排除される人たちも存在した。ブッシュウィックで住民を組織するパティは、キャンセル・レント運動の意義を認めながらも、立場の弱い者には「家賃を払わない」という手段さえないことを指摘する。「ブッシュウィックに住むラティーノのコミュニティは非正規滞在の労働者世帯が多く、多くの人が家をまた借りをしたり、また借りのまた借りをして暮らしています。彼らには、家賃を支払わずに大家に圧力をかける手段はありません。猶予措置も適用されません。家賃を支払わなければ、すぐに路上生活です」（２０２０年５月16日、Zoom でのインタビュー）。

(22) レント・キャンセル運動には「帳消し分が大家の損失になる」というトレード・オフ問題がある。これに対し運動側は、法人の大家を標的にストライキを打つことで、批判に応えた。

(23) ２０２０年9月16日、Zoomでのインタビュー。

(24) "Wealthy cities have more coronavirus cases, but in New York poor communities are more affected," *Washington Post*, 2020/04/03.

(25) だからこそ、これらの地区のＣＢＯや相互扶助の住民ネットワークが国勢調査への回答を住民に呼びかけたことは偶然ではなかった。10年に一度行われる大規模な国勢調査は今後10年の政治や政策、連邦政府の予算配分に大きな影響を及ぼす。人種マイノリティ居住地区が直面する困難や格差を是正するには、正確なデータの提供が重要となる。データにカウントされることは、マイノリティにとって「存在する」ための重要な一歩となるのだ。しかしブルックリンは全米一を争うほどの低回答率が問題となってきた。そのため地元のＣＢＯは回答率をあげるために支援準備を整えてきたが、そのさなかにパンデミックが拡大し、シナリオが狂ったのだった。

(26) フォート・グリーン、クリントン・ヒル、プロスペクトハイツと、クラウンハイツ、ベッドフォード＝スタイヴェサントの一部。

(27) この点については以下も参照のこと（https://rosaluxnycblog.org/nyc-primary　２０２０年10月６日最終閲覧）。

(28) ２０２０年6月22日、ＣＨＴＵのメーリングリストのメッセージ。

(29) 同法の成立背景については森（2019d）を参照。

(30) 以下、ガルディーニョの引用は次の記事を参照。Tomás Garduño, Kate Selden 2020 « Electoral Organizing in North Carolina: An Interview with Tomás Garduño, » *Metropolitics*, 2020/10/27 (https://metropolitics.org/Electoral-Organizing-in-North-Carolina-An-Interview-with-Tomas-Garduno.html).

(31) ２０２０年9月４日、オンライン（Whatsapp）でのインタビュー。ただし、パンデミックを機にデジタル・オーガナイジングが広く普及するようになって以来、このような見方に変化も生じている。この点については今後も推移を観察していきたい。

# 終章 「分断」を学びほぐす

## 1 ジェントリフィケーション概念の再考

最後に本書の議論を総括し、新たな問題提起と今後の課題を示す。

第I部では、2000年代以降のブルックリンの空間と住民コミュニティの変容を検討した。ローカルな政治権力と国家の政策、トランスナショナルな経済構造を横断する力学のなかでブルックリンの空間は著しく変容してきたが、住民コミュニティの変容はより長いプロセスで進行しており、旧住民の立ち退きと新住民の転入だけでなく、属性の大きく異なる住民の空間的共存が複数のスケールで生まれている。

第II部では、多様な住民がコミュニティの変化をどのように経験し、受けとめ、行動しているのかをセントラル・ブルックリンを事例に考察した。立ち退かされた者、地元に残る旧住民、転入する新住民の経験や認知はそれぞれの社会的立場だけでなく、人種化された歴史にも大きく規定されている。また人種、階級、ジェンダー、セクシュアリティ、居住形態など複数のカテゴリーの間と内部にある多様な差異がジェントリフィケーションの引き起こす空間闘争と結びつき、複雑な関係性を生み出し、分断を引き起こしている。

第III部では、分断を乗り越えようとするコミュニティの実践として反ジェントリフィケーションの多様なあり方を分析した。それは住宅問題だけに限定されず、教育や治安、人種差別、健康、環境問題など広い領域で行われており、単にジェントリフィケーションに反対するだけではなく、異なる社会のあり方を模索する営みとしても解釈できる。またこの実践が社会運動であるだけでなく、人種横断的な「共生の場」としての側面も持っていることを明らかにした。課題や限界を抱えながらも重ねられる「共生の実践」は「米国＝人種分断社会」というイメージに見直しを迫る。このようなつながりはパンデミック下でも住民間の相互扶助活動として顕在化し、政党政治にも一定の影響を及ぼした。

本書は都市研究で長らく用いられてきたジェントリフィケーション概念を分析カテゴリーとしてではなく、住民がどのように「ジェントリフィケーション」という言葉を用いて話し、考え、行動するのか、という実践カテゴリーとして捉えることの意義を示した。このようなアプローチによって、セントラル・ブルックリンの住民がジェントリフィケーションをコミュニティ内の対立の争点ではなく、共通の課題として再解釈し、人種横断的な「共生」の契機としていることが明らかになった。以上が本書の主要な論点である。

## 2 「分断」を学びほぐすアプローチ

最後に、本書が示した「異なる者たちの共存」という論点がなぜ大切なのかについて、筆者なりの見解を日本社会の課題もふまえつつ示したい。

筆者が「（空間的）共存」や「（新たなつながりを模索する実践としての）共生」というやや手垢のついたようにきこえる問題にこだわるのは、現代社会で「分断」が頻繁に語られることと無関係ではない。分断とは「一つにつながっているものを分かれ分かれに切り離すこと」で、その間に交流や対話が成立しないことも意味する。米国では２０１６年トランプ大統領当選以降、「分断」は「対立」「二極化」などとともに多用されてきたし、欧州でも極右政党が躍進し、ブラジルのボルソナロやフィリピンのドゥテルテの大統領選出など「分断」を煽る政治は世界中を席巻している。こうしたなか分断どころか「内戦」というフレームでの議論も行われてきた(1)。日本でも分断をテーマにした書籍が刊行されてきた(2)。格差拡大を正面から捉えたものもあれば、「日本は分断がもっと必要」などと奇をてらうようなものもあったが、いずれも社会の分断を問題化しながら強調する「分断論」が展開されてきた。

筆者はこのような分断論に一定の正当性を認めつつも、問題を感じてきた。第一にこれらの議論では「分断」の解釈が単純で、その両義的な性格が捨象される傾向がある。そもそもジンメルが「橋と扉」で示したように、分離と結合、分断と統合は一見相入れないように見えて、片方があるからこそ他方が成立する（分離しているから結合できるのであり、結合されていなければ分離は意味を持たない）という性格をもつ（Simmel 1909=2020: 90–100）。また「分断」と名指される状況のなかには、同時に「つながり」が観察されることが往々にしてあるが、そのような側面は切り捨てられたり、過小評価されがちだ。ブラック・ライブズ・マター運動は米国における人種をめぐる分断を露見させた一方、運動参加者は人種横断的であり、新たなつながりを同時に可視化させた。このような側面を切り捨てない包括的な解釈が必要ではないか。

第二に、分断論が引き起こす社会的影響への懸念がある。たしかに社会にはさまざまな溝が存在するが、それは今に始まったことではない。分断にばかり注意を傾けることで、かえって見えなくなる部分もある。分断を問題化して論じる行為が分断という現実を際立たせ、強化することにもなりかねない。分断論が影響力をもち、それが先鋭化して見えるような時代だからこそ、「分断論のパフォーマティヴな力」に対して研究者もメディアも細心の注意を払う必要がある[3]。

分断の時代にもかかわらず、ではなく、分断の時代に生きているからこそ、「分断論」を学びほぐす必要があるのではないか。

もちろん「分断論」を学びほぐすのは容易なことではない。その手段は、これまで極めて曖昧なかたちで用いられてきた日本の「(多文化)共生」概念に頼るというような安易なものではありえないだろう。日本の多文化共生概念が、社会経済的格差をはじめとする構造的な不平等や既存の体制秩序を隠蔽・再生産していると警鐘をならした樋口をはじめ[4](樋口 2010: 5–6)、同概念のイデオロギー性は批判されてれきた。

また「共生」をひとつの型にモデル化し、規範的に指し示すことの弊害にも注意を払わなければならない。「共生」の理念を過度に重視することがかえって排除を強化する事例も繰り返し指摘されてきた[5]。規範的モデルにも、曖昧で問題の根幹を見えにくくするようなアプローチにも陥らずに、人びとが差異を尊重しつつ、関係性を作ろうとする営みを捉え、「分断」概念を学びほぐすにはどのような視座が求められるのだろうか。この問いに答えることが、筆者の課題であるが、その手がかりとして二つのポイントを示したい。

一つめは「国民／移民」「外集団／内集団」といった二分法的思考を見直し、その代わりに「共通性（commonality）」を掘り起こし、それが構築される過程を記述する作業である。この点はチャーラルとグリック＝シラーの議論に多くを負っている。移民の差異をポジティブに語ることで反移民ナラティブに対抗しようとする言説が、意図せぬ形で移民を他者化し「危険な外国人」像の土台を築いてきたと批判し、むしろ大切なことは「共通性」を捉えることだ（Çağlar and Glick Schiller 2018: 12）という彼女たちの主張に、筆者も同意する。

二つめは「差異」の解釈を根本から見直す作業である。ここでは独自の「差異の理論」を打ち立て、後世に大きな影響を与えているオードリー・ロードの議論に数々のヒントが隠されている。「自己と他者を隔てるものとしてではなく、結びつけるものとしての差異」「差異の坩堝のなかで鍛え上げる」「創造性の源としての差異」（Lorde 1984）――これらを理論と実践の両面で具体化する作業が求められる。

差異と共通性を両立するものとして理解すること、ミクロな日常と異なるスケールに偏在する構造的問題が相互に及ぼす影響を捉えること、一見相反する要素が具体的で複雑な現実を共に構成している事実を手放さないこと。ここにこそ分断論を学びほぐし、共生を実現する可能性が広がっている。多様で複雑化する現実の中で、何を記述するのかが私たちに問われている。

（1） Alliez and Lazzarato（2016=2019）。こうした動向を批判的に捉え、思考を異なる次元に移そうとした試みとして

『福音と世界　特集＝反・内戦』（新教出版社、２０２０年８月号）も参照。

（２）井手・松沢編（2016）、吉川（2018）など。

（３）この点についてブルデューも「自分が記録し、分析していると信じている『事件』の生成に、ジャーナリズムがどのように寄与しているのか」（Boundieu, ed. 1993＝2019：352）と問題提起している。

（４）社会経済的格差と切り離して文化的差異のみを論じる「多文化共生」論の弊害は、南川文里による１９７０年代には再分配とセットで論じられていた米国の多文化主義がその後再分配と切り離した「多様性」論へと移行したという議論にも通底する。詳細は南川（2021）第五章を参照。

（５）アレハンドロ・ポルテスらはイギリス、フランスなどの欧州の先発移民受け入れ国においては移民統合の規範的なモデルが強調されたことが、かえって移民と社会の間に葛藤を生み、円滑な統合を逆説的に妨げてきたと指摘する。それに対して規範的モデルの確立されていないスペインでは、葛藤が少ないからこそ社会に溶け込みやすいという現象が起きていると主張し、「青写真なきモデル」と呼んだ（Portes *et al.* 2016）。

# あとがき

きっかけは一本の電話だった。

2014年10月、当時勤めていた一橋大学の後藤玲子さんから、日本学術振興会の頭脳循環プロジェクトの一環で1年間米国プリンストン大学に行ってもらえないかと連絡を受けた。

大学院生の頃からフランス郊外の研究をしてきた私にとって、欧州の他国は研究交流や比較調査などで馴染みがあったが、米国は個人旅行で行く以外には縁がなかった。それだけに米国行きの提案はまったくの想定外だった。だが不安より好奇心が優り、即座に「行きます」と答えた。

こうして1年後の2015年10月、プリンストン大学の移民開発研究所で研究を開始した。当初の研究計画は、それまでパリ郊外で行ってきた公営住宅と人種差別の問題をニューヨークと比較する内容だった。

大学付近の教員向け住居ではなく、公営住宅の調査をしやすいニューヨークに居を構え、そこから大学に通うことに決めたが、現地で家探しを始めて愕然とした。聞いてはいたものの、ニューヨークの住宅事情の厳しさに直面したのである。とにかく高い、また高い家賃を払っても建物や環境などの条件が悪い。手数料や契約にも多額の費用がかかる。

マンハッタンを離れ、ブルックリンにある古い建物のエレベーターなし4階のアパートをなんとか見つけた。ほっとしたのも束の間、本当に大変だったのはここからだった。

築100年を超える建物はメンテナンス状態が悪く、ベッドのような一定の重みのある家具でも1週間もすると場所がずれるほど床が傾いていた。配管も相当いたんでいて、入居当日にトイレから汚物が溢れ出すという「洗礼」を受けた。小動物の被害も絶えず、朝はネズミが配線をかじる音で目覚めるほどだった。管理会社に再三苦情を申し立てても、なかなか対応してもらえない。とんでもないところに入居してしまった――私のニューヨーク生活はバラ色ではなくネズミ色で始まったのである。

＊　＊

だが一連の困難は思いがけない利点ももたらした。劣悪な居住環境や管理会社の対応に関する悩みが、同じ建物の住民たちと会話し、知り合う契機となったのだ。かなり異なる背景をもつ人たちが同じ建物に住んでいることを知り、しかしそれぞれが居住に関して多くの不満や問題を抱えていた。こうしたなか、住まいに関するトラブルは他の住民と接点をもつきっかけとなったのだ。

なかでも同じ階に住むダイアンとは親しくなった。管理会社の対応について相談を持ちかけたところ「彼らはいつもそうなの」と共感を示し、助言をくれた。ネズミ対策でも手を借してくれ、小柄な彼女の背中が大きく見えた。次第に意気投合し、お互いの部屋を行き来するほど親しく付き合うようになった。

スコットランド生まれで、大学進学を機にニューヨークにわたった彼女はコメディ番組の脚本制作を生業とし、ユーモアに溢れ、自転車をこよなく愛し、毎朝出勤前に1時間プロスペクト公園でサイクリングに興じていた。25年以上この建物に住み続けていて、地区の事情や変化にもくわしかった。

このような住民との出会いを通して、自分の建物で起きている問題が近隣の多くの建物で起きていることを知った。また、日常の些細なやりとりを通して、問題の背後には地域レベルで進行するジェントリフィケーションの圧力があることを理解するようになった。

それまでジェントリフィケーションというと住民の立ち退きが起こるというような単純なイメージを想起していたが、「ジェントリフィケーションのなかで暮らす」人たちの日常を発見した。より詳しく知りたいと思い、ジェントリフィケーション問題にかかわる団体や個人と次々に連絡を取った。

こうした経験を通して、研究関心も変化していった。当初の研究計画を見直し、ジェントリフィケーションと日常をテーマに調査を開始した。

＊　＊

このように本書は最初から緻密に計画された研究ではなく、偶然の連鎖のなかで生まれた。だが同時にこの研究は、過去の経験や記憶を呼び覚ますものでもあった。

ひとつめは、パリ郊外で観察してきた、異なる出自の住民たちの共生と排除をめぐる経験だった。前著『排除と抵抗の郊外』（２０１６年）では旧植民地出身の移民が集住する団地の街で、反ゲットー対策の名の下に行われた再開発事業が、どのような住民コミュニティの再編を招き、新旧住民の日常に影響を及ぼしているのかを論じた。ジェントリフィケーション下のブルックリンで、人種や階級の異なる住民がさまざまな違いを抱えつつも同じ課題に直面しながら、ともに暮らす過程を考察するうえで、パリ郊外での経験や記憶は重要な参照項として大いに役立った。これまで日本とフランスの間で研究を行ってきたが、そこに米国という軸が加わり、三つの関係のなかで考えられるようになったことは、まだまだ極めて未熟ながら、自分の研究の幅を広げることにつながった。今後も大切にしていきたい。

もうひとつは、生まれ育った東京・表参道にかかわる記憶である。小学生だった1980年代の都心は「地上げ」が横行していた。同級生が次々と郊外に転居し、取り壊された家の跡地にマンションやビルが建って、空は次第に狭くなっていった。昔ながらの商店が閉店する一方、地元住民には手の届かないような高級オーガニック食品店が開業した。

だが一番印象に残っているのは「この土地家屋は絶対に売りません」という立札だ。1980年代初頭の表参道にはまだ小さな木造家屋も多かったが、バブル期に差し掛かる頃、それらは地上げの標的となった。住民の中には地上げに抵抗し、前述の立札を家の周りに張り巡らせる者もいた。このような立札に囲まれた小さな家屋がビルやマンションの狭間にあるのが地元の原風景だった。

立札は時とともに消えた。最後に残された家も1980年代半ばには消失した。地元の景観が様変わりするなか、私は同じ場所に住み続けながらも、もはや同じ場所だと感じることができなくなった。いわばその場にいながら地元を失う感覚を抱いてきた。

そのような過去の記憶が、ブルックリンで住民の日常の闘いを見ていくうちに呼び覚まされた。そして自分の生まれ育った環境とは大きく異なる土地で、似たような境遇に置かれる人たちの姿に共感を覚えた。

もっとも1980年代の東京都心の地上げは厳密にはジェントリフィケーションとはいえないとの議論が日本の研究者の間で行われてきたのも事実だ（たとえば、2016年都市社会学会大会シンポジウム）。しかし当時の地元住民が直面していたさまざまな課題が、2010年代のブルックリンの旧住民が経験していた問題と大きく重なっていたことも忘れてはならないだろう。

＊　＊

その点で、本書が論じる「ブルックリン化」とはブルックリンに限定される話ではなく、世界の多くの都市やそれ以外の地域でも進行している問題といえるだろう。1章でも見たように不動産市場のグローバル化が加速するなか、本書で取り組んだ問題は普遍的な問題なのである。

２０２０年代の日本でも、ジェントリフィケーションが地域コミュニティや住民に及ぼす影響は顕在化している。東京都心ではバブル期に横行したような地上げが再燃し、問題化していることが「令和の地上げ」として複数のメディアによって報じられてきた。２０２３年４月３日のＮＨＫ「クローズアップ現代」では都心の雑居ビルの借家人や、都内の住宅地で借地した土地に家を建てて居住していた高齢者に対して、不動産業者が執拗な嫌がらせを行って立ち退きを迫るといったトラブルが増加していることが紹介された。

私が２０１９年から住んでいる京都でも同じようなことが起きている。「観光公害」が指摘されてきたこの都市では、住宅を宿泊施設にするための「地上げ」が横行していることが報じられてきた。２０１８年「京都新聞」に掲載された記事でも、家の売却を求める不動産会社からのチラシが住民宅に殺到していることが紹介されたが（「京都市観光公害ルポ」２０１８年６月８日付）、このことは本書３章３節の内容と大きく重なるものである。

また宿泊施設に加えて、国内外の富裕層向けのセカンドハウスも増大するなか、マンション分譲平均価格が5500万を超えるなど市内の地価高騰が著しく進み、住民が家を買ったり借りたりすることが困難になっている。市の職員でさえ3割強市外に流出し、人口流出が国内1位を記録した（京都新聞2022年8月28日付）。

その一方、日本最古の公立植物園である京都府立植物園の面積を縮小し、巨大アリーナを建設する再開発計画や、景観保護のために規制されていた高さ規制を一部のエリアで緩和する方針といった行政の都市計画に対して、住民による反対運動が起きてきた。こうした一連の現象は「ジェントリフィケーション」や「地上げ」という単語の使用法という学問的な議論を超えて、本書でとりあげたブルックリンの事例と共通の問題が進行していることを示唆する。本書がこのような日本の現在を考える手がかりとして読まれることを願っている。

＊　　＊

本書が成り立ったのは多くの人たちが助けてくれたおかげである。

まず米国滞在の機会を与えてくれた帝京大学の後藤玲子さんと日本学術振興会の頭脳循環プロジェクトに感謝したい。後藤さんの提案がなければ本書が生まれることはなかった。

また2015年10月より1年間客員研究員として私を受け入れ、本研究にも多くの示唆を与えてくれたプリンストン大学移民開発研究所のメンバー、特にセンター長として多くの助言をくれたパトリシア・フェルナンデス＝ケリーさんに感謝したい。ニューヨーク市立大学名誉教授のトム・アンゴッティさんにはジェントリフィケーションと人種の関係などについて教えてもらい、本書の構成についても数々の貴重なコメントをもらった。

ブルックリンでの現地調査では実に多くの人たちにお世話になった。すべての人たちの名前を列挙することはできないが、貴重な時間を割いて話を聞かせてくれた人たちに心より感謝したい。なかでもジェイソン・ピアーさん、イマーニ・ヘンリーさん、アリシア・ボイドさん、マイケル・ヒギンズさん、ジョエル・デスーヴさん、コービー・ホプキンスさん、ザキア・サバードさん、ローレン・ミシェルさんにはブルックリンのこと、ジェントリフィケーションのことについて実に多くを教えてもらった。筆者を受け入れ、参与観察の機会を与えてくれたＢＡＮ、ＣＨＴＵ、Ｅ４Ｆのメンバーにも感謝する。

日本学術振興会国際共同研究加速基金（国際共同研究強化（Ｂ））（「都市部における共生の危機と『内発的ソーシャル・ミックス』に関する仏米比較研究」）が２０１８年以降の調査を可能にしてくれた。２０１８年２月から４月に滞在したカマルゴ・ファンデーションのレジデンスでは本書の理論枠組みを完成させることができた。

さまざまな世界で生きる友人たち、そして家族の励ましも貴重だった。全員の名前をあげることはできないが心より感謝したい。特にオレリー・カルダンさんとジュリア・コルドニエさんには執筆の最終段階で大いに支えてもらった。また一橋大学の元同僚である伊藤るりさん、貴堂嘉之さん、佐藤文香さんにも多大なご支援をいただいた。小井土彰宏さんには移民開発研究所にコンタクトをとる際に貴重なサポートをいただいた。

草稿を読んで貴重なコメントをくれた大阪公立大学の藤塚吉浩さん、埼玉大学の宮田伊知郎さん、一橋大学大学院の栗原真史さん、東京都立大学大学院の結城翼さん、同志社大学の菊池恵介さんにも心より感謝したい。同志社大学・都市共生研究センターの金漢拏さんにはリサーチ・アシスタントとして本書の文献整理や最終確認について大変なご尽力をいただいた。

もっとも感謝しなければならないのは東京大学出版会の宗司光治さんである。本企画の出発点となる『UP』の連載企画から本書の大変な編集まで本当にお世話になった。心より感謝申し上げたい。

最後に本書は2021年1月に急逝した「最高の隣人」、ダイアン・ベストに捧げたい。

2023年10月

森　千香子

# 文　献

**【英語ほか】**

Aalbers, Manuel B., 2017, "The Variegated Financialization of Housing," *International Journal of Urban and Regional Research*, 41(4): 542–554.

———, 2018, "Introduction to the Forum: From Third to Fifth-Wave Gentrification," *Tijdschrift voor Economische en Sociale Geografie*, 110(1): 1–11.

———, ed., 2012, *Subprime Cities: The Political Economy of Mortgage Markets*, 1st edition, Chichester: Wiley-Blackwell.

Alexandri, Georgia and Michael Janoschka, 2020, "'Post-pandemic' transnational gentrifications: A critical outlook," *Urban Studies*, 57(15): 3202–3214.

Allen, Danielle S., 2004, *Talking to Strangers: Anxieties of Citizenship Since Brown v. Board of Education*, Chicago: University of Chicago Press.

———, 2014, "Modern Segregation and the City," *American Culture Studies*, Washington University in St. Louis.

Allen, Theodore W., 2014, *The Invention of the White Race Volume II: The Origin of Racial Oppression in Anglo-America*, London: Verso.

Alliez, Éric and Maurizio Lazzarato, 2016, *Guerres et capital*, Paris: Editions Amsterdam.（杉村昌昭・信友建志訳，2019,『戦争と資本――統合された世界資本主義とグローバルな内戦』作品社.）

Allport, Gordon W., 1954, *The Nature of prejudice*, Cambridge: Addison-Wesley.

Anderson, Elijah, 2000, *Code of the Street: Decency, Violence, and the Moral Life of the Inner City*, New York: W. W. Norton & Company, Inc.

Anderson, Nels, 1923, *The Hobo: The Sociology of the Homeless Man*, Chicago: University of Chicago Press.

Angotti, Tom, 2008, *New York for Sale: Community Planning Confronts Global Real Estate*, Cambridge, Mass: MIT Press.

———, 2012, *The New Century of the Metropolis: Urban Enclaves and Orientalism*, London: Routledge.

Angotti, Tom and Sylvia Morse, eds., 2016, *Zoned Out!: Race, Displacement and City Planning in New York City*, Terreform.
Atkinson, Anthony B., 2015, *Inequality: What Can be Done?*, Cambridge; London: Harvard University Press.
Authier, Jean-Yves, Anaïs Collet, Colin Giraud, Jean Rivière, and Sylvie Tissot, 2018, *Les bobos n'existent pas*, Lyon: Presses Universitaires de Lyon.
Badger, Emily, 2020, "A Luxury Apartment Rises in a Poor Neighborhood. What Happens Next?," *The New York Times*, 2020/02/02.
Barron, Kyle, Edward Kung, and Davide Proserpio, 2017, "The Effect of Home-Sharing on House Prices and Rents: Evidence from Airbnb," *SSRN Electronic Journal* (https://papers.ssrn.com/sol3/papers.cfm?abstract_id=3006832).
Beauregard, Robert A., 1986, "The Chaos and Complexity of gentrification," Neil Smith and Peter Williams, eds., *Gentrification of the City*, London; New York: Routledge, 35–55.
Beck, Brenden, 2020, "Policing Gentrification: Stops and Low-Level Arrests during Demographic Change and Real Estate Reinvestment," *City & Community*, 19(1): 245–272.
Begley, Jaclene, Caitlyn Brazill, Vincent Reina, and Max Weselcouch, 2011, *State of New York City's Subsidized Housing: 2011*, Furman Center for Real Estate and Urban Policy.
Benediktsson, Mike O., Brian Lamberta, and Sarah Van Norden, 2015, "The Endangered Enclave: Hispanic Owned Business Displacement in Brooklyn," Metropolitics (https://metropolitics.org/The-Endangered-Enclave.html).
Binnie Jon and Gill Valentine, 1999, "Geography of Sexuality: A Review of Progress," *Progress in Human Geography*, 23(2).
Bondi, Liz, 1991, "Gender Divisions and Gentrification: A Critique," *Transactions of the Institute of British Geographers*, 16(2): 190–198.
Booske, Bridget C., Amanda Jovaag, and Julie Willems Van Dijk, 2015, "2015 Country Health Rankings Key Findings Report," Robert Wood Johnson Foundation (https://www.rwjf.org/en/library/research/2015/03/2015-county-health-rankings-key-findings-report.html).
Bourdieu, Pierre, 1979, *La Distinction: Critique Sociale du Jugement*, Pa-

ris: Les Éditions de Minuit.
———, 2018, "Social Space and the Genesis of Appropriated Physical Space," *International Journal of Urban and Regional Research*, 42(1): 106–114.
———, 1994, *The Field of Cultural Production: Essays on Art and Literature*, Cambridge: Polity Press.
——— ed., 1993, *La Misère du monde*, Paris: Editions du Seuil.（荒井文雄・櫻本陽一監訳，2019,『世界の悲惨 I』藤原書店.）
Bourdieu, Pierre and Loïc Wacquant, 1992, *Réponses. Pour une anthropologie reflexive*, Paris: Editions du Seuil.（水島和則訳，2007,『リフレクシヴ・ソシオロジーへの招待』藤原書店.）
Brash, Julian, 2011, *Bloomberg's New York: class and government in the luxury city*, Athens: University of Georgia Press.
Bridge, Gary, 2002, "Bourdieu, Rational Action and the Time-Space Strategy of Gentrification," *Transactions of the Institute of British Geographers*, 26(2): 205–216.
———, 2006, "It's not Just a Question of Taste: Gentrification, the Neighbourhood, and Cultural Capital," *Environment and Planning A: Economy and Space*, 38(10): 1965–1978.
Brodyn, Adriana and Amin Ghaziani, 2018, "Performative Progressiveness: Accounting for New Forms of Inequality in the Gayborhood," *City & Community*, 17(2): 307–329.
Brooklyn Community Foundation, 2015, *Brooklyn Insights Final Report* (https://www.brooklyncommunityfoundation.org/sites/default/files/brooklyninsightsreport_10_27.pdf).
Brown, Tamara Mose, 2011, *Raising Brooklyn: Nannies, Childcare, and Caribbeans Creating Community*, New York; London: New York University Press.
Brown-Saracino, Japonica, 2009, *A Neighborhood That Never Changes: Gentrification, Social Preservation and the Search for Authenticity*, Chicago; London: The University of Chicago Press.
Brubaker, Rogers, 2004, *Ethnicity Without Groups*, Cambridge: Harvard University Press.（佐藤成基・髙橋誠一・岩城邦義・吉田公記編訳，2016,『グローバル化する世界と「帰属の政治」——移民・シティズンシップ・国民国家』明石書店.）

Çağlar, Ayşe and Nina Glick Schiller, 2018, *Migrants and City-Making: Dispossession, Displacement, and Urban Regeneration*, Durham; London: Duke University Press.

Capps, Kriston, 2019, "Gentrification Did Not Displace NYC's Most Vulnerable Children," *Citylab*, 2019/07/31 (https://www.citylab.com/equity/2019/07/gentrification-displacement-link-children-nyc-medicaid-data/594250/).

Castells, Manuel, 1983, *The City and the Grassroots: A Cross-cultural Theory of Urban Social Movements*, London: E. Arnold.（石川淳志監訳，吉原直樹・安江孝司・橋本和孝・稲増龍夫・佐藤健二訳，1997，『都市とグラスルーツ——都市社会運動の比較文化理論』法政大学出版局.）

Causa Justa Just Cause, 2014, "Development without Displacement: Resisting Gentrification In the Bay Area," Causa Justa Just Cause (https://cjjc.org/wp-content/uploads/2015/11/development-without-displacement.pdf).

Center for NYC Neighborhoods, 2014, *2014 Annual Reports: Homeowners make New York*, New York.

Chabrol, Marie, Anaïs Collet, Matthieu Giroud, Lydie Launay, Max Rousseau, and Hovic Ter Minassian, 2016, *Gentrifications*, Paris: Amsterdam éditions.

Chamboredon, Jean-Claude and Madeleine Lemaire, 1970, "Proximité Spatiale et Distance Sociale: Les Grands Ensembles et Leur Peuplement," *Revue française de sociologie*, 11(1): 3–33.

Chernoff, Michael, 1980, "Social Displacement in a Renovating Neighborhood's Commercial District: Atlanta," Shirley Bradway Laska and Daphne Spain, eds., *Back to the City: Issues in Neighborhood Renovation*, New York: Pergamon Press, 204–219.

Chetty, Raj and Nathaniel Hendren, 2018, "The Impacts of Neighborhoods on Intergenerational Mobility I: Childhood Exposure Effect," *The Quarterly Journal of Economics*, 133(3): 1107–1162.

Clerval, Anne, 2013, *Paris sans le people: la gentrification de la capitale*, Paris: La Découverte.

Cohen, Rebecca and Keith Wardrip, 2011, "The Economic and Fiscal Benefits of Affordable Housing," Planners Web: News and Information for Citizen Planner, Article no. 501 (https://j6p3d5c7.stackpathcdn.com/

wp-content/uploads/2012/07/501.pdf).
Collet, Anaïs, 2015, *Rester Bourgeois: Les Quartiers Populaires, Nouveaux Chantiers de la Distinction*, Paris: La Découverte.
Confavreux, Joseph, 2020, "Métamorphoses de la question raciale (6/6)," *Mediapart*, 4 janvier 2020.
Coscarelli, Joe, 2014, "Spike Lee's Amazing Rant Against Gentrification: 'We Been Here!'" (http://nymag.com/intelligencer/2014/02/spike-lee-amazing-rant-against-gentrification.html).
Curran, Winifred, 2010, "In Defense of Old Industrial Spaces: Manufacturing, Creativity and Innovation in Williamsburg, Brooklyn," *International Journal of Urban and Regional Research*, 34(4): 871–885.
———, 2017, *Gender and Gentrification*, London: Routledge.
Daniels, Glynis and Michael H. Schill, 2001, *State of New York City's Housing and Neighborhoods 2001*, Center for Real Estate and Urban Policy New York University School of Law (https://furmancenter.org/files/sotc/SOC_2001.pdf).
Davis, Angela Y., 2003, *Are Prisons Obsolete?*, Toronto, London, South Yarra: Seven Stories Press.（上杉忍訳，2008，『監獄ビジネス――グローバリズムと産獄複合体』岩波書店.）
Department of Housing Preservation and Development, 1996, *Housing New York City 1996*, Department of Housing Preservation and Development.
———, 1999, *Housing New York City 1999*, Department of Housing Preservation and Development.
DeSena, Judith N., 2006, "'What's a Mother to Do?': Gentrification, School Selection, and the Consequences for Community Cohesion," *American Behavioral Scientist*, 50(2): 241–257.
DeSena, Judith N. and Timothy Shortell, 2012, "Chapter 1: Introduction: The World in Brooklyn," DeSena, Judith N. and Timothy Shortell, eds., *The World in Brooklyn: gentrification, immigration, and ethnic politics in a global city*, Lexington Books, 1–6.
Desmond, Matthew, 2016, *Evicted: Poverty and Profit in the American City*, New York: Crown Publishers.
———, 2018, "Heavy is the House: Rent Burden Among the American Urban Poor," *International Journal of Urban and Regional Research*, 42(1): 160–170.

Desmond, Matthew and Rachel T. Kimbro, 2015, "Eviction's Fallout: Housing, Hardship, and Health," *Social Forces*, 94(1): 295–324.

De Torres, Daniel, 2018, *Antirumors Handbooks 2018*, The Council of Europe.（上野貴彦編訳，2020，『反うわさ戦略のつくりかた　日本語ダイジェスト版』欧州評議会.）

Ding, Lei and Jackelyn Hwang, 2016, "The Consequences of Gentrification: A Focus on Residents' Financial Health in Philadelphia," *Cityscape*, 18(3): 27–56.

Eleb, Monique and Jean-Louis Violeau, 2008, « Dispositifs architecturaux et mixité sociale », *Diversité sociale, ségrégation urbaine, mixité*, Collection « Recherche », Plan Urbanisme Construction Architecture（http://www.urbanisme-puca.gouv.fr/IMG/pdf/diversite_sociale_16x24_int05.pdf）: 85–102.

Elias, Norbert and John L. Scotson, 1965, *The Established and the Outsiders: A Sociological Enquiry into Community Problems*, London: S. Cass.（大平章訳，2009，『定着者と部外者――コミュニティの社会学』法政大学出版局.）

Essed, Philomena, 1991, *Understanding Everyday Racism. An Interdisciplinary Theory*, Sage.

Fallon, Katherine F., 2021, "Reproducing Race in the Gentrifying City: A Critical Analysis of Race in Gentrification Scholarship," *Journal of Race, Ethnicity and the City*, 2(1): 1–28.

Fields, Desiree, 2015, "Contesting the Financialization of Urban Space: Community Organizations and the Struggle to Preserve Affordable Rental Housing in New York City," *Journal of Urban Affairs*, 37(2): 144–165.

———, 2017, "Unwilling Subjects of Financialization," *International Journal of Urban and Regional Research*, 41(4): 588–603（https://onlinelibrary.wiley.com/doi/abs/10.1111/1468-2427.12519）.

Florida, Richard, 2003, "Cities and the Creative Class," *City & Community*, 2(1): 3–19.

Frazier, Franklin E., 1997, *Black Bourgeoisie: The Book that Brough Shock of Self-revelations to Middle-class Blacks in America*, New York; London; Toronto; Sydney: Simon & Schuster.

Freeman, Lance, 2005, "Black Homeownership: The Role of Temporal

Changes and Residential Segregation at the End of the 20th Century," *Social Science Quarterly*, 86(2): 403–426.

———, 2006, *There Goes the 'Hood: Views of Gentrification from the Ground Up*, Philadelphia: Temple University Press.

———, 2009, "Neighbourhood Diversity, Metropolitan Segregation and Gentrification: What Are the Links in the US?" *Urban Studies*, 46(1): 2079–2101.

Friedan, Betty, 1974, *The Feminine Mystique*, New York: W. W. Norton & Company, Inc.

Gerteis, Joseph, 2007, *Class and the Color Line: Interracial Class Coalition in the Knights of Labor and the Populist Movement*, Durham; London: Duke University Press.

Gieseking, Jen J., 2013, "Queering the Meaning of 'Neighbourhood': Reinterpreting the Lesbian-Queer Experience of Park Slope, Brooklyn, 1983–2008," Yvette Taylor and Michelle Addison, eds., *Queer Presences and Absences*, London: Palgrave Macmillan, 178–202.

Glass, Ruth, 1964, *London: Aspects of Change*, London: MacGibbon & Kee.

Goduti, Philip A. Jr., 2017, *RFK and MLK: Visions of Hope, 1963–1968*, Jefferson, North Carolina: Macfaland & Company, Inc.

Goetz, Edward, 2011, "Gentrification in Black and White: The Racial Impact of Public Housing Demolition in American Cities," *Urban Studies*, 48(8): 1581–1604.

Goldschmidt, Henry, 2006, *Race and Religion Among the Chosen People of Crown Heights*, New Brunswick; New Jersey; London: Rutgers University Press.

Greenberg, Cheryl L., 2006, *Troubling the Waters: Black-Jewish Relations in the American Century*, Princeton: Princeton University Press.

Hackworth, Jason, 2007, *The Neoliberal City: Governance, Ideology, and Development in American Urbanism*, Ithaca, New York: Cornell University Press.

Hackworth, Jason and Neil Smith, 2001, "The Changing State of Gentrification," *Tijdschrift voor Economische en Sociale Geografie*, 92(4): 464–477.

Hamnett, Chris, 2009, "Spatially Displaced Demand and the Changing Geography of Housing Prices in London, 1995–2006," *Housing Studies*, 24

(3): 301–320.
Harvey, David, 2003a, *The New Imperialism*, Oxford; New York: Oxford University Press.（本橋哲也訳，2005,『ニュー・インペリアリズム』青木書店.）
———, 2003b, “The right to the city,” *International Journal of Urban and Regional Research*, 29(4): 939–941.
———, 2005, *A Brief History of Neoliberalism*, New York, Oxford University Press.（渡辺治監訳，2007,『新自由主義』作品社.）
Hubbard, Philippe, 2017, *The Battle for the High Street: Retail Gentrification, Class and Disgust*, London: Palgrave Macmilan.
Huse, Tone, 2014, *Everyday Life in the Gentrifying City: On Displacement, Ethnic Privileging and the Right to Stay Put*, London: Routledge.
Hwang, Jackelyn, 2016a, “The Social Construction of a Gentrifying Neighborhood: Reifying and Redefining Identity and Boundaries in Inequality,” *Urban Affairs Review*, 52(1): 98–128.
———, 2016b, “Pioneers of Gentrification: Transformation in Global Neighborhoods in Urban America in the Late Twentieth Century,” *Demography*, 53(1): 189–213.
Hymowitz, Kay S., 2017, *The New Brooklyn: What It Takes to Bring a City Back*, Lanham, Md.: Rowman & Littlefield.
Hyra, Derek S., 2012, “Conceptualizing the New Urban Renewal: Comparing the Past to the Present,” *Urban Affairs Review*, 48(4): 498–527.
———, 2014, “Revisiting the US Black and French Red Belts: Parallel Themes and a Shared Dilemma,” Carol Camp Yeakey, Vetta Sanders Thompson, and Anjanette Wells, eds., *Urban Ills: Twenty-First-Century Complexities of Urban Living in Global Context*, vol. 1, New York: Lexington Books, 297–328.
———, 2017, *Race, Class, and Politics in the Cappuccino City*, Chicago: The University of Chicago Press.
Iqbal, Zainab, 2017, “Inside the Flatbush Churro Wars,” Bklyner（https://bklyner.com/street-vendors-harassed-flatbush-numbers-not/）.
Jacobs, Jane, 1961, *The Death and Life of Great American Cities*, New York: Random House.
Jeffers, Thomas L., 2010, *Norman Podhoretz: A Biography*, New York: Cambridge University Press.

Jellyman, Tim and Nicholas D. Spencer, 2008, "Residential Mobility in Childhood and Health Outcomes: A Systematic Review," *Journal of Epidemiology and Community Health*, 62(7): 584–592.

Jenkins, Destin and Justin Leroy, 2021, *Histories of Racial Capitalism*, New York, Chichester, West Sussex: Columbia University Press.

Kaufmann, Eric P. and Gareth Harris, 2015, "'White Flight' or Positive Contact? Local Diversity and Attitudes to Immigration in Britain," *Comparative Political Studies*, 48(12): 1563–1590.

Knopp, Lawrence, 1990, "Some Theoretical Implications of Gay Involvement in an Urban Land Market," *Political Geography Quarterly*, 9(4): 337–352.

———, 1997, "Gentrification and Gay Neighborhood Formation in New Orleans: A Case Study," Amy Gluckman and Betsy Reed, eds., *Homo Economics: Capitalism, Community, and Lesbian and Gay Life*, New York; London: Routledge, 45–64.

Kornblum, William, 1974, *Blue Collar Community*, Chicago: University of Chicago Press.

Lees, Loretta, Hyun Bang Shin, and Ernesto López-Morales, 2016, *Planetary Gentrification*, Cambridge: Polity Press.

Lees, Loretta, Tom Slater, and Elvin Wyly, 2008, *Gentrification*, New York: Routledge.

Ley, David, 1987, "Reply: The Rent Gap Revisited," *Annals of the Association of American Geographers*, 77(3): 465–468.

Lloyd, Richard, 2006, *Neo Bohemia: Art and Commerce in the Postindustrial City*, 1st ed., New York: Routledge.

Lorde, Audre, [1979] 1984, "The Master's Tools Will Never Dismantle the Master's House," Audre Lorde, *Sister Outsider: Essays and Speeches*, Berkeley: Crossing Press.

Lundström, Catrin, 2014, *White Migrations: Gender, Whiteness and Privilege in Transnational Migration*, Hampshire; New York: Palgrave Macmillan.

Mackenzie, Suzanne, 1988, "Building Women, Building Cities: Toward Gender Sensitive Theory in the Environmental Disciplines," Caroline Andrew and Beth M. Milroy, eds., *Life Spaces: Gender, Household, Employment*, Vancouver: University of British Columbia Press, 13–30.

Marcus, J. and M. Zuk, 2017, "Displacement in San Mateo Country, California: Consequences for Housing, Neighborhoods, Quality of Life, and Health," *Institute of Governmental Studies*, University of California, Berkeley (https://www.urbandisplacement.org/sites/default/files/images/impacts_of_displacement_in_san_mateo_country.pdf).

Marcuse, Peter, 1985, "Gentrification, Abandonment, and Displacement: Connections, Causes, and Policy Responses in New York City," *Journal of Urban and Contemporary Law*, 28: 195–240.

———, 1986, "The Beginnings of Public Housing in New York," *Journal of Urban History*, 12(4): 353–390.

Markusen, Ann R., 1981, "City Spatial Structure, Women's Household Work and National Urban Policy," Catherine R. Stimpson, Elsa Dixler, Martha J. Nelson, and Kathryn B. Yatrakis, eds., *Women and the American City*, Chicago: University of Chicago Press, 20–41.

Marwell, Nicole P., 2007, *Bargaining for Brooklyn: Community Organizations in the Entrepreneurial City*, Chicago; London: The University of Chicago Press.

Mason, Lorna, Ed Morlock, and Christina Pisano, 2012, "Mapping a Changing Brooklyn, Mapping a Changing World," Judith N. DeSena and Timothy Shortell, eds., *The World in Brooklyn: gentrification, immigration, and ethnic politics in a global city*, Lexington Books, 7–50.

Massey, Douglas S., 2002, "Comment on 'Does Gentrification Harm the Poor?'," *Brookings-Wharton Papers on Urban Affairs*, 174–175.

Mele, Christopher, 2000, *Selling the Lower East Side: Culture, Real Estate, and Resistance in New York City*, Minneapolis: University of Minnesota Press.

Miller, Rita S., 1979, *Brooklyn USA: The Fourth Largest City in America*, New York: Brooklyn College Press.

Minieri, Joen and Paul Getsos, 2007, *Tools for Radical Democracy: How to Organize for Power in Your Community*, San Francisco: John Wiley & Sons Inc.

Moody, Kim, 2007, *From Welfare State to Real Estate: Regime Change in New York City, 1974 to the Present*, New York: New Press.

Mori, Chikako, 2015, "Heterogeneidad e Inestabilidad: Otra Perspectiva del Suburbio Japonés," *Scientific Journal on Intercultural Studies*, 1: 43–71.

———, 2017, “Social Housing and Urban Renewal in Tokyo: From Post-War Reconstruction to the 2020 Olympic Games,” Paul Watt and Peer Smets, eds., *Social Housing and Urban Renewal: A Cross-National Perspective*, Bingley: Emerald Publishing, 277–309.

Moss, Jeremiah, 2017, *Vanishing New York: How a Great City Lost its Soul*, Dey Street Books.

Nagy, Caroline and Michael Tanglis, 2014, “Who Can You Trust?: The Foreclosure Rescue Scam Crisis in New York,” Center for NYC Neighborhoods（https://nymc.org/file_download/inline/4ac5d8a4-091f-4299-99e5-355f7cd6e7c0）.

National Domestic Workers Alliance, 2020, *Notes from the Storm. Black Immigrant Domestic Workers in the Time of Covid-19*.

Newman, Kathe and Elvin Wyly, 2006, “The Right to Stay Put, Revisited: Gentrification and Resistance to Displacement in New York City,” *Urban Study*, 43(1): 23–57.

New York City Rent Guidelines Board, 2017, “2017 Housing Supply Report,” New York: New York City Rent Guidelines Board（https://rentguidelinesboard.cityofnewyork.us/wp-content/uploads/2019/08/17HSR.pdf）.

NYC & Company, 2017, *2017–2018 Annual Summary*.

NYC City Council Data Team, 2018, “Eviction,” New York City Council（https://council.nyc.gov/data/evictions/）.

NYC Department of City Planning, 2021, *Key Population & Housing Characteristics: 2020 Census Results for New York City*, August 2021.

NYU Furman Center, 2001, “State of New York City’s Housing and Neighborhoods in 2001,” New York: Center For Real Estate and Urban Policy, New York University School of Law（https://furmancenter.org/research/sonychan/2001-report）.

———, 2006, “State of New York City’s Housing and Neighborhoods in 2006,” New York: Furman Center for Real Estate and Urban Policy, New York University（https://furmancenter.org/research/sonychan/2006-report）.

———, 2009, “State of New York City’s Housing and Neighborhoods in 2009,” New York: Furman Center for Real Estate and Urban Policy, New York University（https://furmancenter.org/research/sonychan/2009-re

port).
———, 2016, "State of New York City's Housing and Neighborhoods in 2016," New York: NYU Furman Center (https://furmancenter.org/research/sonychan/2016-report).
———, 2017, "State of New York City's Housing and Neighborhoods in 2017," New York: NYU Furman Center (https://furmancenter.org/research/sonychan/2017-report).
———, 2018, "State of New York City's Housing and Neighborhoods in 2018," New York: NYU Furman Center (https://furmancenter.org/research/sonychan/2018-report).
———, 2019, "State of New York City's Housing and Neighborhoods in 2019," New York: NYU Furman Center (https://furmancenter.org/stateofthecity/state-of-the-city-2019).
NYU Furman Center for Real Estate and Urban Policy, 2008, "For Immediate release: New Analysis of NYC Foreclosure Data Reveals 15,000 Renter households Living in Buildings that Entered Foreclosure in 2007," New York: NYU Furman Center (https://furmancenter.org/files/pr/Furman_Release_Renters_in_Foreclosure_4_14_2008.pdf).
Osman, Suleiman, 2011, *The Invention of Brownstone Brooklyn: Gentrification and the Research for Authenticity in Postwar New York*, Oxford: Oxford University Press.
Perini, Katia and Paola Sabbion, 2016, *Urban Sustainability and River Restoration: Green and Blue Infrastructure*, Chichester: John Wiley & Sons Ltd.
Podemski, Max B., 2013, *The New-New York: Upzoning Neighborhoods in the Era of Bloomberg*, M. S., Columbia University.
Portes, Alejandro, Rosa Aparicio, and William Haller, 2016, *Spanish Legacies: The Coming Age of Second Generation*, University of California Press.
Presser, Harriet B., 1980, "Sally's Corner: Coping with Unmarried Motherhood," *Journal of Social Issues: A Journal of the Society for the Psychological Study of Social Issues*, 36(1): 107–129.
Puar, Jasbir K., 2007, *Terrorist assemblages: Homonationalism in Queer Time*, Durham: Duke University Press.
Putnam, Robert D., 2007, "E Pluribus Unum: Diversity and Community in

the Twenty-first Century," *Scandinavian Political Studies*, 30(2): 137–174.
Reese, Ashanté M., 2019, *Black Food Geographies: Race, Self-Reliance and Food Access in Washington D. C.*, Chapel Hill: University of North Carolina Press.
Rose, Damaris, 1984, "Rethinking Gentrification: Beyond the Uneven Development of Marxist Urban Theory," *Environment and Planning D: Society and Space*, 2(1): 47–74.
Rothenberg, Tamar, 1995, "'And She Told Two Friends' Lesbians Creating Urban Social Space," David Bell and Gill Valentine, eds., *Mapping Desire: Geographies of Sexualities*, London: Routledge, 150–165.
Rothstein, Richard, 2017, *The Color of Law: A Forgotten History of How Our Government Segregated America*, New York: Liveright.
Sarkissian, Wendy, 1976, "The Idea of social Mix in Town Planning: An Historical Review," *Urban Studies*, 13(3): 231–246.
Sarkissian, Wendy, Ann Forsyth, and Warwick Heine, 1990, "Residential 'Social Mix': the Debate Continues," *Australian Planner*, March: 5–16.
Sassen, Saskia, 1991, *The Global City: New York, London, Tokyo*, Princeton, N. J.: Princeton University Press.（伊豫谷登士翁監訳，大井由紀・高橋華生子訳，2008，『グローバル・シティ――ニューヨーク，ロンドン，東京から世界を読む』筑摩書房.）
———, 2005, "The Global City: Introducing a Concept," *The Brown Journal of World Affairs*, 11(2): 27–43.
———, 2007, *Deciphering the Global: Its Scales, Spaces and Subjects*, Routledge.
———, 2012, "Expanding the Terrain for Global Capital: When Local Housing Becomes an Electronic Instrument," Manuel B. Aalbers, ed., *Subprime Cities: The Political Economy of Mortgage Markets*, 1st edition, Chichester: Wiley-Blackwell.
———, 2014, *Expulsions: Brutality and Complexity in the Global Economy*, Cambridge, Mass.: Belknap Press of Harvard University Press.（伊藤茂訳，2017，『グローバル資本主義と〈放逐〉の論理』明石書店.）
Sayad, Abdelmalek, 1999, *La Double Absence. Des Illusions de l'Emigré aux Souffrances de l'Immigré*, Paris: Editions du Seuil.
Schaffer, Richard and Neil Smith, 1986, "The Gentrification of Harlem?"

*Annals of Association of American Geographers*, 76(3): 347–365.
Schulman, Sarah, 2013, *The Gentrification of the Mind: Witness to a Lost Imagination*, Berkeley, London: University of California Press.
Shaw, Samuel and Daniel Monroe Sullivan, 2011, "'White Night': Gentrification, Racial Exclusion, and Perceptions and Participation in the Arts," *City & Community*, 10(3).
Simmel, Georg, 1909, "Brücke und Tür," Der Tag 15 September, Nr. 683: 1–3.（酒田健一・熊沢義宣・杉野正・居安正訳，2020,『橋と扉』白水社.）
Simon, Bryant, 2009, *Everything but the Coffee: Learning about America from Starbucks*, Berkeley: University of California Press.（宮田伊知郎訳，2013,『お望みなのは，コーヒーですか？——スターバックスからアメリカを知る』岩波書店.）
Slater, Tom, 2008, "'A Literal Necessity to be Re-Placed': A Rejoinder to the Gentrification Debate," *International Journal of Urban and Regional Research*, 32(1): 212–223.
———, 2009, "Missing Marcuse: On Gentrification and Displacement," *City: Analysis of Urban Change, Theory, Action*, 13(2–3): 292–311.
———, 2010, "Still Missing Marcuse: Hamnett's Foggy Analysis in London Town," *City: Analysis or Urban Change, Theory, Action*, 14(1–2): 170–179.
Smith, Chris, Mary Scherer, and Melissa Fugerio, 2011, "More Coffee, Less Crime? The Influence of Gentrification on Neighborhood Crime Rates in Chicago," *City & Community*, 10(3): 215–240.
Smith, Neil, 1996, *The New Urban Frontier: Gentrification and the revanchist city*, New York: Routledge.（原口剛訳，2014,『ジェントリフィケーションと報復都市——新たなる都市のフロンティア』ミネルヴァ書房.）
———, 1998, "Gentrification," Willem van Vliet, ed., *The Encyclopedia of Housing*, London: Sage Publications, 198–199.
Stabrowski, Filip, 2017, "'People as business': Airbnb and Urban micro-entrepreneurialism in New York City," *Cambridge Journal of Regions, Economy and Society*, 10(2): 327–347.
Stack, Carol B., 1974, *All Our Kin: Strategies for Survival in a Black Community*, New York: Harper & Row.
Starecheski, Amy, 2016, *Ours to Lose: When Squatters Become Homeowners in New York City*, Chicago: University of Chicago Press.

Stein, Samuel, 2019, *Capital City: Gentrification and the Real Estate State*, London: Verso.
Stringer, Scott M., 2014, "The Growing Gap: New York City's Housing Affordability Challenge," Office of the New York City Comptroller Scott M. Stringer, Bureau of Fiscal & Budget Studies (https://comptroller.nyc.gov/wp-content/uploads/documents/Growing_Gap.pdf).
———, 2017, *The New Geography of Jobs: A Blueprint for Strengthening NYC Neighborhoods*, NYC Comptroller (https://comptroller.nyc.gov/wp-content/uploads/documents/The_New_Geography_of_NYC_Business.pdf).
———, 2019, "Comprehensive Annual Financial Report of the Comptroller for the Fiscal Year," (https://comptroller.nyc.gov/wp-content/uploads/2019/10/7-General-Capital-Fund-Detailed-Schedules-of-Revenues-and-Expenditures.pdf).
Sue, Derald Wing, 2010, *Microaggressions in Everyday Life: Race, Gender, and Sexual Orientation*, John Wiley and Sons.（マイクロアグレッション研究会訳，2020,『日常生活に埋め込まれたマイクロアグレッション』明石書店.）
Sugrue, Thomas J., 1996, *The Origins of the Urban Crisis: Race and Inequality in Postwar Detroit*, Princeton: Princeton University Press.（川島正樹訳，2002,『アメリカの都市危機と「アンダークラス」――自動車都市デトロイトの戦後史』明石書店.）
Susser, Ida, 1982, *Norman Street, Poverty and Politics in an Urban Neighborhood*, New York: Oxford University Press.
Suttles, Gerald D., 1968, *The Social Order of the Slum: Ethnicity and Territory in the Inner City*, Chicago: University of Chicago Press.
Talpin, Julien, 2016, *Community organizing. De l'émeute à l'alliance des classes populaires aux Etats-Unis*, Paris : Raisons d'agir.
Taylor, Monique M., 1992, "Can You Go Home Again?: Black Gentrification and the Dilemma of Difference," *Berkeley Journal of Sociology*, (37): 101–128.
Thabit, Walter, 2003, *How East New York Became a Ghetto*, New York, London: New York University Press.
The Fiscal Policy Institute, 2017, "Economic Contribution, Taxes Paid, and Occupations of Unauthorized Immigrants in New York State," New

York: Fiscal Policy Institute (https://fiscalpolicy.org/wp-content/uploads/2017/03/fpi-brief-on-undocumented.pdf).
Thrasher, Frederic M., 1927, *The Gang: A Study of 1,313 Gangs in Chicago*, Chicago: University of Chicago Press.
Tissot, Sylvie, 2011, "Of Dogs and Men: The Making of Spatial Boundaries in a Gentrifying Neighborhood," *City & Community*, 10(3): 265–284.
———, 2015, *Good Neighbors: Gentrifying Diversity in Boston's South End*, Verso.
———, 2018, *Gayfriendly: Acceptation et Contrôle de L'homosexualité à Paris et à New York*, Paris: Raisons d'agir.
United States Census Bureau, 2010, "the 2010 Decennial Census," (https://www.census.gov/programs-surveys/decennial-census/decade/2010/about-2010.html).
———, 2012a, "Population and Housing Unit Counts: 2010 Census of Population and Housing (CPH-2-1)," (https://www.census.gov/library/publications/2012/dec/cph-2.html).
———, 2012b, "the American Community Survey 2008–2012," (https://www.census.gov/programs-surveys/acs/technical-documentation/table-and-geography-changes/2012/5-year.html).
———, 2017, "the American Community Survey 2013–2017," (https://www.census.gov/programs-surveys/acs/technical-documentation/table-and-geography-changes/2017/5-year.html).
Valdez, Sarah, 2014, "Visibility and Votes: A Spatial Analysis of Anti-Immigrant Voting in Sweden," *Migration Studies*, 2(2): 162–188.
Vertovec, Steven, 2007, "Super-diversity and its implications," *Ethnic and Racial Studies*, 30(6): 1024–1054.
Vespa, Jonathan, 2017, "The Changing Economics and Demographics of Young Adulthood: 1975–2016," United States Census Bureau (https://www.census.gov/library/publications/2017/demo/p20-579.html).
Wachsmuth, David, David Chaney, Danielle Kerrigan, Andrea Shillolo, and Robin Basalaev-Binder, 2018, *The High Cost of Short-term Rentals in New York City: A Report from the Urban Politics and Governance research group School of Urban Planning McGill University*.
Wacquant, Loïc, 1999, *Les prisons de la misère*, Paris: Raisons d'agir.（森千香子・菊池恵介訳，2008，『貧困という監獄——グローバル化と刑罰国家

の到来』新曜社.）
———, 2008, *Urban Outcasts: A Comparative Sociology of Advanced Marginality*, Cambridge, Malden: Polity Press.
Warde, A., 1991, "Gentrification as Consumption: Issues of Class and Gender," *Environment and Planning D: Society and Space*, 9(2): 223–232.
Watt, Paul, 2009, "Housing Stock Transfers, Regeneration and State-Led Gentrification in London," *Urban Policy and Research*, 27(3): 220–242.
———, 2014, "'On the Street Where You Won't be Living for Much Longer': What Bourdieu Can and Cannot Offer Urban Studies," *'On the Street Where you Live': Bourdieusian analysis of socio-spatial hierarchy*, British Sociological Association Bourdieu Study Group Event, 2nd December 2014.
———, 2018, "'This Pain of Moving, Moving, Moving': Evictions, Displacement and logics of expulsion in London," *L'Année sociologique*, 68: 67–100.
Webber, Richard J., 2007, "The Metropolitan Habitus: Its Manifestations, Locations, and Consumption Profiles," *Environment and Planning A: Economy and Space*, 39(1): 182–207.
Wekerle, Gerda R., 1984, "A Woman's Place is in the City," *Antipode: A Radical Journal of Geography*, 16(3): 11–19.
Whyte, William F., 1943, *Street Corner Society*, Chicago: University of Chicago Press.
Williams, Raymond, 1973, *The Country and the City*, New York: Oxford University Press.（山本和平・増田秀男・小川雅魚訳, 1985,『田舎と都会』晶文社.）
Wise, Amanda and Selvaraj Velayutham, eds., 2009, *Everyday Multiculturalism*, New York: Palgrave Macmillan.
Wyly, Elvin K. and Daniel J. Hammel, 1999, "Island of decay in seas of renewal: Housing Policy and Resurgence of Gentrification," *Housing Policy Debate*, (4): 711–771.
Young, Stephen, Alasdair Pinkerton and Klaus Dobbs, 2014, "The Word on the Street: 'Race' and the Anticipation of Urban Unrest," *Political Geography*, 38.
Zukin, Sharon, 1987, "Gentrification: Culture and Capital in the Urban Core," *Annual Review of Sociology*, (13): 129–147.

———, 2009, *The Naked City: The Death and Life of Authentic Urban Places*, Oxford: Oxford University Press.（内田奈芳美・真野洋介訳, 2013,『都市はなぜ魂を失ったか——ジェイコブズ後のニューヨーク論』講談社.）
———, 2016, “Gentrification in Three Paradoxes,” *City & Community*, 15 (3): 202–207.
Zukin, Sharon, Valerie Trujillo, Peter Frase, Danielle Jackson, Tim Recuber, and Abraham Walker, 2009, “New retail capital and neighborhood change: Boutiques and gentrification in New York City,” *City and Community*, 8(1): 47–64.

【日本語】
藤塚吉浩, 2017,『ジェントリフィケーション』古今書院.
福光寛, 2005,「アメリカの住宅金融をめぐる新たな視点——証券化の進展の中でのサブプライム層に対する略奪的貸付」『成城大学経済研究』170: 57–88.
橋本健二, 2011,『階級都市——格差が街を侵食する』筑摩書房.
樋口直人, 2010,「『多文化共生』再考——ポスト共生に向けた試論」『アジア太平洋研究センター年報』7: 1–10.
平山洋介, 2003,『不完全都市——神戸・ニューヨーク・ベルリン』学芸出版社.
———, 2011,『都市の条件——住まい, 人生, 社会持続』NTT 出版.
井手英策・松沢裕作編, 2016,『分断社会・日本——なぜ私たちは引き裂かれるのか』岩波書店.
五十嵐太郎, 2018,『モダニズム崩壊後の建築——1968 年以降の転回と思想』青土社.
一般財団法人自治体国際化協会ニューヨーク事務所, 2006,『CLAIR REPORT　第 292 号——米国の住宅政策』一般財団法人自治体国際化協会（http://www.clair.or.jp/j/forum/pub/docs/292.pdf）.
———, 2011,『CLAIR REPORT　第 356 号——米国における地方債の市場性について』一般財団法人自治体国際化協会（http://www.clair.or.jp/j/forum/c_report/pdf/356.pdf）.
———, 2015,『CLAIR REPORT　第 422 号——ニューヨーク市における住宅政策の現況について』一般財団法人自治体国際化協会（http://www.clair.or.jp/j/forum/pub/docs/422.pdf）.

石岡丈昇，2013,「ブルデューの強制移住論――根こぎの形成をめぐる方法的予備考察」『理論と動態』6: 2–19.
川坂和義，2013,「アメリカ化されるLGBTの人権――『ゲイの権利は人権である』演説と〈進歩〉というナラティヴ」『Gender and Sexuality: Journal of the Center for Gender Studies, ICU』8: 5–28.
吉川徹，2018,『日本の分断――切り離される非大卒若者（レッグス）たち』光文社.
小玉徹，2017,『居住の貧困と「賃貸世代」――国際比較でみる住宅政策』明石書店.
――――，2018a,「台頭する『賃貸世代』の反貧困運動――欧米から見た日本」『世界』904: 98–108.
――――，2018b,「デュアリスト・モデルの再編――欧米からみた日本」『都市問題』109(4): 80–91.
町村敬志，2017,「誰が東京を奪ったのか？――都市空間変容の半世紀から考える」『日本都市社会学会年報』35: 5–22.
松尾卓磨，2021,「ジェントリフィケーションの進行地域に位置する消費空間の比較分析――ロンドンのブリクストンヴィレッジとブロードウェイマーケットを事例として」『都市文化研究』23: 70–84.
南川文里，2021,『未完の多文化主義――アメリカにおける人種，国家，多様性』東京大学出版会.
宮田伊知郎，2009,「妨げたはずの悪夢――住宅市場における人種差別と『サブプライム・メルトダウン』」『歴史学研究』851: 37–47.
――――，2017,「未来都市の米国現代史――郊外化，開発，ジェントリフィケーションにおける排除と包摂」『歴史学研究』963: 136–144.
森千香子，2016,『排除と抵抗の郊外――フランス〈移民〉集住地域の形成と変容』東京大学出版会.
――――，2018a,「移民の街・ニューヨークの再編と居住をめぐる闘い（1）黒人が姿を消していく街」『UP』47(4): 32–38.
――――，2018b,「移民の街・ニューヨークの再編と居住をめぐる闘い（4）住宅金融商品化と人種主義」『UP』47(10): 32–37.
――――，2018c,「『分断のナラティブ』を超えて――多文化都市の新たな挑戦」『世界』915: 176–183.
――――，2019a,「移民の街・ニューヨークの再編と居住をめぐる闘い（6）『コーナーストア・キャロライン事件』とは何か――黒人差別の遺産とジェンダー・セクシュアリティ」『UP』48(2): 1–7.

———，2019b，「『予期せぬ共生』と人種分断を越える実践——ブルックリンのジェントリフィケーションをめぐる一考察」『アメリカ史研究』42: 54-72.
———，2019c，「移民の街・ニューヨークの再編と居住をめぐる闘い（7）　ウィリアムズバーグと明暗を分けた二つのコミュニティ(1)　プエルトリコ系移民組織の自助住宅修繕支援」『UP』48(4): 49-53.
———，2019d，「移民の街・ニューヨークの再編と居住をめぐる闘い（9）　借家人運動における歴史的転換点——二〇一九年『統一家賃規制』運動の背景と課題」『UP』48(8): 37-43.
———，2020a，「移住女性のエンパワメントと地域コミュニティ組織の役割」伊藤るり編著『家事労働の国際社会学——ディーセント・ワークを求めて』人文書院，289-314.
———，2020b，「テーマ別研究動向（ジェントリフィケーション）——英米発ジェントリフィケーション論を逆照射する研究にむけて」『社会学評論』71(2): 331-342.
———，2020c，「移民の街・ニューヨークの再編と居住をめぐる闘い（12）　場所の名称をめぐる闘争」『UP』49(2): 34-40.
———，2020d，「移民の街・ニューヨークの再編と居住をめぐる闘い（13）　壁という戦場（1）　ストリート・アートをめぐる攻防」『UP』49(4): 20-26.
———，2021，「トランピズム再考——不動産デベロッパーのハビトゥス」『ソシオロジ』65(3): 97-103.
村田勝幸，2012，『アフリカン・ディアスポラのニューヨーク——多様性が生み出す人種連帯のかたち』彩流社.
成田孝三，1981，「アメリカにおける都市再生の動向と問題点——ジェントリフィケーションを中心として」吉岡健次・崎山耕作編『大都市の衰退と再生』東京大学出版会，232-262.
佐藤成基，2017，「カテゴリーとしての人種，エスニシティ，ネーション——ロジャース・ブルーベイカーの認知的アプローチについて」『社会志林』64(1): 21-48.
渋谷望，2015，「グローバル都市における価値闘争としてのジェントリフィケーション」『日本都市社会学会年報』33: 5-20.
鈴木赳生，2021，「ポスト多文化主義時代の共存——現代カナダにおける先住民—非先住民の関係再生の空間へ／から」京都大学大学院文学研究科社会学位論文.
武井寛，2013，「変容する黒人コミュニティと住宅をめぐる闘争——20世紀中葉のシカゴの公民権運動」一橋大学大学院社会学研究科博士論文.

富永京子, 2017,『社会運動と若者――日常と出来事を往還する政治』ナカニシヤ出版.
土屋和代, 2009,「1964年アメリカ経済機会法における包摂と排除――『可能な限り最大限の参加』条項をめぐって」『歴史学研究』858: 18–32.
内田奈芳美・敷田麻実, 2016,「『官製』ジェントリフィケーションとそのジレンマ――アーティスト・リロケーション・プログラムの事例から」『都市計画論文集』51(3): 994–1000.
上野貴彦, 2018,「後発移民受入国スペインにおける間文化主義の地域化と都市住民間の接触――『反うわさ戦略』のバルセロナ・ビルバオ二都市圏間比較から」『上智ヨーロッパ研究』11: 89–106.
――――, 2019,「移民をめぐる認識転換に向けた住民参加の拡大と継続――バルセロナ『反うわさ』にみる間文化主義と公共圏の再編」『移民政策研究』11: 145–158.
矢作弘, 2020,『都市危機のアメリカ――凋落と再生の現場を歩く』岩波書店.
矢作弘・阿部大輔・服部圭郎／ジアンカルロ・コッテーラ／マグダ・ボルゾーニ, 2020,『コロナで都市は変わるか――欧米からの報告』学芸出版社.

【新聞記事・その他資料】
「米ブラックストーン, 国内不動産1100億円取得」『日本経済新聞』2020年12月2日.
「ドイツの選択――'21総選挙家賃抑制, 割れる政党首都, 10年で2倍関心高く」『毎日新聞』2021年9月8日.
『福音と世界――特集＝反・内戦』2020年8月号, 新教出版社.

著者略歴
1972年生まれ．フランス社会科学高等研究院博士課程修了．南山大学外国語学部准教授，一橋大学大学院法学研究科，同社会学研究科准教授，プリンストン大学移民開発研究所客員研究員等を経て，現在，同志社大学社会学部教授，同志社大学都市共生研究センター（MICCS）センター長．博士（社会学）．

主要著作
ロイック・ヴァカン『貧困という監獄』（共訳，新曜社，2008年）
『国境政策のパラドクス』（共編，勁草書房，2014年）
『排外主義を問いなおす』（共編，勁草書房，2015年）
『排除と抵抗の郊外』（東京大学出版会，2016年，大佛次郎論壇賞，渋沢・クローデル賞特別賞受賞）
『グローバル関係学6　移民現象の新展開』（共編，岩波書店，2020年）

ブルックリン化する世界
ジェントリフィケーションを問いなおす

2023年11月24日　初　版

［検印廃止］

著　者　森《もり》　千香子《ちかこ》

発行所　一般財団法人　東京大学出版会
代表者　吉見　俊哉
153-0041 東京都目黒区駒場 4-5-29
http://www.utp.or.jp/
電話　03-6407-1069　Fax 03-6407-1991
振替　00160-6-59964

印刷所　株式会社理想社
製本所　牧製本印刷株式会社


ISBN 978-4-13-050208-5　Printed in Japan